台灣顏、施兩大家族成員服飾穿著現象與意涵之研究
——以施素筠老師的生命史為例（1910-1960年代）

葉立誠　著

封面設計：實踐大學教務處出版組

出 版 心 語

　　近年來，全球數位出版蓄勢待發，美國從事數位出版的業者超過百家，亞洲數位出版的新勢力也正在起飛，諸如日本、中國大陸都方興未艾，而台灣卻被視為數位出版的處女地，有極大的開發拓展空間。植基於此，本組自民國 93 年 9 月起，即醞釀規劃以數位出版模式，協助本校專任教師致力於學術出版，以激勵本校研究風氣，提昇教學品質及學術水準。

　　在規劃初期，調查得知秀威資訊科技股份有限公司是採行數位印刷模式並做數位少量隨需出版〔POD＝Print on Demand〕（含編印銷售發行）的科技公司，亦為中華民國政府出版品正式授權的 POD 數位處理中心，尤其該公司可提供「免費學術出版」形式，相當符合本組推展數位出版的立意。隨即與秀威公司密集接洽，雙方就數位出版服務要點、數位出版申請作業流程、出版發行合約書以及出版合作備忘錄等相關事宜逐一審慎研擬，歷時 9 個月，至民國 94 年 6 月始告順利簽核公布。

執行迄今逾 2 年，承蒙本校謝董事長孟雄、謝校長宗興、劉教務長麗雲、藍教授秀璋以及秀威公司宋總經理政坤等多位長官給予本組全力的支持與指導，本校諸多教師亦身體力行，主動提供學術專著委由本組協助數位出版，數量達 20 本，在此一併致上最誠摯的謝意。諸般溫馨滿溢，將是挹注本組持續推展數位出版的最大動力。

　　本出版團隊由葉立誠組長、王雯珊老師、賴怡勳老師三人為組合，以極其有限的人力，充分發揮高效能的團隊精神，合作無間，各司統籌策劃、協商研擬、視覺設計等職掌，在精益求精的前提下，至望弘揚本校實踐大學的校譽，具體落實出版機能。

實踐大學教務處出版組　謹識

中華民國 98 年 10 月

目　次

緒　論

第一節　研究動機

　　2009 年 7 月 11 日研究者接受吳三連台灣史料基金會之邀,前往霧峰明台中學,參加「夏季學校」第 12 回研習營,說起「夏季學校」創立的緣起,它是因為 1920 年代台灣在日本殖民政府統治下,台灣文化協會為啟蒙台灣民眾所成立的學堂,其主要的宗旨,是要喚醒台灣民眾產生民族自覺、凝聚台灣人抗爭精神、追求台灣人的獨立自主。「夏季學校」為文化協會的代表性活動,其目標在對抗日本殖民政府之歧視、愚民的教育政策與制度,藉以普及大眾智識,啟發民族思想。自 1924 年至 1926 年為止,「夏季學校」共舉辦過三回,均利用暑假期間,假霧峰林家花園(萊園,今明台高中校址)開辦,召喚海外台灣留學生返台傳導新知、促進台灣文明開化,它帶給台灣民眾思想的啟發,確實具有相當重大的影響。2001 年起,吳三連台灣史料基金會承繼先人的精神,從第 4 回接續舉辦「夏季學校」,固定於每年設定不同台灣文化史的研習主題和內容,希望藉由台灣文化的研探,期使國人更瞭解台灣的歷史與文化,進而認同台灣,形塑建構一個以台灣為主體的文化。本次夏季學校第 12 回研習營,所研習的主題定名為「近代台灣常民生活與文化」。而研究者個人很榮幸在第一天的課程中擔任講師,並以「台灣服飾的前世與今生」為題進行專題演講,一同與一百多位對台灣文化有興趣的海內外各界人士,分享研究者個人對台灣服飾的觀察與心得。其實,受邀擔

任夏季學校講師，這已是研究者的第二次，在七年前的 2002 年，也就是夏季學校第 5 回研習營，研究者也曾受邀擔任研習營的講師，當時以「漢衫羅裙到西服洋裝──台灣流行時尚的變遷」為題，進行專題演講。前後兩次研究者所進行的專題演講，開場介紹都是由國史館館長張炎憲教授擔任主持。在第一次的演講中，研究者向與會學員談到，為了提昇台灣服裝史的研究，個人正在著手進行以生命史為核心的口述歷史，期盼有新的見解。而在事隔七年之後，也就是本次專題演講中，研究者個人特別向與會學員談到，先前在進行以生命史為核心的口述歷史，已有一些新的見解，並且陳述個人從事台灣服裝史議題研究的心路歷程。說起這段歷程的開始，是從 1989 年協助恩師林成子教授，進行由內政部所委託的「台灣地區民俗調查服飾篇」研究，在該次的研究過程中，不僅讓研究者個人認知到「台灣傳統服裝」的所在，也啟發了研究者開始以「台灣服裝歷史與文化」研究，作為個人學術研究的職志。隨後自 1995 年起，研究者在帶領實踐大學服裝設計學系應屆畢業生，進行學士論文時，也特別將學生研究主題方向，導入以台灣服飾文化為主題的研究，從 1995 年至 2001 年共指導 30 篇學士論文（其具體內容詳如附表一）。在此同時，研究者也於 1996 年開始在芙蓉坊雜誌，以「台灣服飾縱橫談」為專題撰寫系列專欄，前後長達近三年之久。之後，並於 2001 年先後完成《台灣服裝史》與《台灣服飾流行地圖》兩本著作。除了學術研究之外，研究者也透過策展以及專業諮詢顧問方式投入台灣服裝的議題，其中最具代表的計有：2005 年 12 月於台北縣客家文化園區，策展「刺客繡──台灣客家傳統服飾刺繡展」活動；2007 年 6 月擔任「新港交趾與時尚的對話──交趾陶創意飾品雙聯展」活動策展人；2006 年受聘擔任公共電視「打拼──台灣人民的歷史」紀錄片服裝顧問（該片劇服榮獲第 42 屆金鐘獎最佳美術設計獎）；2008 年 7 月受聘擔任新聞局所製播「台灣衣著文化」紀錄片顧問。而這些活動的執行，也都一一落實「將台灣服飾視為是一項重要的文化資產」；「將台灣服飾視為是一項可貴的知識經濟」的理念，充分活化了台灣服飾這項寶貴的資源。

　　承上這段緣起所述，從 1989 年到 2009 年這二十年種種經歷，其不但豐富研究者個人對台灣服裝知能的養成，但也同時讓研究者重新思考，在往後接續進行台灣服裝歷史文化的研究，該如何將研究的內容與方法呈現出更精進的品質。因為，過去研究者個人在進行台灣服裝歷史文化的研究，經常是透過文獻資料、傳世老照片，甚至實體文物的方式，來建構台灣服飾的風貌，雖然這種模式確實相當有效，能為台灣人民在不同時期的穿著現象，架構出一些樣貌，但其實仍有許多欠缺不足之處。例如，針對學術研究的開發仍有不足之處；雖有廣度的鋪陳但深度的探究則仍嫌不夠；經常出現以偏概全的問題；在研究方法的操作與運用上，拓展性與嚴謹性也都有待加強。而這些通病，也同樣經常出現在其他相關台灣服飾的學術研究。

　　另外，對於以史料文獻作為研究台灣服裝的方法，雖然是相當正統的方式，不過就以現有的文獻資料而言，對於一些議題在進行更深入的探討時，卻時常出現不足的窘境。至於學術界經常會採用傳世老照片來論述台灣服飾，雖然這個方式相當可取，也是很好的研究法則，不過其最容易產生的問題，就是當傳世老照片的背景資料來源不確定、時間不精準、代表性不足，在此種條件之下所衍生出來的推論，就很容易出現失真的現象。

　　由於出現上述這些問題，也讓研究者開始深思，是否可以選擇一位具代表性的人物，以該人物的生命史為核心，透過口述歷史的方式來精進台灣服裝歷史文化的研究？因為，誠如 Mann（1992）、Denzin（1989）與 Becker（1970）等人所言，他們對於以生命史作為研究的優點，共同一致提到的看法：

1. 從個人的經驗中有助於瞭解生活中的一些實際活動。

2. 使用生命史研究能讓研究對象談論其生命歷程與經驗，提供豐富的資料。生命史研究能更細密呈現出個人在行為上實際的經驗與想法。

3. 進一步來說，研究者能由其中發掘異於以往的想法，對於以往的想法能有所修正，並且發展出新的問題，能夠發現更多的可能性與觀點。另外，也

能對既有的解釋、架構或者理論，重新檢視，以補足未提及或者是過於簡
略的概念。

4. 生命史研究也能提供過程性的資料。歷程中的經驗與知覺並非互不關聯，
而是環環相扣的。生命史研究也能讓人充分表達自我，當個人在敘說這些
歷程、感受與看法時，藉由研究者的引導，能對事件的原因、個人行動的
原因、整體情況變遷的原因等等的問題進行分析，獲得更多個人的分析，
十分有助於探索真正的影響因素。而由於生命史研究能呈現個人的社會記
憶與社會文化脈絡的連結，減少主觀感受與客觀世界的距離。

5. 生命史研究能幫助研究者瞭解個人如何感受結構（如社經地位、性別）加
諸於其上的影響，包括個人如何解釋，如何因應其轉變，進而找出結構性
的影響因素。在生命史研究中，與研究對象分享其經驗，讓學術研究更具
人性化。

至於以口述歷史作為生命史研究主要方法的優點，根據國內學者許雪姬所
言，她認為：「口述歷史是記錄過去保存史料的重要手段。」（2004：6）；「口述
歷史既是一種參考資料也是歷史本身，其優點在於容易引人入勝，又能創造史
料，揭示新的問題面向以彌補文字資料的不足。雖然口述歷史帶有相當的主觀
性，甚至是偏見，容易引起糾紛，但口述歷史卻能挖掘隱藏的重要問題，一經發
掘，也將出現許多新觀念的產出。」（2004：1）；「口述歷史應該成為研究歷史非
常重要的一個資料，它本身既是史料，也是歷史本身。因為至少是受訪者自己詮
釋他自己的一生，所以不應該只被當成史料，應該被當成歷史的本身，而詮釋是
他自己詮釋，雖然他的詮釋不一定跟後來史家去詮釋他這個人是一致的，可是畢
竟是他自己詮釋自己一個非常重要的證據。」（2005：17）

所以說，以口述歷史作為方法來進行生命史研究，相信對於現有台灣服飾學
術研究所存在的「研究題材開發性的不足、研究深度性的不足、研究資料完整性

與精準性的不足、研究方法拓展性與運用性的不足」等問題，提供一個新的解決與發展之道。

　　不過，要進行生命史的口述歷史，並非是件容易的事。首先要面臨最重要的挑戰，也是最困難的步驟，那就是如何選擇一位最適合的人選。因為這位人選必須具備多項條件：其一是，這個人選必須是耆老，而且他確實經歷要探討的時代。其二是，這個人選其個人或所衍生的周邊人物要有可探究性。其三是，這個人選對於所探討的問題，要具有相當好的專業知識，能清楚辨別與表達。其四是，這個人選意識、思緒、記憶要相當好。其五是，這個人選必須能提供相關佐證輔助資料。其六是，這個人選要與研究者有良好的互動關係。其七是，這個人選對於參與受訪與研究意願要強、主動性要高。

　　對於這可遇不可求的人選，研究者只能說乾著急等待奇蹟，因為著急的原因，是值得且有條件，作為台灣服裝歷史文化研究的耆老人物，都逐一凋零往生（例如，創立台灣服裝設計教育，並從事台灣傳統服飾研究的林成子教授）。所幸，就在一次偶然的機會中這個奇蹟終於得到回應。素有服裝國寶之稱的施素筠老師（實踐大學服裝設計學系專任副教授），與研究者剛好在系辦公室不期而遇，彼此相互寒暄，施素筠老師提及，她最近協助中央研究院近史所，陳慈玉教授進行基隆顏家的訪問。而研究者也向施素筠老師告知，最近想要透過口述歷史進行台灣服飾相關議題的研究，但苦無適當的人選，沒想到施素筠老師主動提出，她很想出版個人自傳，而且手邊還有相當多珍藏的老照片，可搭配進行研究，問研究者是否願意協助。對於這突來的奇蹟，研究者喜出望外。兩人便開始擬定本次研究的籌劃。

　　說起施素筠老師，可以說正好符合前述七項條件的最佳人選，其原因有以下七點說明：

　　其一是，這個人選必須是耆老，而且他確實經歷要探討的時代。施素筠老師從 1923 年出生之後，便親身經歷台灣服裝歷史的發展與變遷。

　　其二是，這個人選其個人或所衍生的周邊人物要有可探究性。施素筠老師在國內服裝教育被譽為是國寶，她從事服飾教育相當長，剛好見證台灣服飾教育發展，從無到有的歷程。施素筠老師出生鹿港望族，該家族與辜家有密切往來。另外，在台灣史上素有「炭王金霸」之稱的基隆顏氏家族（也就是以金、煤礦業發跡，是台灣礦業史上第一家族的顏家）正是她的夫家，施素筠老師就是嫁給基隆富商顏國年三公子顏滄濤先生。

　　相信許多人都耳熟能詳，早年板橋林家、霧峰林家、鹿港辜家、高雄陳家、基隆顏家，合稱台灣五大家族，是研究台灣史中不可不知的歷史，而基隆顏家也與台灣多位名人交織出姻親的關係。例如台灣重要女畫家張李德和、台灣醫界名人魏火曜、台灣法律界名人陳逸松等人，施素筠老師也與他們有相當密切的往來，對他們相當熟悉。

　　其三是，這個人選對於所探討的問題，要具有相當好的專業知識，能清楚辨別與表達。施素筠老師與研究者曾在 1989 年一同協助林成子教授，進行「台灣地區民俗調查服飾篇」的研究調查工作，在該項研究中，施素筠老師負責閩南服飾的部分，與研究者一同實際在鹿港、彰化等地進行田野調查。另外，施素筠老師在服飾專業知識相當豐富，曾編撰過服飾辭典，對於研究者想要探討當時台灣民眾服飾的穿著，剛好有相當大的幫助。

　　其四是，這個人選意識、思緒、記憶要相當好。施素筠老師除了身體好，記憶力也是超強，可說是耳聰目明。施素筠老師平日更有寫日記習慣，她個人曾出版多本服飾專書，並且以簡易裁剪通過發明專利。

　　其五是，這個人選必須能提供相關佐證輔助資料。施素筠老師其個人與家族珍藏 430 張，從 1910 年代以後，不同時代台灣人物的珍貴傳世照片，另外施素筠老師個人還保留，學生時期的成績單與畢業證書等文件。

　　其六是，這個人選要與研究者有良好的互動關係。施素筠老師是研究者母親在就讀靜修女中時的老師。她也教過研究者，後來與研究者在實踐大學服裝設計

學系成為同事，辦公桌緊鄰隔壁，與研究者關係相當良好，有深厚的師生、同事之誼，並且深受她的信賴。

其七是，這個人選對於參與受訪與研究意願要強、主動性要高。施素筠老師剛好正想要籌劃出版個人自傳，先前她也曾接受中央研究院近史所，陳慈玉教授口述歷史的訪問，對於配合研究者所要進行，以她個人生命史為核心的研究，施素筠老師意願相當高，甚至主動要求研究者盡快給予協助。

歸納上述所言，由於施素筠老師的各項條件都相當吻合本研究所需，可說是進行本次研究，在研究對象的最佳人選，確實有助於本研究的執行。

第二節　研究目的

根據上述的研究背景與動機，本次研究特別選定以施素筠老師作為生命史的核心人物，透過口述歷史深度訪談的方式，以及施素筠老師提供個人及家族珍藏老照片內容的說明與解釋，期望能探究出台灣服裝的現象、審美價值、家族成員穿著變遷、發展與大時代的關係。針對本次研究的具體研究項目如下所示：

一、藉由本次以生命史的口述歷史研究，期能為台灣服裝歷史與文化之相關議題的研究，開拓出新的研究方向，並且能呈現出具體的成果。

二、藉由本次施素筠老師所提供的個人及家族大量珍藏的傳世老照片，期能精準地考證出具體的背景、時間與人物，並藉由這些第一手資料的內容，勾勒出台灣服裝從 1910 年代至 1960 年代每個年代，男生和女生在一般服裝、結婚禮服、學生制服的真實樣貌。

三、藉由本次研究期望透能過生命史的研究，瞭解施素筠老師及其家族成員穿著現象的服飾審美價值。

四、藉由本次研究期能清楚瞭解到施素筠老師及其家族成員服裝變遷發展與大
　　時代中政治、經濟、社會、文化等因素的關聯。

第三節　研究問題

　　依據上述研究目的，擬提出以下四個主要問題：

一、以生命史口述歷史的研究作為研究方式，能否為台灣服裝史相關議題的研
　　究，開拓出新的研究方向與成果？

一、如何達成施素筠老師所提供的個人及家族大量珍藏的傳世老照片，精準地考
　　證出，每一張照片具體的背景、時間與人物？以及如何藉由這些第一手資料
　　的內容，勾勒出台灣服裝在1910年代至1960年代，男生和女生在一般服裝、
　　結婚禮服、學生制服的真實樣貌？

二、以施素筠老師生命史為核心，就其生命中的各項重要階段，她個人與家族成
　　員，在服飾審美價值的現象、想法與特色為何？

三、施素筠老師及其家族服裝的變遷發展，分別受到大時代中政治、經濟、社會、
　　文化等因素的哪些具體影響所致？

第二章 文獻探討

第一節 生命史研究

一、生命史研究之概述

生命史（life story），亦有人翻譯為生活史，是受訪者在研究者的引發下，以聲音或文字的形式，將其過去的生命經歷呈現出來的一種回顧式敘述（Watson & Watson-Franke, 1985；轉引自黃瑞琴，1994：123）。

生命史研究（life history method），源於十九世紀末，當時是因為人類學家想對美國印地安文化的研究要有所探究，而展開的一種方式。從二十世紀之後，生命史的研究，在社會科學領域受到越來越多學者的重視，社會學與人類學家對於歷史事件中的重要參與者、或是個人之生命歷史足以代表為時代或族群之縮影者、或有特殊經驗、特殊專長的生命史皆相當重視（江文瑜，1996）。在 1970 年後因為其敘述性、脈絡性與歷史性方面的價值而重新被注意（Kauppila；1996；轉引自王麗雲，2000）。

生命史研究屬於傳記法（biographical method）領域中的一種研究方法。它與自傳、傳記、口述歷史，都是記載一個人的過去，它是以一個人的生命史或生命史中的一部分為主要內容（王明珂，1996）。

生命史敘述屬於一種獨特的個人文件，個人文件如自傳、日記等，包括個人一切具表現性作品，是將個人如何看待自己、生活情境、事過境遷之後，對所處世界所持的特定觀點加以呈現，而生命史與其他個人文件的不同，在於生命史是被他人誘發，以書寫或者口述形式呈現的個人生命的整體或部分的回溯性資料（Watson and Watson-Franke；轉引自 Knowles, 1993），而不只是生命史主角的自我陳述（Knowles, 1993）。Denzin（1989；轉引自王麗雲，2000）認為生命史是由訪談與對話對生命的記錄而來。生命史包含了三個主要部分：個人的生命故事、所面臨的社會與文化情況，以及這些經驗與情況的順序性（Denzin, 1989）。Stephens（1998；轉引自許傳德，1999）則指出生命史是一種混合體，混合著研究對象的故事與研究者的整理與觀點。總結上述，生命史研究經過他人誘發，是個人的整體或某段的生命紀錄，這些生命紀錄可能存在於公開與私人的文件中，其中包括訪談的紀錄，寫成之生命史中含有研究對象的生命故事、所處的社會文化情況、這些經驗的順序性與研究者的觀點。

生命史的資料是經研究者的觸發後，而由報導人以言談或寫作的方式「自我陳述」得來的，因此具有相當大的主觀成分在內；報導人很可能因事隔久遠，對過去發生的事情印象模糊，而未能做出詳實的描述；而站在研究倫理的角度來看，研究者更會為了保護報導人的身分不致曝光，而對報導人所陳述的事件做相當程度的修改，是以原本報導人「真實」陳述的資料，到讀者的手上卻變成「非真實」資料了。不過，這些限制並無損生命史研究的價值。因為我們所認知的「社會」或「世界」，其實都是由個人心靈所「建構」出來的，而人們在不同的時空背景下，常會做出不同的建構（Smith, 1984；轉引自劉鳳英，2000：19）。因此，

關切的焦點應放在事件對報導人的意義,而非把重點擺在事件本身的真實性到底如何。

另外,「自傳」(autobiography)、「傳記」(biography)、「生命故事」(life story)與生命史的意義其實是不同的。自傳是一種自我描述,是一個人將一些生命中的過去寫成文字,編輯成書(王明珂,1996)。自傳和生命史都屬於個人文件,但是自傳是由傳主自我陳述,而生命史是由他人誘發(Watson and Watson-Franke;轉引自 Knowles, 1993);至於傳記則是藉由傳記寫作者的書寫,對於某一個人生命史或生命史的一部分的描述與記錄,Denzin(1989;轉引自王麗雲,2000)指出傳記法是針對生命紀錄或是利用生命文件進行研究。由上可知,生命史比自傳與傳記的範圍廣泛(王麗雲,2000);而且 Becker(1970)認為,生命史並不限於某一段或整體生命歷程,而是要依據研究的目的,因為在生命史研究中,關心的焦點是由研究者選定。而自傳與傳記卻是站在傳主的立場,闡述其生命中的某一些重要部分,但當這些重要部分放在一起時,卻不一定有關聯性。至於生命故事的意義,Goodson 認為生命史是將生命故事置於歷史脈絡之中,Hatch and Wisniewski(1995)認為對生命故事做社會、歷史、政治與經濟的分析可以使生命故事轉變為生命史(轉載自周慧洵,2001:34)。

至於,與生命史研究容易混淆的研究取向或方法,如生命歷程研究(life course research)與個案研究(case study)等研究方法。根據王麗雲(2000)之整理,生命史研究是生命歷程研究的一支,亦即生命史研究代表生命歷程研究中較重視個人力量者,因此,生命史研究也具有生命歷程研究的特色,如注重整體、歷史、脈絡因素、個人適應策略等等。但就個案研究與生命史研究的異同而言,若將個案研究定義為對確定系統的研究,則生命史研究也屬個案研究的一種,不過其與個案研究最大的不同點在於,個案研究是橫斷式的,而且對象也不一定是人,而有可能是機構、方案與制度;生命史則是縱貫式的,關心個人生命歷程前後經驗之關聯性,對象是一個人或一個群體。歸納上述可以得知,生命史研究的

意義在於研究一個人或一個群體在整體或某段之生命歷程中，對於一個主題所經
歷的個人主觀經驗，以及這些經驗的前後關係。經過研究者與研究對象的直接接
觸，研究者與研究對象共同面對生命歷程（熊同鑫，2001）。這些經驗可能由研
究對象口述，或是由其他管道，如文件檔案或其他重要人士得知。關心的不一定
只是何者為「事實」的問題，而是研究對象在這些經驗中如何重新建構自我與詮
釋這些事件。

二、生命史研究之特色

（一）注重個人主體性

　　Denzin（1989）認為依照象徵互動論的觀點，每個人對於世界都有不同的定
義，而社會學家若想解釋這些不同定義以及隨之而來的行動，欲瞭解個人之定義
與行動，就需透過其概念、經驗與反應，也就是需深入其主觀世界，而生命史或
者傳記研究就是最好的方法。所以生命史研究是透過個人觀點的材料，深入瞭解
人的主觀世界。因此，生命史研究的第一個假設，即是人的行為應當由人本身涉
入的觀點研究並瞭解。因此能顯現個人觀點的材料都是可用的。Kohli（1981）
也指出生命史的長處在於強調機構歷程中的個人觀點，重視個人的主觀性。黃政
傑（1996）認為生命史研究關注個人經驗與觀點，欲探究研究對象對這些生活事
件中的主觀經驗與知覺為何，尋找與發現意義的架構，如何發展，如何影響研究
對象的行為，並且希望瞭解個人適應的策略是什麼。

（二）提供過程性資料

生命史研究藉著量化的問題或質化的訪談，取得豐富的過程性資料，不但較能說明事件發生的內部機制，包括個人前後經驗之關係，個人或事件在整個生命史中的意義等等，也能挑戰我們視為理所當然的假設，作為修正理論的基礎（王麗雲，2000）。

（三）個人記憶與社會記憶的連結

個人生活於社會中，個人之心理構圖，深受其所處社會之影響。當個人在述說其過去時，當然會同時展露其所處時空脈絡下的社會記憶。透過個人之生命史研究，從個人的經驗、觀點及生活故事中，亦可以瞭解特定時空下，生活中共同的集體社會記憶、想法、價值觀。所以，透過生命史研究所瞭解的不只是個人經驗與看法，而且有助於理解其社會記憶為何，因為個人為社會的一份子，社會影響其心理構圖，個人在談論自己的過往時是依照自己的心理構圖，也同時展露他所處時空特定團體的社會記憶（王麗雲，2000）。這些個人經驗與看法並不只是他們的想法與價值觀，更是在一個特定環境中，與共同生活的別人一起分享的想法與價值觀，而且這些故事中更包含了許多彼此關聯的集體過程。因此無數的行動其實是與結構中的許多規則有關的（轉引自艾略特著、王幸慧等譯，1997）。

（四）重視個體與其生存時代之歷史與社會環境的互動

生命史研究不同於其他研究方法，只注重現時或特定時空的現象及問題，便得出因果關係。Shaw（1980；轉引自 Antikainen, 1996）指出生命史研

究或傳記研究注重和個人與社會都有關的時間向度。Antikainen（1996）則表示研究對象在敘說生命史時，也在個人生命史及社會歷史脈絡中分析自己。而 Bertaux（1981）認為生命史與社會歷史之間有辯證關係，個體是歷史的產品，也是歷史的生產者，生命史並非只是蒐集個人生活歷程中的所有事件，也可以呈現出個人對結構的想像。在社會學取向上，生命史研究關心社會文化環境如何影響個人決定（Bertaux and Kohli, 1984）。Erben（1996）特別強調傳記法的功能是透過分析個人生活，能發現社會力與個人特質的交互作用。王明珂（1996）認為，社會因素在特定事件與時空下，影響了人的看法與因應對策。因此，生命史研究著重生命歷程所處的歷史與社會脈絡，以及個人與歷史及社會脈絡如何互動，是將個人歷史放入廣大歷史脈絡中（王麗雲，2000）。

從社會學角度觀之，透過個人生活的分析，能發現社會力與個人特質之交互作用，社會文化環境影響個人決定，社會因素在特定事件與時空下，的的確確影響了人的看法與因應對策。國外學者 Erben（1998）將個人生命階段的建構視為是一種創發性想像過程，可歸納的歷程為：特殊事件與特殊事件相關的局部情境、社會情境、文獻資源（個人相關資料和公共典藏資料），生命史研究在時空向度上，是同時注重個人經驗與社會文化的研究法。

生命史的分析歷程，有時是一個從暫時性的理論出發，經過具體重要生命經驗的蒐集、編碼、剪輯、分析與解釋的研究步驟，讓理論假設與經驗對話，使理論逐漸貼近個體具體生命經驗的分析與整合的過程（周慧洵，2000）。個人生命史的研究法，其分析歷程亦可以是針對一個人，經過長期的觀察、晤談、閱讀相關的文件，然後從這個人的主觀生命經驗或陳述來詮釋其生命歷程。

三、生命史研究之意義與發展

生命史是一種對生命的書寫，其目的是要說明人生命的經驗內容與意義。生命史研究屬於傳記法（biographical method）領域中的一種研究方法。生命史敘述是將個人如何看待自己、生活情境、事過境遷後對所處世界所持的特定觀點加以呈現。生命史研究多用文字而非數字來表達，大都強調個人經驗與主觀的知覺，重視研究對象的生活和社會的脈絡性與歷史性，所以前後經驗的關聯以及事件或個人所處的時空位置，就成為研究關心的焦點，這些時空焦點可遠可近，依研究之需要而定（Denzin, 1989）。

生命史研究重視文化、社會、歷史脈絡對人產生的影響。所以根據 John Dolard 的說法，他將生命史定義為：是以慎思熟慮的態度，嘗試定義人在文化脈絡下的成長，並且以理論解釋它（江淑真，2002）。另外，Denzin（1989：41）也指出生命史是根據對話或訪談的結果對生命的記錄，即生命史主要以訪談或對話建構生命，並將生命故事置於歷史脈絡中。

生命史是根據對話或訪談的結果對生命的記錄，亦即生命史主要以訪談或對話來建構生命，並將生命故事置於歷史脈絡之中。生命史雖以訪談為主，不過若納入其他文件資料，將能更周全的瞭解個人或團體生命。生命史的研究關心的焦點由研究者選定，所關心的是研究對象經驗的事實資料及對生活世界的詮釋。生命史的研究是生命歷程研究中對個人生命力量的重視，所發展出來的研究取向（熊同鑫，2001）。Aspinwal 指出生命史的陳述，可以作為描寫特定團體或個人評斷的資料（熊同鑫，2001）。Goodson 及 Walker 將生命史分成三個層次，一是個人生命史；二是團體或集體的歷史研究；三是關係層面的歷史，如研究個人與團體之間關係與關係的變化（王麗雲，2000：267）。

至於就生命史所探討的對象時間點，Tierey認為生命史可以是個人對於生命全程、或是階段性的、任何觀點的記錄，以書寫或口述形式來表現，且藉由他人的引述、提示或激發（江淑真，2002）。另外，Dollard認為，生命史是一個人在特定文化的成長並賦予其理論上意義的一個慎重探究（黃月純，2001）。Denzin認為，生命史是指個人以自己的話來述說個人有生命的故事。生命史研究法則指以傳主的語言引述並且記錄個人故事的程序（轉引自 Runyan 著、丁興祥譯，2002）。Denzin認為，生命史是根據對話或訪談的結果對生命的記錄。關心的焦點由研究者選定，是研究對象經驗事實資料與對其生活世界的詮釋（Denzin, 1989）。Gubrium認為，生命史之研究對象被視為積極的說明者，藉由談話的敘述，深入探究個人主觀世界及生命經驗（Gubrium & Holstein, 1995）。

Aspinwall指出，生命史的陳述可作為描寫有關特定團體或個人評斷的資料。生命史的長處與限制。在長處方面：1.重視個人主體性。2.提供過程資料。3.作為有效的溝通工具。4.瞭解個人與其生存時代歷史的關係及社會脈絡的影響。5.資料的珍貴性。6.個人記憶與社會記憶的銜接。在限制方面：1.只能蒐集到部分的解釋。2.推論的限制。3.故事的真實性。4.因果關係的建立。5.時間上的限制。6.研究貢獻的不確定。（整理自王麗雲（2000），〈自傳／傳記／生命史在教育研究上的運用〉，《質的研究方法》。台北：麗文，頁283-291。）

生命史研究讓人能充分表達自我，而且個人在敘說這些歷程、感受與看法時，藉由研究者的引導，能對事件的原因、個人行動的原因、整體情況變遷的原因等等的問題進行分析，獲得更多個人的分析，十分有助於探索真正的影響因素。另外，由於生命史研究能呈現個人的社會記憶與社會文化脈絡的連結，能夠減少主觀感受與客觀世界的距離（Denzin, 1989），進一步幫助研究者瞭解個人如何感受結構（如社經地位、性別）加諸於其上的影響，包括個人如何解釋，如何因應其轉變，進而找出結構性的影響因素。

　　針對生命史的解釋，Denzin（1989：49-58）將生命史的解釋分成兩個取向，一是客觀自然史取向（objective, natural history approach），二是解釋取向（interpretative framework）。客觀自然史取向以考驗假設和建立理論為主，對主體資料的蒐集與瞭解旨在驗證理論，可視為實證科學的一支；解釋取向則注重主體意義的瞭解與解釋，不受預設的研究假設所引導限制。生命史的解釋取向重視主觀性，有別於實證科學強調客觀性。Runyan（1982/2002）指出：「生命史研究受到讚譽之處，便在於以主觀的角度來呈現社會經驗，它被視為一種介紹個人主觀知覺，以及對社會生活解釋的一種方法。」Denin 也認為生命史的最大價值，在於容許社會學家能夠以社會行為及經驗所擁有的內在、隱含及反思的成分，來平衡「客觀主義」（Runyan, 1982/2002）。

　　至於談到生命史研究的發展，在社會科學領域內，生命史研究的發展情形約可分成三個時期，第一時期是 1920 年到第一次世界大戰期間，屬於蓬勃發展期，重點在研究個人的檔案，如自傳、日記及書信，重要的作品有 Tomas 與 Znaniecki 合著的《在歐洲及美洲的波蘭農夫》。第二時期約從第二次世界大戰至 1960 年代中期，此期量化研究興盛，生命史研究呈現衰退狀態。第三時期則自 1960 年代中期延續至今，研究大多與生命歷程研究相關，及被當成學習人格心理、心理病理學、社會化歷程、文化與人格和家族史等知識的管道，研究關心的共通點是關心生命的路徑如何受到團體與社會、個人與歷史環境互動的影響（Runyan, 1982/2002）。

　　以生命史作為學術研究探討的憑藉，在西方的社會科學領域裡，生命史與心理傳記學在政治、歷史、社會、心理、教育、人文等各個領域都已累積了相當的研究，被視為是質性研究中最佳的方式之一。不過目前在國內，只能說正在起步階段（Runyan 著、丁興祥等譯，2002）。

第二節　口述歷史

一、口述歷史之概述

　　「口述歷史」（Oral History；或稱 History by Word of Mouth）這個名詞常見於各類書籍、報刊雜誌及文章，平日談話之間也經常使用。實際上，口述歷史不但常被視為一個學術領域的名稱，是史學領域的一支，也由於被廣泛地運用在各種研究，而被視為一種研究方法或蒐集資料的方式。口述歷史的力量，在於它能補充文字與視覺資料之不足，可以對這些資訊來源提供清楚的質疑（Howarth,1998/2003）。

　　口述歷史的興起甚早，在未發明文字以前，是人類用自己的語言透過口耳相傳方式，傳遞社會生活經驗與訊息的方法。但從現代的標準來看，這並不算是口述歷史，充其量只能算是「口述傳統」（oral tradition）。現今口述歷史的發展，直到 1940 年代才成形。最先提出現代口述歷史的想法，是美國哥倫比亞大學口述歷史創辦人 Allan Nevins 教授，他說：「口述歷史係透過慎重訪談，能抓住私人思想、個人願望以及因太忙致無法撰寫個人紀錄之領導人物的生活。」（陳三井，1998：103）。

　　另外美國口述歷史學會前會長 Donald A. Ritchie 也曾對口述歷史做出進一步界定：「口述歷史是以錄音訪談的方式蒐集口傳記憶以及具有歷史意義的個人觀點。口述歷史訪談指的是一位準備完善的訪談者，向受訪者提出問題，並以錄音或錄影記錄下彼此的問與答。訪談的錄音帶經過抄本、摘要、列出索引這些程序後，儲存在圖書館或檔案館。這些訪談紀錄可用於研究、摘節出版、廣播或錄影

紀錄片、博物館展覽、戲劇表演以及其他公開的展示。」Donald A. Ritchie 並指出口述歷史「不包括無特殊目的的隨意錄音」,「也不涵蓋演講錄音、祕密竊聽錄音、個人錄音日記,或者其他不是經由訪談者與受訪者對話而來的聲音記錄」(Donald A. Ritchie, 1997：34)。

　　國際口述歷史學界權威且是英國愛塞克斯大學社會學教授 Paul Thompson 認為:「口述歷史是關於人們生活的詢問和調查,包含著對他們口頭故事的記錄。」(楊祥銀,2003：38)。另外,Frank Lee(1989)認為口述歷史有一些要點是一致的:第一,口述歷史是受訪者描述的記錄和保存。這可利用多種方式從早期的手寫記錄到現在的錄音與錄影記錄的演變發展。第二,透過受訪者的記憶重建過去。第三,透過有計畫性的訪談這些受訪者以增加書面來源。

　　至於國內學者對口述歷史的詮釋,最早踏入口述歷史工作首推中央研究院近代史研究所,它的民國口述史訪問計畫大綱中特別指出,「凡與民國軍政、外交、文教、經濟、社會直接有關之重要人物,均在訪問之列,旨在保留忠實而深入之記錄,以供歷史之研究。」(陳三井,1998：18)。另外,中央研究院近代史研究所朱浤源教授也進一步解釋,口述歷史乃指近五十年左右新興之記錄歷史的現代化方法,它是透過訪問程序的一種雙道歷程,即訪問者對受訪者已有相當程度的認識,就受訪之事蹟加以深究瞭解(卞鳳奎,1996：44)。口述歷史的成果,在記錄時是以第一人稱敘述,而非採報導文學的寫法;口述訪談資料,已成為個人傳記取得資料最直接的手段(許雪姬,2002)。

　　雖然整個口述歷史學界,對口述歷史的定義尚存在著很大的分歧,未見有一個放諸四海皆準的標準。不過綜合上述各家所言,我們可將口述歷史基本概念歸納出三項通則性的重點:1.經由對話方式產生具有價值與意義的個人觀點;2.利用錄音錄影設備記錄;以及 3.經過整理後作為研究與其他用途。

　　另外，在進行口述歷史所研究的對象，可分為三個層面來說（楊雁斌，2003），第一，口述歷史的研究對象是人，可能包含個人以及個人所在的群體。史學原本就是研究與人過去所發生有關的事，口述歷史則直接接觸到相關的個人；除了個人的經驗與思維外，也包含了個人所記憶的社會整體與文化。其次，口述歷史研究的對象廣泛地深入社會生活的各層面，包含社會史、生活史、經濟史、政治史、種族史、社區史及家族史等等。第三，口述歷史與過去傳統研究以文字史料為對象的差異則在於口述歷史以口頭敘述為研究對象，同時也是其記錄的成果。

　　口述歷史是一個蒐集資料的方式，即使口述歷史所研究的對象是人們的口頭敘述，也可以根據性質再分做兩種，一為蒐集人們個人生命經驗與回憶的第一手資料之回憶錄；如針對個別事件，或是針對個人生命史，這些屬於個人的回憶與經驗會隨著當事人年老、死亡而失去。另一種為口頭傳統，指歷經幾代藉由口耳相傳遺留下來對人物及事件的敘述，範圍擴及民俗、傳統生活等以口頭傳承為主的文化（Griffiths, 1993：111）。

　　口頭傳統雖不依附單一個人經驗來傳承，但在現代社會發展快速，傳統的生活方式、社會風俗、歌謠、技藝及故事面臨隨時會被汰換、消逝的危機，口述歷史必須趕在消失之前將其記錄下來，留存給後代更多研究的資源，這是口述歷史最初也是最終的目的。

　　口述歷史訪談（oral history interviews）它所強調的是，由訪談者與受訪者之間，藉由一問一答的對話來挖掘個人的經驗與觀點。訪談的進行多半是訪談者與受訪者在舒適並具安全感的場所內進行一對一的訪談，優點是可以讓受訪者放下心防，逐步吐露個人的經驗或回憶，常可獲得較深入的資料；但有時訪談也會以小組的形式進行，同一時間訪談約三到五人，這種方式可以在短時間內累積大量資訊，同時利用訪談者彼此互動激盪出更多的觀點，並且避免了部分受訪者單獨受訪時的困窘與尷尬。然而這種小組訪談通常不夠深入，很容易被好發言的受訪

者主導整個訪談，剝奪或影響其他受訪者的發言，因此適合用於針對一議題作廣泛的討論，從中蒐集資料後作為後續訪談的基礎，以及發掘適合更進一步訪談的對象（陳瑛譯，2003：179-180）。

　　口述歷史訪談前，訪談者（interviewer）須先做好有關受訪者（interviewee）的背景資料研究、預設訪問的主題與方向及設置問題。訪談時，訪問者適當的提問，引導受訪者逐步講述自己的生活經驗或想法。有時訪談者需扮演好聆聽者的角色，或是適時抓住時機深入核心，因此好的口述史學家，往往需要具備廣泛的學科素養，以及訪談經驗的累積，並且遵守口述歷史相關著作權法律與倫理等。在訪談結束之後，將訪談資料作轉錄、抄本的工作，並加以建檔、索引與摘要後續工作，以方便其他研究者查詢。常令人混淆的是，許多人誤將訪談內容的陳述照單全收地當作歷史事實，並將訪談的結果，經過整理後就出版來當作完成品。實際上，口述歷史代表了一種史學傾向與史學研究方法，透過訪談所得的資料僅能作史料的一種，可作為現在以及未來研究者的參考資料，而非歷史的全貌，也非完全的真實。

　　口述歷史突破傳統上歷史的來源必須取自於文字的限制，將歷史的取材與資料來源擴展至相關人員的敘述，並將歷史詮釋權回歸給廣大的群眾。每一個人在口述過程中，都是事件的參與者與解釋者。因此，口述歷史對無權力、無書寫能力的弱勢者意義非凡（胡幼慧、姚美華，1996：249-269）。

　　口述歷史（oral history）作為史學的一支，其性質與功能也趨於多樣化，用來記錄當代重要歷史事件中人物的回憶，以作為那個時代與事件的證據（王明珂，1996）。其操作不外以錄音、錄影、訪談方式蒐集口傳記憶以及具有歷史意義的個人觀點（Ritchie 著、王芝芝譯，1997）。口述歷史的特色是活的、有聲音見證，強調由下而上的庶民史觀。受訪者除了是一個歷史的見證者外，同時也扮演歷史評論者的角色（張中訓，2000）。

二、口述歷史之特性

　　湯普生（覃方明譯，2000：6）曾經指出，一般大眾可以透過口述歷史得到
參與時代推演的歷史感，訪談者更可透過回憶生平經歷，來重新肯定自我的生命
價值與成就。

　　然而完整的口述歷史研究過程包含訪談前、訪談時、訪談後三個階段。「訪
談前」又包含：1.準備工作；2.確定研究類型；3.發展初步的題目和問題；4.重視
語言使用問題。「訪談時」又包含：1.重視訪談時的互動關係；2.訪問者應學習傾
聽受訪者的語言；3.避免他人在場干擾；4.非口語資料的蒐集。「訪談後」又包含：
1.資料的整理與求證；2.口述資料從口語轉換為文字；3.歷史詮釋（胡幼慧、姚
美華，1996）。

　　如果不刻意強調「錄音及口訪程序與技巧」，一般人經常會將口述歷史與
「口述傳統」、「自傳與回憶錄」、「一般訪談」混為一談，為了釐清並凸顯口述
歷史之特性，以下就分別將「口述傳統」、「自傳與回憶錄」、「一般訪談」三者
與口述歷史進行比較：

（一）「口述歷史」與「口述傳統」之比較

　　口述歷史與口述傳統，嚴格說來，應是兩種不同的概念。口述歷史與口述傳
統的最大不同有三：

　　1. 就詞彙意向而言：口述歷史具有動詞意向，強調研究理論與方法的實踐，
　　　訪問者與受訪者雙方互動，史料之創造及歷史的建構等；口述傳統具有名

詞意向，泛指古早之經史文獻，舉凡神話、傳說、軼聞逸事、民俗、掌故、筆記、語錄、懺悔及禱告文等，均可類屬其下。

2. 就時間考量而言：口述歷史只處理最近的過去，基本上係以受訪者一生的見聞與經驗為限。大多數的口述歷史計畫都是回溯性的，但有些是現在進行式，即計畫的進行與事件的發生同時；口述傳統則是經由至少幾個世代之傳承與沉澱而來。

3. 就史學角度而言：口述歷史係指一種歷史理論及史料的創造與蒐集的方法，企圖「重新創造過去」的臨場紀錄；口述傳統是古早經典文獻之總稱（張中訓，2000：112-113）。

　　總結兩者差異，口述歷史係在錄音機普及後的產物，成為當代人修當代史的研究利器。口述傳統係人類自有語言以來就開始運用的一種傳遞知識的方法。

（二）「口述歷史」與「自傳與回憶錄」之比較

　　從內容或形式上看來，口述歷史與自傳、回憶錄有其相似處，但如進一步深究，彼此間的差異在於：

1. 自傳與回憶錄常是社會的領袖人物或上層知識分子由自己撰寫過去所經歷、所見聞人事物的紀錄；口述歷史是透過訪前做了周密準備的專家精確的選擇訪談對象與提出關鍵性問題，因此使紀錄呈現更為多元化與準確化。

2. 自傳與回憶錄只是一種單項的陳述，根據撰述者的記憶做選擇性的敘述；口述歷史是由訪談者主動，就事先設計的問題，訪問探究，協助引導受訪者尋求記憶，賦予對話的內容與結構，以互動雙向方式留存歷史資料（卓遵宏，2001：191-192）。

口述歷史經由對話來產生的特點讓口述歷史不同於自傳、回憶錄的單向陳述，許多學者（如張中訓，2000；楊雁斌，2003；宋雪芳等，2003）認為，口述歷史以一問一答的方式所蒐集的資料是活的（live history），而不是死無對證（dead letters），由訪談雙方共同創造（shared creation）有用的資訊，讓研究當代的學者可以有機會向當事者就存疑的地方進行追蹤訪問，與其他文獻交叉查證，以釐清矛盾、模糊的地方，或同時透過訪問不同立場的人來重建過去，讓不同階層、背景、職業以及立場的人們，意見可以在比較公平的基礎上被呈現出來，對於研究具有一定的客觀性的價值。特別是面對缺乏史料記載的過去或是具有爭議的事件，湯普生（Paul Thompson）認為：「……現實是複雜的、多方面的；口述史的首要價值就在於，相比絕大多數的原始材料，它可以在更大程度上再造原有的各種立場……」（覃方明譯，2000：6），除了再現當時複雜的環境，也能呈現個人思想的多變，讓多元的觀點得以呈現，是口述歷史最主要的特點之一。

（三）「口述歷史」與「一般訪談」之比較

怎樣的訪談才算是口述歷史，以新聞性訪談、研究者的訪談此兩種訪談與口述訪談做個釐清。像新聞記者所做的訪談皆具有一特定目的，通常他們不會花時間去引導對方的談話，更無時間聆聽長篇大論，且多半摘錄很少部分，無心追究事情的來源，雖然採用錄音訪談，但他們從不長期保存原始錄音帶和筆錄，更少想到把訪談的錄音帶或筆錄儲存到圖書館與檔案館，以備他人研究查證（許世瑩，2003:21）。

王芝芝（2002：76-77）認為口述歷史是訪談雙方「……共同與受訪人的記憶所做的一種拔河賽，盡量挖掘受訪人腦子裡有利於歷史研究的東西……」，整個訪談的目的在有利於歷史研究，作為後人瞭解現在與過去的依據，因此訪談的紀錄必須建立在「公有財產」的理念上，整理及使用的後續工作對口述歷史而言

極為重要。這也就是為何訪談必須經過錄音，並且經過特別處理後保存在檔案館、圖書館或其他收藏處，或者幾乎逐字重製的方式出版，為的都是要盡量保留訪談紀錄的完整、真實與可信度，得以公開給大眾，才是口述歷史的真正美意。

至於有關口述歷史實施上的特性，根據 Donald A. Ritchie（1997：34）所述：1.能提供一般的研究使用；2.能重新加以闡釋；3.能接受鑑定的確認。

所以說，口述史家保存訪談的錄音帶和抄本，目的是儘量保留訪談紀錄的完整、真實和可信度。況且，口述訪談結束後，訪談者都會將口訪的抄本交由受訪者審閱，把錯誤或有疑問的地方向受訪者求證，通常新聞訪談很少事後再對當事人進行查證。而研究者為明確目標而進行的訪談與一般用途的口述歷史是有所差別的。口述歷史從大處著眼來製作、處理和保存，以讓其他學者可在檔案館內使用口述史料。研究訪談則是專為個別訪談者的研究需求所做的片段調查，通常很少錄音或製作抄本，待研究結束後往往把這些訪談資料收藏在研究者的資料櫃內。研究者如果能為自己的訪談錄音製作抄本，且承擔法律與訪談倫理上的責任，再存放到其他研究者都能取用的處所，提供其他研究者驗證或進一步的運用，則上述的差異性便會較少些。如果每位研究者能在做完研究後，對手邊的筆記、訪談錄音帶，以及其他相關資料的內容，做公開性的保存，也許會成為他人日後做研究的珍貴史料（許世瑩，2003：21）。

另外，針對口述歷史意義上的特色，則可以歸納為下列六點：

1. 口述歷史最適合：弱勢者、較少使用文字者、侷限於私領域者。

2. 彌補文字歷史的不足，容易獲得第一手資料。

3. 單人口述歷史因內容詳盡，除了涵蓋外在事實也包含內在之感覺，可以反映歷史變遷與受訪者心路歷程的軌跡。

4. 針對某特定主題而設計之多人口述歷史，可以透過歸納、整理、分析與比較，作為歷史詮釋的論點。

5. 所獲得的資料常可用來挑戰主流歷史詮釋與社會學觀點。

6. 透過訪問建立友誼。（整理自胡幼慧、姚美華（1996），〈口述史法〉，《質性研究：理論、方法及本土女性研究實例》。台北：巨流，頁 249-269。）

除了上述實施上與意義上的特色之外，口述歷史最後還有一項重要特點，那就是表現出跨學科的特色。由於口述歷史讓更多的領域的研究成為可能，迅速地開展了史學的領域，延伸出許多新的史學分支，更廣泛地被其他的學科所援用。實際上，口述歷史的出現並不是新的史學分支的產生，例如經濟史、農業史或社會史這種新的史學範疇與主題，更準確的說，口述歷史初始是史學的一股再興的潮流，重返過去早期史學研究重視口頭傳承的歷史傳統（卓尊宏，2001：184-188），再加上對於全體人類生活的關注，把觸角伸至每個人的日常生活經驗中，在研究者的眼中，關注的是一個研究主題，並非單獨獨立的口述歷史。

三、口述歷史之價值

口述歷史之所以會在各國大行其道，廣受史家與業餘者的青睞，不是沒有原因，口述歷史實在具有文字史料無法替代的價值。口述歷史的興起對整個歷史研究產生了重要影響，分成三點陳述（陳三井，1998：214-217）：

(一) 口述歷史能提供非常生動的描述：這是僅使用文字史料作為歷史研究方法所無法做到的。

(二) 口述歷史能糾正文字史料中的偏見：在許多社會學家使用的史料中，普通民眾的日常生活和觀念都沒有記載下來。大多數的文字史料只反映出成年男性的活動，對於婦女與兒童的狀況，在史料中不見蹤影。相反的透過口述歷史，一些在當時看似平淡且不值得記載的事實可以透過口頭調查重新獲得，將這

些表面看來互不相關的社會事實集合起來，就可以還原出某時代某社會的狀況。

(三) 口述歷史在方法與理論上對歷史學提出挑戰：口述歷史的基本方法是利用社會學的抽樣調查去獲得口述史料。訪談的研究方法到十九世紀已成為社會科學研究中蒐集資料的重要方法，為瞭解研究對象的生活，人類學家必須經常與他們對話，而社會學家也需要經常向研究對象提出問題。人類學家與社會學家的調查技術有助益於口述歷史研究技術的發展，歷史學家可使用類似的方式去記錄和蒐集其所需的史料。

　　歷史學家陳三井教授指出口述歷史的史料價值：「口述訪談所得的史料，與其他文獻史料一樣，當然都具有一定的史料價值。其最大的價值，在於對當代人物或事件的研究，可以補充文獻資料的不足，解決文獻資料無法解決的問題，得到文獻資料所難以獲得的滿足。」；「還有一個更大的作用，就是可以幫助史家走出學術的象牙之塔，走向社會，走入群眾，發揮應用史學的功能。」；「口述回憶是否有價值，大部分取決於受訪者，是否對歷史具有正確的認知，而能在一己由燦爛歸於平淡之時，針對過去一生的經歷，冷靜而不偏頗的作一供述，對歷史有個俯仰無愧於心的交代。部分要依靠訪問者的能力，是否仔細研究過所要訪問的對象與相關問題？一個關鍵性的問題是否問得有意義及有深度？能否指出矛盾及時代錯誤？更重要是，訪問者是否與受訪者建立其互信關係，使對方敞開心扉，到達一種無所不談的共鳴境界？」這些因素無疑都會影響訪談紀錄的史料價值（陳三井，1998：108-109）。

　　此外，卞鳳奎從其口述歷史採訪經驗，整理出口述歷史的重要性：1.對現代史和當代史的研究有極大幫助；2.是民族史研究的重要方法；3.對家族史的起源及演變、家庭制度、家庭關係等研究助益極大；4.可作為地方志撰寫時的重要史料來源（1996：45-46）。中央研究院近代史研究所許雪姬教授認為口述歷史的目

的為：1.彌補歷史的斷層；2.注意弱勢邊緣的聲音，記錄市井小民的生活；3.塑造社會的共同記憶，形成某種意識型態的認同（1997：10-15）。

　　口述歷史的價值，當然會有其限度，並非百分之百的正確或完全可信。口述歷史也和文字史料一樣，有它的缺失與侷限。一般對口述歷史的質疑有三點：1.記憶力會隨著歲月而逐漸褪色消失，錯誤也會隨時間而增加，受訪者的記憶力會是影響口述歷史資料價值的因素；2.訪談者事前的準備不夠，訪談技術自滿於記者式訪談的功利導向，導致口述歷史失去客觀性；3.史界對口述歷史方法論的討論不一致。R. J. Grele 認為口述史料與傳統史料的不同，在於有訪談者的介入，由於口述歷史是一種「對話的敘述」（Conversation Narrative），不免訪談者與受訪者雙方都會有預設立場、選擇與解釋等過程（翁秀琪，2000：14）。

　　不過，若能妥善做好先前準備工作，實施過程以多向交叉求證，事後能將資料善加運用，相信口述歷史一樣能為學術研究工作開拓新頁。

四、口述歷史研究之發展與現況

　　口述歷史的起源最早可以追溯到人類開始有歷史記載之時，無論中西方，早期的史學著作皆以口述資料為史料來源，如司馬遷（145-87 B.C.）的《史記》、修昔底斯（Thucydides, 456-396 B.C.）的《伯羅奔尼薩戰史》（The History of the Peloponnesian War），都大量利用當事人與目擊者的口頭證詞來寫作。其他的例子更是不勝枚舉。二十世紀中葉之後口述歷史已形成一種專業，「……同時是最新也是最古老的歷史形式……」（Griffiths, 1993：111）。

　　口述歷史正式成為一種研究歷史的專業，最早可追溯到 1948 年美國歷史學家尼文斯（Allan Nevins）在哥倫比亞大學成立第一個口述歷史研究室（Columbia University Oral History Research Office），有計畫地蒐集當時重要政治人物及傑出

人士的回憶錄，這種研究歷史的方法隨即在美國各地被援用，其他國家也相繼受到美國影響，如英國、加拿大、德國、法國、義大利、拉丁美洲、新加坡、香港與中國大陸等，形成史學研究的新浪潮。在各地相繼成立口述歷史相關團體，並在 1979 年於英國柯徹斯特城（Colchester）召開第一屆國際口述歷史大會，成立國際口述歷史協會（International Association of Oral History）。（上述內容根據余國瑛（2006），〈博物館發展口述歷史蒐藏之研究〉一文整理。）

　　口述歷史在全球發展已有近六十年的歷史，相關的研究出版陸續出籠，包括書籍、文章與期刊等不勝枚舉。比較重要的著作有湯普生（Thompson, 1978）的《過去的聲音：口述歷史》（The Voice of the Past: Oral History），該書奠定了口述歷史理論的基礎與地位，可說是口述歷史研究的經典之作。書中內容從史家如何決定課題、蒐集證據、訪談、儲存篩選，直至口述歷史資料如何成為歷史的一部分，都有細膩而堅定的說理，其目的在確立口述歷史的意義與價值，是一本「有關歷史學家能夠如何蒐集與使用口頭證據的實踐性的書籍」。其他同樣著重在理論方面的書籍還有《共享的權威》（A Shared Authority）（Frisch, 1990）、《口述歷史：跨學科文集》（Oral History: An Interdisciplinary Anthology）（Dunaway, & Baum, eds., 1996），以及《口述歷史讀本》（Oral History Reader）（Perks, & Thomson, eds., 1997）等。討論訪談、整理與儲存等實務為主的論述有《口述歷史的轉錄與編輯》（Transcribing and Editing Oral History）（Baum, 1977）、《運用口述歷史於地方史研究》（Oral History for the Local History）（Baum, 1981）、《地方史的影像紀錄》（Videotaping Local History）（Jolly, 1982）、《大家來做口述歷史》（Doing Oral History）（Ritchie, 1995）。另外如美國口述歷史協會（Oral History Association，簡稱 OHA）所制定的《口述歷史評估指南》（Oral History Evaluation Guidelines），內容對訪談者、口述史家及檔案館等都有明確的專業要求，對訪談的準備、資料的整理與利用也都有詳細的規範。比較特殊的是由美國國家公園服務處（National Park Service，簡稱 NPS）所出版的《國家公園服務處口述歷史手冊》（Handbook

for Oral History in the National Park Service）以及美國浩劫紀念博物館所出版的
《口述歷史訪問指南》（Oral History Interview Guidelines）。前者是 NPS 為了旗下
從事口述歷史訪談的單位能有所遵循而做，後者則是浩劫博物館針對以二戰期間
猶太人屠殺事件的相關訪談所做的指導手冊，兩書的作者皆以自身的經驗為出發
點，並注意到博物館的性質。（上述內容根據余國瑛（2006），〈博物館發展口述
歷史蒐藏之研究〉一文整理。）

其他重要的期刊則包含了英國口述歷史協會（Oral History Society）出版的
《口述歷史期刊》（Oral History Journal）以及 OHA 出版的《口述歷史評論》（Oral
History Review），都發表眾多與口述歷史理論相關以及各地所進行的訪談文章。
近年的重要議題包含倫理議題與訪談技巧，〈痛苦的歷史與不快的訪談〉
（Distressing histories and unhappy interviewing）（Jones, 1998）、〈口述歷史：「比
心理療法更危險？」受訪者對於心理創傷或禁忌議題紀錄的回憶〉（Oral history:
'more dangerous than therapy?' interviewees' reflections on recording traumatic or
taboo issues）（Rickard, 1998）；科技議題的有〈科技更新：迷你光碟與卡帶的對
抗〉（Technical update: minidisk versus cassette）（Ward, Perks & Copeland, 1999）、
〈全有或全無：當前與未來的口述歷史紀錄科技〉（All or nothing: current and
future recording technologies for oral history）（Copeland, Fox & Perks, 2002）；討論
口述歷史保存與建檔的文章，〈口述史家應該知道的口述歷史編目〉（What oral
historians need to know about cataloging）（MacKay, 2003）、〈管理口述歷史-調查
結果〉（Curating oral histories-survey results）（MacKay, 2004）、〈口述史家與館員：
朋友、敵手或陌生人？〉（Oral historians and curators: friends, foes or strangers?）
（MacKay, 2005）以及〈它建檔了嗎？圖書館學者與口述史家要考慮的事〉（Is it
archival?: considerations for librarians and oral historians）（Russell, 2005）。（上述內
容根據余國瑛（2006），〈博物館發展口述歷史蒐藏之研究〉一文整理。）

在中文文獻方面，比較廣為人知的是前述由美國學者里奇（Donald A. Ritchie）所著，王芝芝翻譯的《大家來作口述歷史》（Doing Oral History），這是一本以對答方式編排的口述歷史百科全書，內容觸及理論與實務，甚至包含計畫的執行細節、經費等問題，是一本實用性很高的書籍。另外比較著重於介紹實務層面的有肯・霍爾斯（Ken Howarth）原著，陳瑛（2003）翻譯的《口述歷史》、梁妃儀等人（2003）所編的《協助社群認同發展的口述歷史實踐──結合理論與實踐的操作手冊》、由大陸學者楊祥銀（2004）所著《口述史學》以及《如何做好口述歷史》（黃煜文，2004）等。另外還有以女性議題為主的《傾聽她們的聲音──談女性口述歷史》（游鑑明，2002）。（上述內容根據余國瑛（2006），〈博物館發展口述歷史蒐藏之研究〉一文整理。）

在中文期刊所討論的議題包括：1.口述歷史的定義與價值（卓尊宏，2001；許雪姬，1997；陳三井，1998 等）；2.實務工作介紹（張文義，1997；高淑媛，1997；張中訓，2000）；3.口述史學發展史（楊雁斌，2003）；4.台灣口述歷史現況（蔡篤堅，2003；許雪姬，2002；呂芳上等，2002）；5.在其他領域的應用（許世瑩，2003；陳秀燕，1999；吳翎君，2001；張圍東，2003；陳映汝，2002 等），以及 6.口述資料的管理與保存（沈懷玉，2002；朱玉芬，2005）。（上述內容根據余國瑛（2006），〈博物館發展口述歷史蒐藏之研究〉一文整理。）

在台灣，口述歷史在 1960 年代開始成為一種風行的歷史寫作（歐陽瑩整理、王芝芝口述，2002：76）。最早推出口述歷史計畫的為中央研究院近代史研究所（以下簡稱近史所）。1959 年在郭廷以與陳雲龍先生的主持下，與美國哥倫比亞大學合作一項為期六年的「中國口述歷史計畫」，1962 年改由福特基金會撥款補助直到 1972 年，其後近史所的口述歷史工作暫告中止，直到 1984 年才又恢復。這時期的近史所所做的口述歷史因深受哥倫比亞大學的學術傾向影響，訪談的對象皆為上層菁英及軍政將領，到了 1983 年以後才逐漸有改變，除了仍延續重要人物的生平經驗的訪談外，增加了「專題研究」性質的訪談，如《走過兩個時代

的台灣職業婦女訪問紀錄》、《高雄市二二八相關人物訪問紀錄》、《九二一震災口述訪問紀錄》等，此外更順應當前顯學台灣史的研究，增加很多台灣人物的訪談，如《藍敏先生訪問紀錄》、《周美玉先生訪問紀錄》、《柯台山先生訪問紀錄》等（呂芳上，2002：29-32）。（上述內容根據余國瑛（2006），〈博物館發展口述歷史蒐藏之研究〉一文整理。）

　　至於在台灣學術機構，進行口述歷史的單位，有兩支源流，一支是中研院近代史研究所長期以來所進行；另一支是國立台灣大學短期內所從事的口述歷史。可惜的是，後者嘎然而止，使目前台灣的口述歷史工作幾乎由中研院近史所執其牛耳。

　　有關口述歷史在台灣近年來的進行情形及發展，根據學者許雪姬的分析如下（2004：1-4）：

（一）中研院近史所的業績

　　中研院近史所的口述歷史早在 1955 年展開，主要是選取近代軍事、政治、外交、經濟等各方面重要人物進行訪問，以彌補中國久經戰亂史料不足的缺失。此種面向的訪談工作和口述歷史最重要的宗旨之一，與為不會書寫、弱勢族群發聲的理念不太能契合。一直到解嚴後從事政治受難者的訪談時才稍能彌補此一缺憾。該所的口述歷史工作可分為前後兩期，前期為 1959-1972，這段期間與美國 Columbia University Chinese Oral History Project 合作，並受美國 Ford Fundation 資助，成稿計 66 份，共有 480 萬言左右，此後因經費等問題而終止了十二年。1984 年近代史恢復口述歷史的工作，正式成立「口述歷史組」，有三位專任助理協助研究人員的訪談工作，隨著 1987 年台灣解除戒嚴令，言論自由受到充分保障，乃得更蓬勃地展開。近史所在口述訪談的計畫中，後期與前期比較下有幾項不同：

1. 在訪談對象上不再僅限於軍人、政治家、外交家，而擴大到藝文界、實業界，也不僅只訪問外省人。

2. 開始專題式的訪談，如二二八事件、職業婦女，以配合研究者的研究主題。

3. 將前期所做的口述歷史陸續出版，並出版《口述歷史》年刊。

4. 1992 年召開第一屆全國口述歷史的工作會議，給有志於口述訪談者互相交流、切磋的機會。

5. 在台灣省文化處支援下，分別在 1999、2000 年開辦「口述歷史研習營」、「口述歷史進階研習營」以培養地方文史工作室及在學學生口述歷史的能力。此舉成為往後各相關團體口述歷史研習營的嚆矢。

6. 支援各地開辦口述歷史研習營的講課，如 2002 年 7 月 3 日至 19 日由財團法人屏東縣六堆文化研究學會主辦的「口述歷史人才培訓研習營」，又如 2002 年 9 月 26 日至 27 日，「高雄衛生局護理專業口述歷史人才培訓營」。

截至 2004 年 11 月止，近史所共出版 80 多種口述歷史叢書，《口述歷史》年刊 12 期，成果相當豐碩，有些書因銷路不錯而再版。不過在多年來的口述工作中也難免發生問題，如《溫哈熊先生訪問紀錄》即因蔣經國女婿俞揚和具狀控告報導人溫哈熊及中研院院長李遠哲，雖然判決中研院勝訴，但學術自由與保障私領域間的拿捏變得格外棘手，雖然中研院聘有專業律師協助訴訟，但發生此事總令人沮喪。

（二）台灣大學歷史系有關台籍人物訪談曇花一現

1960 年代台大歷史系在美國哈佛燕京學社的資助下推動「台灣口述歷史計畫」，訪談對象是以經歷過日本統治時期的耆老為主，兼及台灣第一、第二大家族板橋林家、霧峰林家兩家族的相關人物，訪談內容為戰前、戰後的事蹟，聘請

王世慶等人訪談，但前後兩年即結束，且未公布成果。一直到 1991 年才出版《台灣近現代口述歷史》、《霧峰林家之調查與研究》。台大歷史系未能繼續在學院中發展口述歷史誠屬遺憾，而「口述歷史」成為一門歷史系必修的學分，也要到 1999 年國立東華大學歷史系設立後。

（三）其他相關公家機構的口述歷史工作

中研院除近史所外還有台灣史研究所籌備處從事口述歷史，該處成立於 1995 年，卻未必能對口述訪談做較多的貢獻，迄今為止，只出版過兩本書，即 1998 年《走過兩個時代的人——台籍日本兵》、及 2002 年《蘭大弼醫生口述歷史》。

與中研院近史所的路線較接近的是國史館，原來是以修撰前朝歷史為主，屬於總統府的單位。該館於 1991 年開始積極訪談，已有三十多種出版品，台灣佛教人物的訪談計畫正在進行中，是目前各公家機構中口述訪談最有活力的單位。

中國國民黨黨史委員會，現已改名中國國民黨文化傳播委員會黨史館，1977 年起即每年召開三場口述歷史座談會，其發言紀錄刊在《近代中國》雙月刊中；1990 年起也開始訪談黨籍人士，每年訪問 6 人，並出版訪談成果。由於該黨的財力及人員日漸減少，將來可能無以為繼。

國防部史政編譯室是個軍政單位，因此訪談者以軍事人物為多，自 1996 年起著手進行專題性的集體口述歷史訪問，出版如《戡亂時期知識青年從軍訪問紀錄》等，2002 年出版《國軍史政編譯業務手冊》，其中包含口述歷史訪問之作業程序與要領。

國史館台灣文獻館的前身台灣省文獻會時期，採專訪與座談會兩種方式以取得口述資料，陸續出版台灣十八縣市的鄉土史料，或《二二八事件文獻輯錄》（內有口述訪談）；但該會上述出版品均非純粹口述訪談，還包括史料。2002 年該會

已改隸國史館，目前正在進行台籍日本兵戰後成為 B 級戰犯而被處死者（共 26 人），其相關親友的訪談口述歷史計畫。

至於台灣兩個院轄市台北市、高雄市文獻會及各縣市文化局多少都有進行口述訪談，《台北文獻》、《高雄文獻》中都可看見其成果，縣市文化局則是地方文史工作室和文建會間的橋樑，台中縣、宜蘭縣、彰化縣是較積極進行的縣市，也各有相關出版品。

（四）民間人士的訪談

隨著解嚴與本土化的呼聲，五年前全台展開前所未有的鄉鎮志的纂修活動，由於鄉鎮過去相關資料不多（依法保持二十年），因此田野調查、口述訪談成為修志相當重要的工作方法，使口述史工作無形中被強化；其次美麗島事件二十週年紀念會，由中國時報主持口述訪談工作，這可說是最近事發時間且最早被全面平反的政治事件，並有專書出版；此外有以工作室的名義出版，如林忠勝夫婦對朱昭陽、陳逸松的訪談，由前衛出版社出版；另外也有學者利用基金會做系列的訪談，如國史館館長張炎憲訪談的相關二二八系列及《台灣共和國》（指廖文毅在日本成立台灣共和國等相關人物訪談）；婦女團體對社會上較少聲音的婦女也有計畫地由阿媽開始訪談，出版《台灣阿媽的故事》等。由於口述史正在方興未艾，卻迄未對台灣口述史的工作做一評估；且大量採訪的口述史料，有的只留在錄音帶和影像中未整理出文本，相關的訪談內容就無法透過一定的管道開放給有興趣者聽、看；且常有重複訪問的現象，為此，近史所一直想發起成立台灣口述歷史學會，設儲存中心，並將發行《口述歷史通訊》等刊物（雙月刊），來刊載優良的作品，並做有效的交流，以瞭解民間到底有哪些團體、個人正在從事口訪工作？如何支援他們？可惜在這第九次年會中並未能初步達成共識。

　　民間做口訪，有時是採用記者只採訪不求證，甚至用第三人稱撰寫的報導，不少政治人物都利用這個辦法來闡述自己的理念，肯定自己的業績，攻擊對手，這類出版品台灣坊間還真不少，不過口述史最少有一個原則是一定要用第一人稱報導敘述，否則不算。另外具有口述歷史外貌，但是由受訪者提供資料供主訪者編成的，這也不算在口述歷史的範圍內。

　　綜觀台灣的口述歷史發展，從 1950 年代開始，以研究單位來主導的菁英及軍政人物的訪談，在 1990 年代後明顯地走出另一條以專題研究、本土化、社會史研究傾向的路線，研究領域從政治史的範圍，擴及婦女史、勞工史、農村史、生活史及都市史等；同時參與的單位也從中央研究單位擴及到地方性團體，各地文史工作室、地方縣市文化中心與民間團體如雨後春筍般紛紛推行各種計畫及訪談；其中以國史館與吳三連台灣史料基金會較具規模，前者下設口述歷史組，後者進行相關台灣史料的蒐集，包含二二八、美麗島事件等事件的口述歷史計畫，加以整理後出版（許雪姬，2002：39-40）。各地相關的研討會、專論文章、出版品不斷地發表、出版，儼然成為當代的顯學。其他領域如檔案學、圖書館學的學者也開始針對如何蒐集、保存、以及如何開放給大眾等議題作討論（宋雪芳等，2003）。顯示在台灣，口述歷史正在蓬勃發展中。

第三節　台灣服裝相關研究

　　有關以「台灣文化」作為研究主題的風氣，大約要追溯從 1970 年代開始；至於在服飾研究領域裡（扣除掉台灣原住民服飾的項目），出現較有系統的「台灣服飾歷史與文化」研究與專書，則要遲至 1981 年 4 月才開始，而首開先河的，正是由實踐家專服裝設計科全體師生，所共同出版的《繼往開來》，該書內容是

由當時科主任林成子主任負責統籌，林成子主任結合實踐家專服裝設計科全體師生的力量，號召學生甚至是校友提供台灣老照片，並將這些由師生們所提供的大量傳世老照片，歸納分析不同時期台灣男性、女性、結婚禮服、學生制服的穿著現象，這份專刊無疑為日後台灣服裝歷史與文化的研究，奠定良好的基礎。緊接在同年 6 月，林成子教授進一步以她的故鄉六堆為例，提出《六堆客家傳統衣飾的探討》的論文，當然該論文不僅開拓了台灣民俗服的研究，也為今日研究客家傳統服飾理論，提供重要論點的依據。自此之後，並引發國內對「台灣服飾的探討」投以關注的回響，而陸續出現從「傳統」或「民俗」的角度，推出針對「台灣服飾」為主題的專書或研究，而其中較具代表的論著例如有：在 1989 年 9 月由粘碧華與陳達明合作，出版《清代台灣民間刺繡》，該內容最大的特色是由收藏家陳達明先生提供大量實際文物，為台灣服飾的風貌建立相當好的憑證；以及在 1989 年由林成子教授受內政部委託所主持《台灣地區民俗調查研究・服飾篇》的研究計畫，其內容可以說結合林成子教授過去研究的基礎，再透過實際田野調查的方式，來豐富研究的內容，該研究並於 1990 年 12 月集結出版，而研究者也有幸擔任該項研究的研究團隊成員。

而緊接隨著國內在政治環境、政治態度；以及國家定位轉變的影響下，這使得國人對「自我識別認知」，由自許為「中國人」轉而以所謂的「新台灣人」來自居，這使得「本土意識」逐漸抬頭，而成為新的主流價值。就在這種政治局勢使然之下，連帶促使國人在探討屬於「自我的衣飾歷史與文化」之時，也由「中國情結」轉而以「台灣本土」作為主軸核心。故從 1990 年代之後，國內在台灣服飾方面的研究與出版就更顯豐富，直到 2009 年為止，在碩士論文方面（不包含原住民服飾題材的論文），較具代表的研究計有以下四篇：1993 年 7 月由輔大織品服裝研究所，蘇旭珺提出的《台灣閩族婦女傳統服裝的設計與變化——AD1860-1945》之碩士論文；1994 年 6 月有文化大學家政研究所夏士敏，所提出《近代台灣婦女日常服裝演變之研究》的碩士論文，在 1996 年 4 月有輔大織品

服裝研究所，葉懿慧所提出《現代台灣婦女流行服飾風格演變之研究》的碩士論文；以及在 2009 有逢甲大學歷史與文物研究所，陳佩婷所提出的《台灣衫到洋服——台灣婦女洋裁的發展歷史》之碩士論文。僅就這四篇的內容進行以下的分析：

就蘇旭珺的論文內容而言，該研究分成論文及作品兩部分，其主要研究目的，是想要瞭解並肯定台灣傳統文化、服裝的重要性及獨特性；其次由台灣傳統文化、服裝再出發，設計、發展出兼具本土性、國際性及現代化服裝，提供本土設計師一個設計資源，建立台灣服裝風格。其中在論文部分，該研究以晚清到日據時期（1860-945）為時間背景，針對台灣閩族婦女傳統服裝為對象，研究其不同時期的風格演變及設計特點。採綜合性研究方法，包含傳世實物、圖片、訪談及文獻等資料的整理、比對、分析，最後在該研究成果，清楚呈現不同時代女性穿著的風貌。

就夏士敏的論文內容而言，該研究之初衷是想藉由探討台灣傳統婦女衣著，深入瞭解中華傳統服飾文化，並進而推廣與保存中式服裝，再現中華婦女穿著新貌。研究中嘗試由服裝歷史發展的觀點，探討清光緒二十一年（西元 1895 年）訂立馬爾條約後，至民國 52 年（西元 1963 年）間，台灣婦女日常服裝的演變。該研究將研究期間分為清治時期、日據前期、日據後期與光復初期四個時期，並將重心放在款式的變化。其研究的成果顯示：清治時期至日據前期，台灣婦女普遍所穿著的服裝是明朝式樣之大裪衫與大襠褲。大裪衫褲是配合布料幅寬而裁剪、構成的直線造形，衣身與袖口都很寬大、褲腿也很肥闊，顏色以青、黑為主。中式的裙子是以兩片大小，花樣、圖形都一樣的布料構成，兩裙片左右開叉甚高。民國 10 年代，受西式服的影響，中式服裝樣式逐起變化，衣衫短窄、裙脅縫合最為明顯。民國 20 年代末，城市婦女已先接受西式服裝。日據後期，日人鼓勵台灣婦女改穿和服或西服。戰爭期間與戰後的民生困苦、物資缺乏，一般人家所穿著的衣物多是用價廉的棉織品，破了則補，穿至不能補為止。衣著色彩灰暗，

都用素布、無圖紋，人民對日常衣著的要求降至最低。光復初期，婦女多穿西式服裝，利用褶與剪接做出合身線條，樣式可組合搭配，圖紋變化多、色彩豐富，穿著打扮多樣化。民國 40 年代，成衣的發展使得婦女衣服樣式更新速度加快，流行支配了衣服樣式的選擇。台灣整體環境的改變與國民生活方式的改變，使得衣服必須從講求精神層面的涵意，轉向追求實用方便的要求。至民國 50 年代，婦女服裝已極少有傳統台灣衫之樣式。該研究同樣清楚分析出不同時代台灣婦女穿著款式的形貌。

　　就葉懿慧的論文內容而言，該論文共分為五章：第一章是緒論。第二章是根據台灣從西元 1945 年至 1990 年的政治、經濟、社會文化、婦女生活及流行產業等背景因素進行分析，期進一步瞭解在不同年代的變遷下，台灣婦女服飾所呈現的面貌。第三章是根據第二章分析出影響台灣婦女服飾風格演變的因素，並以圖片資料展現出當時婦女穿著的型式。第四章則列舉出歐洲、美國、日本等國家從西元 1945 年至西元 1990 年婦女服飾風格的變遷，俾使瞭解其對台灣婦女服飾變化影響的程度。第五章結論乃是根據第三章台灣婦女的穿著及第四章歐洲、美國及日本等國家婦女的穿著，相互比較以瞭解台灣和外來服飾之間的關係，並以人類需求層次理論及流行理論加以驗證之。由該論文之研究得知，台灣婦女服飾之風格深深受到外來服飾的影響，共可分為下列幾點：一、從日據時期延續下來直到今日的日本風格。二、西元 1950 年韓戰爆發，美軍協防台海所引進的美式風貌。三、1979 年政府開放觀光，讓國人藉著出國旅遊時有機會開始接觸到國外品牌服飾所帶來的影響。四、1987 年解除戒嚴，降低進口關稅等政策的開放，各類歐洲服飾大舉進駐國內市場的現象。所以綜合上述原因，使得目前國內女裝市場不但群芳爭豔，而且婦女們對於服飾的選擇也更多元化了。另外，該研究也發現外來服飾文化對台灣婦女服飾影響的先後，依序是日本、美國、西歐。而且台灣的婦女服飾對於外來流行訊息的接收速度，也由光復初期、60 年代、70 年

代的比國外流行潮流稍遲，到了 80 年代已和世界之流行趨於同步了。該論文為
台灣光復之後，台灣女性的服飾變遷做了概念性的說明。

　　就陳佩婷的論文內容而言，該研究主要是針對台灣婦女服飾變遷所進行的探
討。該研究首先依據現有相關文獻的回顧發現，有關婦女服裝方面的研究，多著
重在探討婦女日常服裝形制與材質的演變，或服裝構成與穿著活動機能的關係，
然而對於洋裁技術的引進與洋裁教育的發展，較少深入研究，故該研究旨在初探
台灣洋裁歷史的發展軌跡，以及從歷史的變遷軌跡，討論台灣女性服飾變遷的原
因，以及其背後所隱藏的社會文化規範、社會價值觀，對女性的生涯、職涯影響
等面向作為研究方向。該研究依據日治時期裁縫教育教材教法、日治至光復初期
裁縫相關雜誌、報紙、小說、回憶錄和電腦網站資料搜尋，並輔以 15 位女性裁
縫師的口述歷史訪談的研究，其主要討論的內容包括：一、以時間的縱向發展探
討台灣婦女服飾演變的社會文化背景，含括各時期的政治、經濟及社會因素，得
知台灣傳統婦女服飾早期係承襲自大陸東南沿海地區，其服飾西化的關鍵，是直
至日治時期日本殖民政府引進西方文明及清末世界潮流歐風東漸的影響，加上
1911 年國民革命成功帶動改革風潮的社會背景帶動下，「放足斷髮」運動在強硬
的殖民政策與台灣民間團體的大力推行下，台灣婦女的穿著才由下往上、由城鎮
往鄉村逐漸西化，但觀察台灣婦女服飾的西化過程中可見，早期台灣缺乏洋裁技
術，因此由國外進口的洋服價格昂貴並不利於洋服的普及，可知服飾普遍西化與
洋裁技術的引進息息相關，洋裁教育的普及使得洋服被大量生產下，在一般民眾
都消費得起的價格下，台灣婦女的傳統服飾才出現快速西化現象。二、該研究針
對台灣婦女的洋裁教育依其時間發展分成皇民化運動前、皇民化運動後及光復初
期等三個時期探討，並從有限的文獻資料及簡單的訪談中，呈現當時實施的情況
後，得知台灣的洋裁技術係始於日治時期，在賢妻良母的教育宗旨下隨新式學校
教育引進，不僅提供台灣婦女學習洋裁教育的管道，且在「男尊女卑」的觀念下，
裁縫課程僅限女學生學習，女性在洋裁專業技術與知識的學習，其後也影響了台

灣的洋裁業的發展，有別於傳統中式裁縫業產生性別分工角色的轉變，使得女性裁縫師占多數，不同於台灣傳統其他需專業技能的產業。三、該研究輔以 15 位女裁縫師的訪談，來重現洋裁業在台灣發展過程的興衰與經營情況，並藉由以女性觀點觀察，女裁縫師生涯、職涯發展中的轉變與特質的探討發現：（一）服裝轉變的過程中洋裁業生產體制的改變，亦打破傳統勞動性別的分工的社會價值觀。（二）台灣洋裁業開放性的發展，增加女性的就業機會亦讓女性取得家庭中的權力，提昇婦女在家庭中的地位。（三）女性裁縫師本身亦透過工作中的成就感，提昇對自我的肯定，增強自我的期許。最後該研究重建出台灣洋裁業的發展軌跡，並為未來研究台灣婦女服飾與裁縫等相關議題提供寶貴的資料。

　　至於在專書方面較具代表例如有：1995 年 10 月由高本莉所出版的《台灣早期服飾圖錄 1860-1945》一書，高本莉藉由多位收藏家所提供的文物，並透過這些文物，為台灣早期傳統服飾建立清晰的輪廓；在 1995 年 11 月由國立歷史博物館編輯委員會所出版的《台灣早期民間服飾》一書，同樣該書也是透過實際文物來解說台灣民間早期的現象。另外，研究者個人也曾撰寫過以「台灣服飾為主題」的相關的論著與專書，其中包括有：從 1996 年至 1999 年在芙蓉坊雜誌以「台灣服飾縱橫談」為專題所撰寫系列專欄；以及分別在 2001 年前後，完成的《台灣服裝史》與《台灣服飾流行地圖》兩本著作。

　　綜觀上述有關「台灣服飾」的研究，由過去累積至今，在之前多位研究者的努力之下，可以說已呈現出相當可觀的成果。但若站在精益求精的立場來加以考評，其實還有許多可拓展與精進的空間。歸結從 1981 年至 2009 年這將近三十年台灣服飾學術的研究而論：在過往研究的對象上，大多是以空泛的一般民眾為對象，未見以一個明確的個體或家族來作為對象；在過去研究論述的重點，大多是以研究者個人，對實物的觀察所建構的論點，但較少以當事人及其周邊親人的穿著經驗，所陳述的內容，作為論點建構的基礎；在以前研究的方式上，除了以實體文物之外大多以史料文獻為主，較少以生命史研究或口述歷史（若有，也是相

當簡易、片段）等研究方法來進行。另外，過去許多研究中也會採用照片作為佐
證的資料，雖然其立意甚佳，但如果照片來源雜亂不清，對於照片中時間、背景、
人物、關係等內容，又無法精準的交代，那以照片作為論證的美意就恐生變。

　　基於上述所言，本次研究嘗試以口述歷史為方式進行生命史的研究，以求對
台灣服飾的探究能有新的見解。至於，研究者之所以會以口述歷史為方式進行生
命史的研究，主要是根據學者王麗雲（2000）她指出生命史研究具有六項優點：
1.重視個人主體性；2.提供過程資料；3.作為有效的溝通工具；4.瞭解個人與其生
存時代歷史的關係及其社會脈絡的影響；5.資料的珍貴性；6.個人記憶與社會記
憶的銜接。而這六項優點，都剛好能彌補過去台灣服飾歷史文化研究的缺憾，故
選擇以生命史研究作為本次研究的法則。

　　期盼藉由本次研究，能從特定對象的服飾穿著之實際現象，尤其是透過深入
訪談的方式，請當事人親自談論個人及周邊親人，有關穿著的經驗、印象、審美；
以及就其個人穿著情感與其所處的大時代之關係加以說明，並依據當事人在陳述
過程中所提供的大量老照片，作為佐證，以為台灣民眾服飾的穿著，建立出真實
而有情感的珍貴史料。

第三章 研究的設計與實施

第一節 研究方法

　　本次研究是採取質性研究方法中的文獻資料分析法與深度訪談法為主，透過個人生命經驗的過程，所進行的研究。本研究的進行，是先設定好想要進行的研究主題，當研究主題在建立初模後，便與所設定的研究對象進行溝通，說明想法與目的，並同時展開與研究主題有關的文獻資料之蒐集，在彙整相關資料後進行整理分析，並重新檢視所要進行的方向與研究重點。

　　在本次研究所選擇的方式，是以個體生命史的研究為重心。除考慮個體生命史所在乎的生命故事所處之脈絡，強調個人的觀點之外，也期望能兼顧到口述歷史中，對事實精確性的要求，故除蒐集受訪者個人對事件的回憶，並搭配文獻資料的呼應，以對真實的情形進行檢驗。對於大時代背景的論說，則佐以史料文獻之論證，以求對現象背後與大時代關係之原因與影響進行解釋，以能顧及到客觀的詮釋。

　　由於生命史是根據對話或訪談的結果進行記錄，亦即生命史主要以訪談或對話來建構生命，並將生命故事置於歷史脈絡之中。所以本研究雖以訪談施素筠老師單一對象的生命史為主，就其個人經驗的事實及對生活世界的詮釋加以表述之外，另外還納入其他文件資料的輔助，並且擴大個體周邊熟知的親友，即涵蓋受

訪者施素筠老師周邊相當熟悉的顏、施兩大家族成員，期能更周全的瞭解個人或團體生命。

故歸納而言，本研究是以訪談為方式，透過施素筠老師個人生命經驗的歷程與瞭解，陳述顏、施兩家族成員，他們在服飾穿著、服儀打扮的情形，並就所陳述的內容，搭配當時留存至今第一手資料的老照片，再經由整理、分類、分析與解釋的研究步驟，讓資料與經驗對話，以求事實真相與具體生命經驗之間，相互間達到呼應。在研究的取向上，則是以「解釋取向」為主，即注重對主體生命史意義的瞭解與解釋。

本研究從1999年起至2002年，實施施素筠老師個別面對面深度訪談，訪談時間長達三年，面對面固定式的實際訪談次數共計74次。每次訪談均以錄音與錄影方式同步進行，進行時也安排一位實踐大學服裝設計學系學生擔任助理工作，協助現場錄音與錄影的操作及其他相關事宜（前後共計有6位助理擔任協助訪談工作）。

所進行的訪談主題，主要包含有：「施素筠老師個人的生命經驗」、「施素筠老師及其家族服裝穿著的現象」、「施素筠老師及其家族服飾審美價值的特色」、「施素筠老師及其家族服飾變遷現象的主要內容」，針對這些項目請施素筠老師進行陳述。

第二節　研究架構

本研究的核心，主要是以「以生命史研究為研究法則」、「以口述歷史為主要進行的方式」、「以台灣服裝歷史與文化為內容」，這三者所交會而成的。此核心包含：「施素筠老師及其家族服裝穿著現象」；「施素筠老師及其家族服飾審美價

值特色」;「施素筠老師及其家族服飾現象變遷因素」。其概念詳如以下所呈現的架構概念圖:

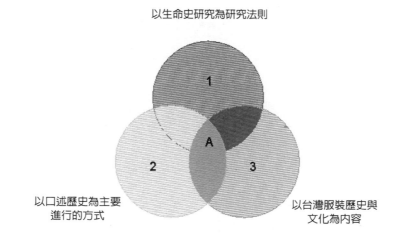

以生命史研究為研究法則

以口述歷史為主要
進行的方式

以台灣服裝歷史與
文化為內容

註:「A」為本研究的核心。

第三節　研究範圍

　　本次研究是以施素筠老師為核心,並就其個人生命歷程的實際經歷,和她個人生命史中所衍生出來的親人,其包括施家(本家)與顏家(夫家)兩家族的親友,就他們在穿著服儀上的現象、服飾審美,以及受到大時代中政治、經濟、社會、文化等背景因素影響下的原因進行探討(至於有關本次研究針對台灣顏、施兩大家族的主要成員及其關係,詳見附圖一)。

　　本次研究所建構的內容,除了以施素筠老師的陳述為主要資料來源,並輔以相關文獻資料,除此之外,還有一項重點,那就是由施素筠老師陸續所提供430張珍貴的傳世老照片,經過研究者再三仔細考證下,確認這430張中有302張,

在時間、背景、人物、關係等內容，都有相當的明確性，而這 302 張珍貴的第一手資料，時間背景剛好涵蓋 1910 年代至 1960 年代，也正好是本次研究所進行的時間範圍。這 302 張珍貴的傳世老照片，每一張在時間的考證上，研究者都花費相當長的時間進行考證，力求每張照片在時間上必須是精準無疑，至於每一張照片的「內容說明」與「服裝特色」，都是由施素筠老師一一親自口述說明和解釋，經研究者整理後，請施素筠老師過目確認，若有訛誤之處則再做修正，而修正後再請施素筠老師過目確認。當每一張照片都確認無疑後，再將所有的照片進行分類與編碼。

第四節　研究限制

在生命史研究方法所造成的限制方面，包括推論性的限制、不能蒐集到完整的資料、研究資料的真實性、以及因果關係不強的限制等等。針對這些限制，本研究也盡可能提出解決之道，以降低研究限制對本研究價值的影響。

一、推論性的限制

由於本研究蒐集資料時，是採用生命史研究中質的方式，因此必須花相當長的時間進行訪談，以建構研究對象完整的生命，所以在有限的研究時間內，取樣的數目受到極大的限制。不過，生命史研究並不能完全以量化的觀點來評估個人記憶與普遍記憶之間的差別（王麗雲，2000），因為對個人整體生命深入瞭解之後，所獲得的資料不只是屬於其一個人的，其他同樣身分的人也都擁

有部分的經驗與觀點，這如同 Bertaux（1981）所認為的，人是會被環境與歷史所影響。另外，Denzin（1989）也認為，人不單是個體，而是特殊的全體。每個研究對象扮演普通單數（universal singular）的角色，有見微知著的效果。因此，與質性研究的原則相同，生命史研究資料的「深度」與「廣度」較研究結果的可推論性更受到本研究重視（胡幼慧，1996）。而本研究在訪談施素筠老師時，除了著重訪談的深度與廣度之外，並要求施素筠老師所陳述的時間背景，要精準與正確，另外對於受訪者與研究者所推論的內容也要再三的確認。

二、不能蒐集到完整的資料

在本次研究中，由於要受訪者回憶自己過去個人一生及其家族成員間的回憶，受限於每個人記憶力有限的問題，可能只有在某一時期、某個事件的記憶特別鮮明，極可能遺漏其他重要資訊，導致我們只能獲得不完全的生命史；也可能因為語言的限制而不能表達出某些觀念，尤其是社會中共通的成分，如社會規範與道德規準等（Antikainen, 1996）。針對這些可能的問題，在本次研究中解決的方式，例如包括：在訪談中以其他相關資料喚起施素筠老師的記憶，請施素筠老師在受訪前先就本次研究問題與重點，與目前仍健在的家族成員聊聊；設計一個清楚易讀的訪談指引；在訪談時盡量請施素筠老師說明具體的事例；不斷以施素筠老師所提供的照片進行交叉提問，並藉此衍生出一些問題。不過，所幸本研究所訪談的對象施素筠老師，對每個階段大致都有明確的輪廓，對於生命歷程中的經驗也多能十分清楚與詳盡的描述。

三、研究資料的真實性

生命史研究資料的真實性常令人存疑，研究對象可能因為防衛心而扭曲事實，研究者可能因為理解錯誤而錯解資料，即使研究對象充分與研究者合作，在每一次改寫生命史的過程中，也可能出現不確定；另外，語言的限制使研究對象與研究者之間、研究對象與文本之間、文本與讀者之間都可能有斷裂的現象，使真實性再打折扣（王麗雲，2000）。所以，在本次研究中為提高真實性，也採取一些因應之道：首先，是維持研究對象與研究者的信賴關係，相信若能建立一個利於表達的情境，使得研究對象與研究者彼此信任的，那麼就可以獲取研究對象較為真誠的論點。其次，是在訪談中使研究對象確實瞭解問題的意義並表達也相當重要。最後，在研究者詮釋研究對象所提供的敘述時，也要非常小心，並確實進行檢核與研究者觀點的自省，確保詮釋時引用的資料，以及進行分析與討論時的詮釋，讓錯誤減到最少。

由於本研究主要訪問施素筠老師的問題，是比較不牽涉強烈意識型態的穿著現象，而陳述時又有施素筠老師所提供大量當時的傳世照片，作為輔助，並搭配說明與解釋，所以讓施素筠老師所陳述的內容，在真實性上大大提高。另外，即便施素筠老師所陳述的內容有誤失，研究者也會根據個人的專業，以迂迴的方式或換個方式，再進行提問，以釐清施素筠老師對同一個經驗的敘述與詮釋是否吻合。在訪談時也以觀察或以詢問的方式瞭解受訪者個性，並觀察其回答問題的神情與態度，以與其在各經驗中的態度加以對照，以確立其回答問題的真實性。由於研究者與受訪者施素筠老師有相當友好的關係，認識的時間相當長，施素筠老師為人非常謙和、正派，其好脾氣與誠懇更是有口皆碑，以她行事作風是非常坦

然，對事情態度也要求以真實為上，所以對事情要刻意隱瞞，其實並不高，這也有利於本次研究真實性的提高。

四、因果關係不強

比起量化研究，質性研究的資料就顯得豐富許多，而且更能呈現複雜的因果關係，不過也正因為如此，只比較一個因素所造成的影響，對於想要建立較強的因果關係是相當困難的。所以本研究在研究設計之初，便考慮許多重要因素的平衡，在探討不同的主題時也考量主題單元間互相的比較。另外，本研究在蒐集資料時十分注重經驗的完整性，以及因素的可能影響，對一個經驗或一段歷程多方面深入探問，以增加資料的深度、廣度與因果關係的釐清。針對因果關係不強的問題，由於本次研究受訪者施素筠老師提供的老照片，是作為輔助論證的重要證據，而這些老照片不僅數量相當多，在時間涵蓋面也都涵及本研究的時間範圍，所以對於時間先後順序與服飾穿著現象的因果關係，皆能充分清楚的掌握。

第五節　研究流程

研究者參考 Hitchcock & Hughes（1989），整理簡化生命史研究流程。約略分為三大階段，依序為：一、初步研究階段。二、資料蒐集階段。三、分析、解釋和呈現階段。並將此三大階段彼此重疊、循環不斷。研究過程中，如發現資料不足時，可再回到資料蒐集階段，作進一步處理，以求資料蒐集更為完善。

　　其中，在「初步研究階段」包括：1.解釋研究題目。2.選定研究對象。3.擴展人際關係。4.場地安排與認識熟悉。5.決定記錄方式。在「資料蒐集階段」包括：1.寒暄、建立關係。2.發展問題。3.詢問問題。4.排列組織蒐集到的資料。5.發展特定問題。6.所蒐集到的資料按日期排列、儲存。在「分析、解釋和呈現階段」：包括 1.將錄音轉譯為逐字稿。2.資料的探索分析。3.其他線索探究分析。4.綜合、歸納、詮釋、理解。5.發表研究結論。針對上述各項內容分別詳述如下：

一、「初步研究階段」

（一）解釋研究題目

　　選定題目考量的因素很多，它是需要透過研究者個人學術生涯，日積月累、經年累月加上縝密思考所提出的。而研究者選擇以台灣服裝的領域作為研究的命題，正是研究者深感興趣的題材。

（二）文獻的蒐集與閱讀

　　研究者透過文獻資料，以獲得一些對想要研究的議題進行初步的瞭解。蒐集閱讀有關的文獻資料，使研究者在進入研究現場前，能先增進研究基本的知識與敏銳度。不論如何蒐集資料，所能蒐集到的資料只是有關研究對象全部資料的一部分而已，因此資料的蒐集應貫穿全程，隨時隨地實施，盡量把拼圖找齊、湊齊（Smith, 1996）。研究者根據過往已有對台灣服裝的心得，除重新溫故知新之外，也加強在生命史研究及口述歷史資料的蒐集，並詳細閱讀。

（三）選定研究對象

　　研究對象的選定關乎到研究目的以及研究進行是否順利的重要關鍵。所以本研究在進行之初，對人選已有定見，特別選擇施素筠老師來擔任研究對象，而施素筠老師所具備的各項特質，剛好契合本次研究所需的條件。

（四）紀錄撰寫工作

　　資料的撰寫是一個不斷創造的過程，研究者在撰寫的過程中不斷地思考、發現問題、澄清問題、解決問題。同時在撰寫中檢視自己、覺察自己。總之，研究者的自覺才是創造有力書寫的起點（蔡敏玲，2001）。研究者在執行紀錄撰寫工作，本持著不斷透過自我考評與檢驗的方式，力求所整理出來的資料，是受訪者施素筠老師所要表達真正的意思。

二、「資料蒐集階段」

（一）建立關係

　　自 1999 年 2 月起，研究者便開始安排一位助理與研究者，一起於每個月的15 日與 25 日兩天，下午時段，固定與施素筠老師見面，進行面對面的訪談，每次進行時間以 3 個小時為原則（每個月的 15 日，由施素筠老師根據本研究的訪問大綱進行陳述。每月 25 日，除了就該月 15 日陳述內容的文字稿，做補充及校

正之外，最主要的工作，就是就所提供的 430 張照片內容進行說明），而每次與
施素筠老師晤面，都從閒話家常做開端，以建立如家人般良好的互動關係。

（二）發展問題

除了持續文獻資料閱讀與相關背景知識的蒐集與整理，以增進對研究問題廣
泛瞭解。並依研究題目決定問題的大方向，作為發展訪談大綱之參考依據。訪談
指引，主要是根據本研究之研究目的與問題，以開放式的方式進行受訪者施素筠
老師的訪談。在編製過程方面，除了研究者依照本研究的研究目的進行思考適當
的題目外，主要參考 Antikainen（1996）和 Denzin（1989）等人的研究與訪談大
綱，訪談的過程參考生命史研究典範中客觀解釋取向的實施步驟，可區分為四個
階段，以下說明這四個階段的詳細內容與其考量：1.就成長背景；教育歷程；所
處的社會環境，等問題加以說明。即首先詢問生活中的客觀經驗，包括成長背景
與教育歷程等一些個人基本資料，將這些問題於訪談開端詢問的目的是，若在研
究過程中才詢問，研究對象可能因為瞭解研究性質而刻意調整自己的回答。2.
談論個人及家族成員服飾穿著相關經驗。利用敘述訪談的方式就各年代、時期、
階段，搭配傳世照片中人物穿著進行說明與解釋，蒐集具體性、獨特性、脈絡
性的資料。3.提出歸納性看法。詢問一些歸納性及直接與研究目的相關的問題，
包括請受訪者將其生命逐步理論化。更希望受訪者對於之前的經驗回溯完畢之
後，能自然歸納出一些概念。4.詢問感想與建議。訪談大致告一段落之後，會
請受訪者談談對今天訪談的感想與建議，此舉不但能蒐集到許多珍貴的想法與
建議，同時也能使受訪者自己對於今天的訪談做一個總結，做一個適當的結
束。在進行每一次訪談時，首先進行上一次訪談的成果檢核，詢問其閱讀逐字
稿之後個人的感想與看法，或是內容方面有無謄寫錯誤之處，進行修正。接著
由上次訪談之後，想要繼續深入詢問的問題開始進行詢問。

（三）訪談實施

正式進入訪談時，基本上是依照訪談指引的順序詢問，不過也會依據受訪者回答問題的脈絡，與其重視或想說明的部分深入往下詢問，務使受訪者盡量說出個人的經驗與想法。這樣做的原因，是要真正關心受訪者的感受，也就是要真正的傾聽受訪者說了些什麼，並針對受訪者想說的讓他們繼續往下說，也就是說，並不只是問出自己想要的答案，而是認真的融入其中，和受訪者當一個好朋友。

對一個生命史的訪談者來說，應該以什麼樣的態度面對受訪者，比起訪談技巧來說可能更加重要，也才能發展更親近的關係，這正如 Hitchcock & Hughes（1989）所說，生命史是由訪談者與被訪談者共同建構的。所以蒐集資料時，更需要和研究對象發展親近、和諧與相互瞭解的關係。

本研究以訪談為主，文獻資料為輔，其中訪談過程並搭配施素筠老師所提供430 張，她個人及家族珍貴的傳世老照片。訪談時研究者讓施素筠老師不受限制暢所欲言，施素筠老師除談論其個人命歷程與經驗，也在研究者不斷誘導下，談論她及家族成員穿著打扮服裝的記憶。

每次談話時也會將前次談話後所整理的資料，請施素筠老師過目，若時間不夠，就將整理的資料帶回家檢查做校正與確認，下次訪談時再交給研究者。研究者在整理訪談資料時，一發現有疑問或時間出現誤差時，也會盡快再次求證，一定做到資料無誤差。訪談進行途中，研究者一邊仔細聆聽，一邊整理資料，但有不清楚或質疑時，施素筠人老師相當好，允許研究者可隨時插話或質問，所以說，有不明瞭的地方，於現場隨時請教施素筠老師予以澄清；或於事後整理逐字稿發現不明瞭的情況時，擇期請受訪者再次補充或澄清。本次研究正式的訪談從 1999 年至 2002 年共計三年進行實際面對面訪問次共計 74 次（施素筠老師在接受訪談時，錄影畫面之範例，如附圖二所示）。

（四）資料蒐集

生命史研究並不只限於質的訪談方式，可用量化與質的方式蒐集資料（王麗雲，2000），不過在本研究中，由於希望能讓研究對象以暢所欲言的方式談論生命歷程，並從中獲得個人對事件的詮釋以及看法，因此採用質的研究，也就是用生命史訪談的方式來蒐集資料。而且資料蒐集過程是一個持續蒐集資料、分析資料以及提出進一步的問題的循環歷程（許傳德，1999），譬如，在進行資料蒐集之前，研究者必須預先瞭解各個時代台灣民眾穿著的樣貌，以及大時代與服飾穿著變遷的關聯，及思考如何詢問問題，必須持續由與研究對象的互動中，不斷的加以檢討與修正。

資料蒐集流程：1.聯絡受訪者；2.簡介訪談目的；3.敲定訪談時地；4.正式訪談；5.訪談後的記錄與整理；6.將錄音帶轉譯成逐字稿；7.閱讀訪談逐字稿，修正訪談內容；8.將逐字稿給受訪者過目；9.訪談後的檢討；10.檢討訪談發現與面臨問題；11.修正訪談指引或研究架構。

就以每一次訪談後的檢討而言，必須由訪談逐字稿與訪談札記的內容中不斷檢討訪談態度與技巧本身的問題，以及與研究主題相關的發現，必要時修正訪談問題、訪談指引或者研究架構，這些都有助於完成訪談與澄清研究焦點。

資料蒐集的過程中，並不是單純的找研究對象、訪談、檢討的直線過程，而是有彈性的（黃政傑，1996）。一次次訪談經驗並不是無關聯的經驗，而是會互相影響的。有時回頭再看看以前的內容，又可觸發出許多檢討。

（五）排列組織

本次研究會將所蒐集到的資料，分門別類建檔或編號。所整理的資料不僅有訪問稿，還有龐大的照片需要掃瞄、翻拍、歸類。其中最大的工程就是施素筠老

師所提供 430 張，她個人及家族珍貴的傳世老照片，面對龐雜無章、零零落落珍貴的傳世老照片，如何有系統的分門別類建檔整理，可說是大費周章。經過整理後，考證出具有正確內容的照片為 302 張，最後再按每張照片的時間進行排列。

三、「分析、解釋和呈現階段」

（一）將錄音稿轉譯為逐字稿

　　根據六大步驟來進行：1.將錄音帶內容轉謄成逐字稿，反覆再三閱讀。在進行資料分析時的第一個步驟，就是將訪談的錄音帶內容，如實轉謄成完整的逐字稿，使研究者閱讀資料時更能進入研究對象的生命歷程中，去經驗她的生命經驗與心靈感受。2.根據時間順序，重組訪談稿。反覆閱讀逐字稿後，先將逐字稿分段，再依照時間的順序重新排列，並刪除無關的敘述句，而盡可能留下研究對象所有的敘述句。3.畫出重要敘述句，以完整的段落為意義單位，找出其要素。重新閱讀逐字稿後，將訪談對象所陳述的重要句子以粗體標示出，行至一個完整而有意義的段落則予以截斷，研究者再將段落反覆閱讀，找出重點。4.歸類同時間且在意義相近的段落，使成一個新的主題。將步驟三中有意義的段落按照時間順序予以排列，然後將意義相近的段落歸在一起，形成一個新的主題。5.將新的主題中的段落予以摘要，再以研究者的口吻作第三人稱的敘說。研究者根據步驟四所形成的新主題，依據其內容，就自己所理解的涵義，為該新主題作摘要，並與文件蒐集整理之資料相互檢核後，以第三人稱的口吻敘說。6.針對新的主題之段落內容，進行內容的詮釋和說明。研究對象所談論的內容雖然完全呈現於文字段

落中，但是當中仍有許多內涵無法完全由表面的談論來呈現，因此研究者就研究
對象所談論的內容，作個人的理解與詮釋。

　　研究者在每次的訪談都以錄音與錄影方式全程記錄，事後將訪談內容逐字謄
寫，以建構出研究分析的重要來源。原本研究者遵循一般口述歷史的規則，將施
素筠老師訪談內容逐字原音重現，但後來進行過程發現，由於施素筠老師夾雜台
語、國語及日語的表達，有些意思或名稱是需要重組，為達到前後一致與流暢，
故研究者在文字紀錄上做了修正或調整。而這些修正或調整都經施素筠老師同
意。其中在 1999 年至 2002 年期間，每月 15 日所進行的訪問稿（不含照片說明
與解釋）經整理後的，以第一人稱呈現，主要代表的文稿共計 37 篇，字數超過
3 萬字。訪談稿內容紀錄（詳如附錄一所示）。

（二）資料整理

　　研究者將施素筠老師受訪錄音與錄影經轉譯成逐字稿，依逐字稿內容，按訪
問時間先後次序，整理成文稿，並鍵入電腦存檔。研究者並未按一般生命史研究，
依據施素筠老師生命故事的孩童時、求學時、少女時、婚後時區分，主要原因是
因為，想便於與其他台灣服裝史研究作對應，故按年代及執政政策的方式來區分。

（三）歷史資料查證

　　研究者必須對訪問內容作一整體評估，以確保內容的真實性。受訪者訪談內
容會出現矛盾，原因不外：記憶漸趨模糊、個人認知的改變、隱私等種種。其中
在本次研究中最讓研究者費功夫的，就是處理施素筠老師所提供 430 張，她個人
及家族珍貴的傳世老照片，經過五年的時間，研究者以交叉方式，透過照片中人
物的生平進行再驗證與求證，最後精準的考證出，其中涵蓋 1910 年代至 1960

年代的 302 張照片，而這每一張照片主要的人物、背景、時間都一一精細的標示出來，有關這 302 張照片的影像及說明（詳如附錄二所示）。

（四）資料分析

Denzin（1989）認為生命史研究在分析時的第一步，是針對各個研究對象的資料進行詳細的閱讀與解釋，也就是進行編碼，接著尋找其一貫的型態，在此過程中，重新建構研究對象的生命，並確認影響的因素。扎根理論中的編碼是一種資料的分解、概念化，以一個嶄新方式，將概念重新組合的操作過程（Corbin & Strauss；轉引自徐宗國譯，1997）。在編碼之後，依據研究目的找出一貫型態。在本研究中，所蒐集的資料包括研究對象的經驗、看法與評價，以及針對研究問題的解釋，並找出其代表的概念、所處的脈絡與解釋，最後加以歸納。

對於資料分析，是視研究者的態度而定。因為資料的分析，通常具有個人性、部分性、動力性。不過，本研究在分析時所把握的基本原則，是依據學者 Lieblich 等人的論點，是以文本形成提出兩個向度：1.整體對類別（holistic v.s categorical）；2.內容對形式（content v.s form）。兩個向度交叉形成四種組織型式，分別如下：

（1）整體－內容

就本研究而言，將施素筠老師生命故事，不以細部分割而是以整體來看，同時也看故事內容本身。即使擷取敘事中的部分，也是將部分意義放在整體的脈絡中考察。看重整體故事並將焦點放在內容上。

（2）整體－形式

就本研究而言，雖以整體來呈現故事，但焦點置於形式和概念的分析。看的是整個故事的情節或結構更勝於內容形式。「形式」可以指的是生命故事中的某

一段或是在生命故事中提到表達敘事結構的詞句，舉凡事件發生的時間次序、故事情節或結構、敘事風格等都為敘事的結構面而非內容面。

（3）類別－內容

就本研究而言，類似內容分析是根據解釋和概念化的需要，將文本內容分割、打散作些區分和界定。其中研究主題（即故事蘊含的意義，受訪者所要傳達的目的）的類別已被清楚界定，內容類別從整體文本中被摘錄出來，分類歸類到不同的類別。以類別為取向，較不在意故事內容的整體脈絡，忽略系列性與結構性特徵（整理自 Riessmanm 著、王智勇等譯，2003）。

（4）類別－形式

就本研究而言，是以區分、分類並加以概念化的分析。主要看的是故事的形式，即敘事的特定風格或語言的特徵（如隱喻、主動或被動敘說、如何呈現情感等），不作整體脈絡的追尋，也不重故事的內容。風格指作者採用哪一種方式說故事，包括有：語句的使用、故事的組織、故事敘說的觀點以及象徵的作用（喻大綸，2008）。

本研究採「整體－內容」、「類別－內容」兩種分析法。就以「整體－內容」分析方法而言，是將資料置於研究現象所處的自然情境中，以故事發生的時間次序，對有關事件進行描述性分析。本分析強調對事件作整體、動態的呈現，不予去脈絡化，以保留故事脈絡的完整性，便於閱讀者對故事整體輪廓之掌握。至於就「類別－內容」的分析方式而言，是體認個人生命歷程（life course）既受生物性因素影響，也受社會因素的影響。文化及社會環境也會影響生命歷程的發展。所以說，生命歷程可以被概念化為一連串個人與情境及行為之間的互動關係（丁興祥等，2002）。

　　本研究參考「生命歷程」概念化與「類別－內容」分析之精神，探討研究對象的生命史，有關受訪者個人生命歷程互動模式，即是以施素筠老師個人為核心做出發，串聯婆家與夫家之家族環境的關係，最終呈現台灣在一個時代的服飾現象、變遷與發展。

　　就「個人生命歷程互動模式」而言，本研究是以施素筠老師為核心，包括其個人每一個階段實際的經歷與經驗。至於在 1910 年代的部分，也就是施素筠老師懂事出生之前，則透過 1910 年代當時留存至今的老照片，再憑藉施素筠老師的回憶解釋說明以建立文本。

　　在質性研究之中，資料之蒐集與分析往往交錯進行。進行訪談時所得之嶄新想法有助於澄清研究焦點。當分析解釋資料之後，覺得不夠深入或資料間有互相矛盾時，也必須再度確認資料，直到資料的正確性與豐富性得到滿足。

　　最後，在本研究中，主要是就本研究所關心的縱向時間順序以及個案之成長背景，並分析當時穿著現象的真實面與特色，以及就現象的形成，探究出與大時代環境轉變的關聯。

第六節　研究對象與研究者

一、研究對象

　　本研究以施素筠老師的生命史為核心，透過口述歷史方式，搭配 302 張珍貴的傳世老照片，衍生出施素筠老師與其家族的服飾穿著現象與美感價值。選擇以

施素筠老師作為生命史的核心人物，可說是再合宜不過了，因為施素筠老師具有以下七大項的條件：

其一是，施素筠老師從 1923 年出生之後，親身經歷台灣服裝歷史的發展與變遷。

其二是，施素筠老師在國內服裝教育界被譽為國寶，另外，她出生鹿港望族，該家族與辜家有密切往來。施素筠老師嫁給基隆富商顏國年三公子，並與台灣多位名人交織出姻親的關係，例如。台灣礦業第一人顏雲年、台灣重要女畫家張李德和、台灣醫界名人魏火曜、台灣法律界名人陳逸松等人，都與她有姻親的關係，而這些人物都是台灣史學界被研究探討的重要人物。

其三是，施素筠老師其在服飾專業知識相當豐富，對於研究者想要探討當時台灣民眾服飾的穿著，剛好有相當大的幫助。

其四是，施素筠老師除了身體好，記憶力也是超強，平日更有寫日記習慣，她個人曾出版多本服飾專書，編過服飾辭典，並且以簡易裁剪通過發明專利。

其五是，施素筠老師其個人與家族珍藏一千多張，從 1910 年代以後，不同時代台灣人物的珍貴傳世照片，另外施素筠老師個人還保留，學生時期的成績單與畢業證書等文件。

其六是，施素筠老師是研究者母親在就讀靜修女中時的老師。她也教過研究者，後來與研究者在實踐大學服裝設計學系成為同事，辦公桌緊鄰隔壁，與研究者有相當良好的關係，有深厚的師生、同事之誼。

其七是，施素筠老師剛好正想要籌劃出版個人自傳，先前也接受中央研究院近史所陳慈玉教授進行口述的訪問，對於配合研究者進行其個人生命史研究意願相當高，主動要求研究者給予協助。

二、研究者

　　研究者個人除了與受訪者施素筠老師有師生、同事之誼的良好關係之外，研究者在有關台灣服裝史議題的研究，也有近二十年研究上的投入，研究者本身進行此研究之實務經驗與學術背景，都讓研究者具備一定的能力來進行本次研究。

　　本研究使用生命史訪談法，遵循質性研究的原則，因此，研究者本身即是研究工具，由於研究者必須帶著自身的意念、思想與情感，接觸其他也充滿意念、思想與情感的人們或者社會情境（黃政傑，1996；黃瑞琴，1994）。因此，研究者必須對於自身的特質、能力以及所受之訓練有深刻的自覺。

　　本研究擬以研究者為主要研究工具，由研究者親自對研究對象進行訪談，對於研究者而言，如何自然的進入研究場域進行觀察訪談，如何取得被研究者對於研究者及研究目的的信任與認同，進而有意願配合研究者所進行的研究工作，這都需要倚靠，研究者與被訪談者間建立良好的信任與情感，來作為基礎。基於多年以來，研究者與被研究者的師生、同事情誼及互動關係，研究者對研究對象的生活背景知識、及對其服飾專業知識有相當程度的瞭解。因此，研究者在研究中的角色，是協助者、是訪談者、亦是學習者。

第七節　研究倫理

　　質性研究是以人作為研究的對象，因此研究時須特別注重所牽涉到的研究倫理問題，主要包括：尊重個人的意願、確保個人隱私、不危害研究對象的身心、

遵守誠信原則、以及客觀分析及報告等項（喻大綸，2008）。各項要點實際進行如下：

一、尊重個人的意願。以人為對象的研究，未經徵得當事人（研究對象）的同意，研究者不得逕行對其進行研究。即使徵得同意，當事人（研究對象）亦可隨時終止參與。

二、確保個人隱私。為保障同意接受研究者（研究對象）的個人隱私，同意並自願公開其提供之圖片、歷史文件資料，以供查證。

三、不危害研究對象的身心。研究者有責任及義務確保研究對象，在研究過程中，不會受到生理或心理上的傷害，避免不愉快或恐懼等。

四、遵守誠信原則。誠信原則有二項規範須遵守：第一，是要向研究對象說明此研究的方法和進行的方式。若要錄音要事先向其說明清楚，經同意之後始可為之。第二，是如果不可避免使用隱瞞的途徑，事後應盡速向研究對象說明原委，但在說明時要極為謹慎，避免讓對方留下不愉快的感覺。

第八節　研究檢核

本研究預定從 1999 年 2 月起至 2002 年 2 月進行 74 次訪談，將訪談錄音與錄影資料依施素筠老師生命重要經驗訪談主題，整理分析深度訪談所蒐集之資料，對於資料是否可信，以採多重資料來檢核其一致性是很重要的，運用三角校正法，研究者可以檢核資料的來源、資料蒐集策略、過程等，以比較不同的來源、情境與方法的一致性，並予以相互檢視、互補和整合（陳艷紅，1997）。本研究資料採取三角檢定法（triangulation）相互佐證，在資料的檢定上基本上以兩種方式來進行：一、來源（sources）的三角檢定。此謂在不同的時間藉由不同的方

法所得的資訊之一致性。二、分析者（analyst）的三角檢定。此謂以多個而不是單一觀察者或分析者來進行。

　　任何研究被考慮為有效、可靠與值得信賴的程度時，就會涉及信度與效度的準則。沒有任何一項研究資料是絕對可以信賴的，任何研究資料都需要用其他證據加以比對（Ritchie 著、王芝芝譯，1997）。Lincoln 與 Guba（1994）提出「值得信賴」（trustworthiness）來取代效度的原則。Riessmanm 認為應以研究者分析或解釋的「值得信賴」與否為評價，而「值得信賴」可包括（胡幼慧，1996；Riessmanm 著、王勇智等譯，2003）：

一、說服力（persuasiveness）。即合理性解釋是否有道理或能讓人信服，說服力有賴寫作的修辭，文本並無穩定不變的意義。

二、符合度（correspondence）。研究者可以將研究成果提供給研究對象，經由其檢覈，是否與事實相符。

三、連貫性（coherence）。達到總體的、局部的、主題的標準。

四、實用性（utility）。當研究能被採用成為一種思考和解決問題的方式時，即具有實用性。

五、沒有典範（non-paradigm）。在評價研究過程，基本上是沒有一定的典範可遵循的。

　　值得信賴的標準強調研究者對自身視角的自省、自覺，注重被研究者與讀者的聲音，以及研究成果的行動意義，特別是對人類尊嚴、正義的正面意涵（胡幼慧、姚美華，1996）。

　　凡研究都會牽涉到研究者的誠信或信任問題。尤其是研究過程中，研究者與研究對象所處政治、權力、經費、資訊的不對等（稱），常有很多機會使研究者的影響力滲入研究中。要完全消除研究者的影響力是不可能的事。研究如何才能做到客觀而沒有偏誤？研究者的誠實無欺實在是研究無法迴避的問題。質性研究

者承認人為因素的影響，因此謹守分際採取種種措施防範個人價值的滲入。並且在研究報告中，開門見山直接披露個人的價值或為自己的價值辯護，清楚明白地告訴讀者如何蒐集資料與理解這些資料（Neuman 著、朱柔若譯，1995）。

其次，質性研究者是透過連貫性（coherence）、可參考性（reference）、自我省思（self reflex）等議題來研討其在學術上的意義與價值：

一、連貫性（coherence）

即研究者將所蒐集到的資料，就主題範圍盡可能拼湊出關於研究對象的完整圖像，並期望這個圖像沒有明顯的內在矛盾，而且不會讓研究對象有嚴重的扞格感覺。最重要的目的，在於得到對研究對象較為整體性的瞭解。

二、可參考性（reference）

生命史研究因是以個案方式呈現，所呈現的個案生命故事仍有其參考價值，就如同透過生命歷程的研究取向。再者，對研究對象而言，也可藉此檢視自己的生命歷程，可藉此喚起對自己的重視與對生命有更深一層的體悟。

三、自我省思（self reflex）

質性研究日益強調研究者的自我反省，檢視研究者自身的觀點、方法的侷限性與主觀性（齊力，2005）。而生命史研究往往受到雙方（研究者與研究對象）

在意識型態、情緒、心向、價值觀的影響。就研究者而言，總是受到自身「主觀性」的指引，而無法客觀地看待一段經驗（王麗雲，2000）。生命史研究取向可以從各種議題切入探討，對於個體生命經常可以找到多元、多重等各種不同的敘述（Runyan 著、丁興祥等譯，2002）。

實證主義主張研究者應該價值客觀中立，即無價值判斷與不受個人因素影響（劉仲冬，1996），拋開所有預設，以免研究者的「主觀性」（subjectivity）污染了研究（畢恆達，1996）。實證科學所強調的客觀性，只是反映出研究者本身對所看到的現象所賦予的詮釋而已，而忽略了研究對象對事情的詮釋及看法（周雅容，1996）。客觀性並非生命史研究或口述歷史研究特有的問題，客觀性問題普遍存在質性、量化研究之間，已非單純研究技術層面的問題，而是涉及不同研究典範之間的歧異問題。「質、量研究派點的差異，不是枝節的方法與技術的差異，而是更根本的方法論上的差異；即基本哲學假定（包括本體論、知識論、倫理學等）；『科學』探究的本質……等方面的不同見解之爭辯。」（高敬文，2002：127）其實質性與量化研究除了蒐集資料的方法以及所蒐得之資料不同之外，在哲學、意識型態及認識論上也有不同的假設，這才是兩者爭議的根本（劉仲冬，1996）。

在研究過程中，研究者的自我反省也扮演極為重要的角色，它讓研究者反省到研究者原來是這樣看世界的，原來就帶著研究者自身的價值進入研究田野，已經無法客觀地看見世界本來的面貌。「對研究者的個人研究經驗進行反省，極為重要。這種反省不是純粹個人情感的表達，而是與『研究方法論』的建構息息相關的研究方法。」；「反省不是研究者的獨白，它強調從各種角度對一特定事件重加省察；反省的對象或項目，因時間而異，其結果也因此有層次之分。」（高敬文，1996：210）

簡單說，研究者就像戴著不同的眼鏡，從不同的角度觀看同一物體，所看到的物體影像自然不同。意義不是一個物理事實，意義是人主觀建構的（Kokemohr 著、馮朝霖譯，2001）。研究者從局內人的角度或透過被研究者的眼睛來看世界

（劉仲冬，1996）。研究者應該反省自己的主觀性，並檢討它對研究從頭到尾的影響。

　　至於，有關資料檢核中所牽涉到研究的效度與信度問題，及資料的正確性與一致性。本研究依據生命史研究的客觀解釋取向，此一取向認為信度與充分性是要看研究者解釋資料的能力，因此蒐集資料時並不能以傳主為唯一的資料來源，需以多方蒐集資料來說明傳主意義或行動產生的原因（Denzin, 1989；轉引自王麗雲，2000）。但是，本研究在蒐集資料時發現主要因為時間精力的限制，無法繼續對於研究對象身邊的人，或者獲取其個人資料進行多方檢證。不過，本研究在訪談時，試圖從訪談中研究對象所透露的諸多個人訊息，描繪出研究對象的特性，以檢證研究對象對意義與行動的詮釋。此外，因為本研究使用生命史訪談進行資料蒐集，也遵照質性研究的規準。在質性研究中，針對傳統的信效度觀點加以思考，如 Lincoln 與 Guba 提出之確實性（credibility）、可轉換性（transferability）與可靠性（dependability），並以積極觀點進一步發展異於量化的信效度指標，例如 Lincoln & Guba 等人提出可信賴性（trustworthiness）與真實性（authenticity）；經過詮釋觀點的批判，質性研究資料的檢核的重心增加考慮研究倫理的問題，如研究者對自身觀點的自省（整理自胡幼慧，1996）。基於上述之觀念，本研究使用下列的方法檢核資料：（一）就受訪者的檢核而言。本研究檢核的方式，一方面針對每次受訪者進行多次面對面的訪談，隨時就資料不一致之處，以不同形式問題或是再確認的方式對資料的真實性進行檢核。另外，每一次訪談錄音帶轉譯完成後，將訪談逐字稿交由受訪者過目，並在下一次訪談時詢問有無疑問或者轉譯錯誤之處。（二）就研究者自身觀點的檢核而言。在每次訪談完畢後，研究者都會將自己對於自身的觀點做自省，包括對於訪談的預設態度，以及訪談與研究目的，同時考量所產生的自省等方面。另外，研究者也會就教相關的學者，協助閱讀研究對象之逐字稿。相關的學者，包括人類學、社會學、研究方法、台灣文化歷史等領域的專家。他們不但給予研究者在訪談技巧方面的意見，也協助研究

者澄清研究主題、訪談與研究者本身觀點之間的關係，這都可以作為每次訪談時的參考，而且這種過程是在研究過程中不斷進行的。

　　綜合上述所言，在質性研究過程中，研究者除了必須檢視自身所持的觀點之外，也要隨時檢視研究對象所持的觀點。換言之，研究者對事情的瞭解，將不只是依循研究對象的主觀看法，而是要有研究者自己的認知與看法。所以研究者必須掌握研究對象的解釋，在研究過程中儘量以研究對象的角度來看事情，視「研究對象為主體」才能瞭解其動機，否則無法認知事件對當事人的意義。當然，研究者應客觀的將所獲得的有關資料，依據研究設計進行客觀分析，不可刻意排除負面的以及非預期的研究資料，使讀者能完整的掌握研究的結果。在結果導向方面，研究者有義務將研究設計的缺失及限制詳細陳述，使讀者瞭解研究的可信程度。

第四章
施素筠老師及其家族服裝
穿著現象之論述

　　本章節的鋪陳，主要是根據施素筠老師就其個人及家族成員穿著現象，所陳述的內容為準。本章節文字的呈現，除依據施素筠老師的口白之外，並搭配施素筠老師所提供的 302 張第一手珍貴傳世照片。另外，還加上研究者就這些照片所呈現的具體現象，進行補充與強化，以求內容的完整性。

　　就每一張照片而言，不僅有施素筠老師做詳細的解釋與說明之外，針對每一張照片的時間背景，也都經過研究者相當長時間，以嚴密查考與交叉比對的方式，逐一精確的考證出來。

　　在本內容的撰寫，依據年代共區分為 1910 年代、1920 年代、1930 年代、1940年代、1950 年代、1960 年代等六個年代。每一個年代，又按「男性服飾」、「女性服飾」、「結婚禮服」、「學生制服」等四個類別來分項論述。

一、1910 年代

（一）男性服飾

多數的男士都已將辮子剪掉，而留「西式」髮型（到了 1910 年代後期，大多數男士多已把辮子剪掉）；以及頭戴西式帽情形的發展。而「瓜皮帽」則急速地消逝。

至於在服裝方面，此時台灣男裝更顯著地出現穿著西式服的發展。同樣的，除了在單一位男性身上，出現全套而完整的「西式」服飾之外，我們也看到在單一位男性身上，同時出現有中式與西式款式的「中西合璧」情形。另值得一提的，當時也有少數與日本關係較密切的台灣男士穿著日本和服的情形。

男鞋為「中式布鞋」與「西式皮鞋」並立。但從當時照片發現，在 1910 年代後期，極少數與日本殖民政府有較密切接觸，或良好關係的台灣男士，也有穿著「日式木屐」的情形。

（二）女性服飾

在 1910 年代期間，台灣「客籍」與「閩南」女性的一般服飾，基本上仍分別延續其各所屬的中式款式為主。客籍女性仍以代表傳統客家特有的「一把式髮髻」、「二把式髮髻」、「三把式髮髻」、「盤辮式」髮型為主。閩南女性仍以「鉸剪眉」與「破鬢梳」等髮型為主。

在 1910 年代初至中期，台灣閩族婦女服裝款型的發展，除「衫裙」之外，更偏重以「衫褲」的組合為主。「大裪衫」款式仍維持先前「袖口漸變窄、領子變高、衣身變窄長」的情形。

不過女裝在 1910 年後期以後，裙子出現顯著而重大的改變，即由傳統圍裹型的「一片裙」，簡化成由下往上套穿的「西式裙」（而且裙面不再出現中式傳統的吉祥裝飾圖案）。上衣樣式又開始趨向變短的發展。

閩南年輕女性已不再纏足，並穿著與接受「西式皮鞋」。

（三）結婚禮服

根據施素筠老師的陳述，新娘頭戴「鳳冠」與「紅色蓋頭」的傳統，逐漸被「白色頭紗」所取代；新郎頭戴「瓜皮帽」或「清代官帽」也逐漸被「西式禮帽」所取代。

根據施素筠老師的陳述，在 1910 年代期間，新娘身穿「紅袍寬裙」與配戴「雲肩與霞披」的情形，隨著時間的演進逐漸消逝，而改以平日的服裝取代之。新郎身穿「長袍馬褂」，前胸斜戴「大紅球」；或是穿著官服的情形，同樣隨著時間的演進逐漸消逝，而以「西式服」取而代之。

根據施素筠老師的陳述，新娘腳著紅色繡花鞋與新郎腳著中式黑布鞋的情形，都逐漸被西式皮鞋所取代。

（四）學生制服

此時在學生制服方面，本時期之初，一般男學生仍穿當時中式服裝，即俗稱的「台灣衫」——長衫、大檔褲；女學生則著平日所穿的中式服飾。但是到了 1915 年，台灣總督府在台中設立第一所公立中學校；並規定舉凡食衣住行皆採

日式。自此也才開始學生依據日本制度出現學生制服款式，即「日式西化的制服」
（如上衣「立領」的款式、盤帽的樣式）。至於中學校女學生的制服，根據施素
筠老師陳述，中學校女學生的制服仍以中式服飾為主（不過裙子款式為「西式
裙」，故應為中西合璧）。中等學校實行穿著專屬的學生制服比公學校要早。

學生的髮型基本上仍維持以傳統的中式髮型為主。但是到了 1915 年，台灣
總督府在台中設立第一所公立中學校，規定舉凡食衣住行皆採日式。這使得中學
校男生出現光頭的造型。至於女學生則維持傳統的中式髮型。

在男學生的制服方面，由於 1915 年台中設立了第一所公立中學校，因按規
定舉凡食衣住行皆採日式，故該校學生依據日本制度出現學生制服款式，即「日
式西化的制服」（例如，立領、西式鈕釦）；公學校男生則仍以「台灣衫」為主。

至於在女學生的制服方面，公學校女生上學仍以平日的中式傳統服為主；中
學校女性初期也以中式傳統服為主，但在後期下裙則改以「西式裙」為主，形成
中西合璧的情形。

孩童以中式鞋子為主（但也出現赤足）。公學校學生維持中式鞋款，但中學
校學生則出現了西式皮鞋。

二、1920 年代

（一）男性服飾

男士多已剪辮且帽子多以西式帽型的款式為主。從 1920 年代開始，男士著
全套西式服（即襯衫、背心、西裝外套，再打上領帶）的比例；以及出現「中西

合璧」的情形，較之前來得更多。另外受到日化的影響，男士也出現「日式西化的上衣」（立領款式西式服）或是少數穿著和服的情形。男士漸以西式皮鞋為主。

（二）女性服飾

此時年長的女性多以「後梳式挽髻」的髮型為主，但年輕女性則多為「側梳式」的髮型，甚至較前衛西化的女性也出現剪短髮的情形。

到 1920 年代以後，裙裝成為台灣閩族婦女日常的主要服裝（褲裝已逐漸退流行）。裙子以西式裙為主（裙面上有西式裝飾圖案，下擺則飾以細褶狀荷葉邊）。此時台灣閩族婦女的主要款式仍以中式服為主，但在式樣上出現重大的變化（袖型出現短至手肘中央的喇叭袖狀，衣身變為較短而合身，下擺成圓弧狀，領子高度則較之前為低）。

由於受到「傳統服裝不合乎時代潮流」觀念的影響，年輕女性也開始學洋裁，並改穿西式洋裝；另外在當時上流社會家庭中，也有少數年輕女子出現穿和服的情形。

閩籍年長者還穿著中式布鞋，但年輕的女性已不再纏足，而接受西式皮鞋。

（三）結婚禮服

根據施素筠老師的陳述，此時除了少數新娘還會頭戴「鳳冠」之外，絕大多數頭戴「白色頭紗」；新郎頭戴「西式禮帽」為主。除了少數新娘還會穿著「紅袍寬裙」戴「雲肩與霞披」，大多以平日服款式的「中式服」為主，然而家境富裕的新娘也會選擇穿著完全西式的白紗結婚禮服；另外新娘手拿捧花成為新的趨勢。至於新郎的禮服款式，除少數以中式的「台灣衫」之外，多數男士以西裝款式作為結婚禮服，而且還會手戴白手套，左胸配戴小胸花。

　　根據施素筠老師的陳述，除了少數新娘為了搭配中式傳統鳳冠禮，而穿著中式紅鞋之外，多數的新娘與新郎多以西式皮鞋為主。

（四）學生制服

　　從 1920 年代中期開始之後，公學校的男生著「日式西化」的學生服。中學校女生也從 1920 年代開始穿著「日式西化」的學生服。這種全面一改之前以「台灣服」為學生制服的情形，其起因是由於，明石元二郎於西元 1919 年公布「台灣教育令」的實施，自此不但確立了台灣教育的根本方針，統一了台灣的學制，也同樣地更明確了學生制服模式的產生。換而言之，學生制服更趨於完備（例如，衣服、鞋子、帽子、書包等都有一定的式樣）。不過每個學校為了展現該校的特色，在式樣上也會有細微的差異。

　　另值得一提的是，造成學生之間制服細部的差異，是取決於學生個人的家庭經濟因素。即對於經濟條件較佳者，會向外面的商店購買或訂作；至於經濟狀況較差的家庭，學校會發服裝的樣式圖，讓家裡自行製作。

　　在 1919 年及 1922 年，日本殖民政府先後公布了「台灣教育令」及「新台灣教育令」之後，中等學校陸續的在台灣各地增設。在此時期的中學生制服更趨於完備，但各校則有其差異性。例如，宜蘭女中當時的學生制服分冬、夏黑白長袖「水兵領」；下著黑色「百褶裙」；帽子分冬、夏（冬為「呢帽」；夏為「草帽」）；鞋子分黑白兩雙，以及書包；另外為配合勞動課與體育課，則上身穿著所謂的「白色校服」；下著黑色「燈籠褲」。但是在第三高女的早期，則上半身著大肚衫、下配百褶裙且有兩條紋於下襬上。後期則改為外套式之七分袖衣服。

　　在公學校方面，男生統一理光頭，帽子為日式軟帽（帽上有校徽）；女生的髮型以短髮齊耳（亦稱為「河童頭」）為主。

在中學校方面，男學生髮型皆為光頭。上課平時戴「大盤帽」，但遇有軍訓課時另有一軟帽（又稱「戰鬥帽」）。女生在髮型方面，女生一年級為「河童頭」；二、三年級則為中分或側分之綁兩旁；高年級者為綁髮辮子或梳髻。女帽以西式軟帽為主。

在公學校方面學生制服的材質以棉質為主，男生制服以「日式西化款式」為標準（此不同於之前的「中式台灣衫」）。上衣為「有襯衫領、對襟鈕、五顆鈕」；下著長至膝蓋的褲子。女學生制服則以「白襯衫；藍背心裙」為主要代表。

中等學校男生衣服的質料為「霜降布」，褲子為長褲；女學生制服的發展，漸改為「日式的西化制服」為主（例如「水兵領」的上衣，為女中制服款式，為當時的代表）。不過在不同地區的中等學校女學生制服，其款式差異相當大。

在公學校方面，男生的鞋子多以黑皮鞋與白色布鞋為主；女生鞋子則主要以「娃娃鞋」款式為代表。

中等學校男生以西式皮鞋為主。職業學校亦是如此，但不同的是職業學校有所謂的實習課程，則須穿著實習衣服，在作業褲小腿處有一排之鈕子可鈕可解開，腳上穿著所謂的足袋。

三、1930 年代

（一）男性服飾

這個時期男士服飾仍延續之前朝向西化的方向快速地發展。故男士西式服飾的比例（含「日式西化」款式的上衣）；以及出現「中西合璧」的情形，較之前來得更多，至於著中式服飾的情形，則更趨減少。

男士多以西式髮型為主；帽子則多以西式帽型的款式為主。

從 1930 年代開始，男士著全套西式服（即襯衫、背心、西裝外套，再打上領帶）；以及出現「中西合璧」的情形，較之前來得更多。同樣受到日化的影響，男士也出現「日式西化的上衣」（立領款式西式服），少數男士也有穿著和服的情形。

此時較之前的男士更多以西式皮鞋為主，但也有男士穿著「日式夾腳木屐」。

（二）女性服飾

年輕的女性流行「兩側綁」的髮型；並且開始出現燙髮的情形。

此時女性服裝最值得一提的是，受中國大陸流行旗袍風的影響，台灣女性也跟隨起穿著旗袍。而這種一件式的式樣，也著實取代了「上衣下裙」兩件式的流行（袖型長度在手肘上下；衣長約在腳踝處）。另外，此時台灣女性穿著西式洋裝的情形較之前更多。

此時較之前的女性更多穿著西式皮鞋的情形，但也有女性穿著日式夾腳拖鞋或木屐。

（三）結婚禮服

根據施素筠老師的陳述，多數的新娘不論是著中式服或西式服，都戴「白色頭紗」；新郎則頭戴「西式禮帽」。

根據施素筠老師的陳述，大多新娘的衣服主要以三類為主。其一是，平日服款式的「中式服」（旗袍）；其二是，一般洋裝；其三是，全套西式新娘白紗禮服；另外新娘手拿捧花的趨勢更普遍。至於新郎的禮服款式，大多數男士均以西裝款式作為結婚禮服，而且還會手戴白手套，左胸配戴小胸花。

　　根據施素筠老師的陳述，新娘以西式皮鞋為主（其款式以高跟鞋與娃娃鞋為代表）；新郎多為西式皮鞋。

（四）學生制服

　　在 1930 年代學生制服更趨於完備（例如，衣服、鞋子、帽子、書包等都有一定的式樣）。不過到了 1930 年末，適逢第二次世界大戰的開始，日本當局為了顧及學生躲空襲的安全，規定衣服布料的顏色改為「國防色」（草綠色）；且在衣服上縫有「名條」（在上衣左胸有「名牌」），以辨識身分及節省救助的時間。另一方面為了躲空襲之便利，特別針對女學生的制服，規定另一條「工作褲」，而此「工作褲」之樣式，為由學校統一發樣式圖自行製作。

　　男女學生的髮型與帽子仍延續之前的式樣。公學校的男生統一理光頭；帽子為軟帽（帽上有校徽）。女生的髮型為短髮齊耳（亦稱為「河童頭」）。

　　在中學校方面，男學生髮型皆為光頭。上課平時戴「大盤帽」，但遇有軍訓課時另有一軟帽（又稱「戰鬥帽」）。女生在髮型方面，女生一年級為「河童頭」；二、三年級則為中分或側分之綁兩旁；高年級者為綁髮辮子或梳髻。女帽以西式軟帽為主。

　　公學校男學生制服上衣以「日式西化款式」為主；下著長至膝蓋的褲子。女學生制服以「白襯衫；藍背心裙」為主要代表。中等學校男生制服上衣以「日式西化款式」為主；褲子為長褲。女學生制服，以「日式的西化制服」為主（例如「水兵領」的上衣，為女中制服款式，為當時的代表）。不過在不同地區的中等學校女學生制服，其款式差異相當大。至於在大學或工業學校，男士則以立領為主的上衣款式，並分冬季與夏季兩款樣式。

　　男女學生的鞋子仍延續之前的式樣。例如公學校男生的鞋子多為黑皮鞋、白色布鞋。女生鞋子則仍以「娃娃鞋」為代表。

四、1940 年代

（一）男性服飾

在 1940 年至 1945 年期間的日據後期，由於成年男士受徵召當兵，因而出現「光頭」的髮型；並且出現台灣民眾戴日式軍帽的情形。不過光復之後，日式軍帽便快速消逝；留「光頭」髮型的情形也相對地減少。

男士仍以三件式的西式服為主，但由於日本參與第二次世界大戰，並徵調台灣男性充當軍夫，這使得台灣男性出現穿著日本軍服的情形。除此之外，日本殖民政府在戰時也推動男士穿著「國民服」。

在 1945 年台灣光復之後，先前台灣男性所穿著的「日本軍服」與「國民服」，很快的隨日本的撤退而快速消逝。不過有趣的是，在 1949 年隨政府轉進來台的大批國軍，這同樣的場景，卻轉而被國軍的軍服所取代，甚至國軍的軍服也一度成為當時台灣地區「外省籍」男裝系統的一項主流。

在 1940 年至 1945 年期間的日據後期，男士以西式皮鞋、日式軍鞋與日式木屐為主（由於適逢第二次世界大戰，男士也出現綁腿）。

從 1945 年台灣光復之後，日式軍鞋與日式木屐則快速減少。

（二）女性服飾

到了 1940 年代，當時有更多的女性燙髮，其款式以狀如掃把（俗稱「掃把頭」）為代表。

　　在光復之前的 1940 年代，台灣女性服裝相當紛雜，不過其主要可歸納出三項基本模式：1.中式服（以「上衣下裙」與「旗袍」為代表）。2.西式服（包括「洋裝」與「套裝」的款式）。3.戰時日式改良服（即 1940 年日本殖民政府在台灣推動「皇民化運動」。為強化台灣居民「我是日本人」的皇民意識，推動台灣婦人服的改良，其較具代表為「燈籠褲」的款式。）。

　　另值得一提有二：其一是，雖然當時日本殖民政府在台灣推動「皇民化運動」時也推動女性穿著日式和服，但並未成功（僅少數人士穿著）。其二是，大衣款式在 1940 年代戰時的風行。

　　在光復之後的 1940 年代後期，女性服裝有兩大主流：1.中式服（以「旗袍」為主，以「上衣下裙」為次）。2.西式服（包括「洋裝」與「套裝」的款式）。大衣款式仍盛行。「戰時日式改良服」與「和服」則快速地消逝。

　　在光復之前的 1940 年代，以日式木屐、夾腳拖鞋與西式皮鞋為主。但是到了光復之後，日式木屐則不如過去的普遍。

（三）結婚禮服

　　根據施素筠老師的陳述，在 1940 年至 1945 年期間，受戰爭的影響，新娘戴「白色頭紗」的情形有所減少。另也出現新郎戴軍帽的情形。

　　根據施素筠老師的陳述，在 1940 年至 1945 年期間正值戰時，一切都以簡便為原則，當然結婚禮服亦不例外，故此時有女性著改良式服裝，作為結婚禮服；亦有以簡便的洋裝作為禮服。至於新郎禮服，除了有西裝禮服之外；亦有新郎以「國民服」或以日本軍服來當禮服。不過家境較好的家庭，並未受戰時的影響，新娘仍穿著全套的「白紗禮服」；新郎也著全套西式禮服。

　　台灣剛光復尚未脫離艱苦環境，加上大批大陸民眾隨國民政府遷居至台灣，人民一切從簡，可是對於結婚禮服的款式，則相較之下較為慎重其事。新娘更多

以西式白紗禮服為主（此時新娘「白紗禮服」較特殊的流行重點，為強調頭戴「拖地長紗」的樣式）。新郎禮服則是以西式禮服為主（之前以「國民服」或以日本軍服來當禮服已不復見）。

新娘與新郎多以西式皮鞋為主。

（四）學生制服

根據施素筠老師的陳述，在 1941 年台灣總督府為加強其「皇民化」教育政策，因而進行第二次修改「台灣教育令」，甚至依據「國民學校令」，將「小學校」和「公學校」改為「國民學校」。在第二次世界大戰期間，由於一切從簡，故學生制服只有一套；書包採自由放任無規定，雙肩書包或袱巾亦有。此階段由於限於物質缺乏，學校對學生規定較鬆懈；衣服破了沒關係，補起來就好，只要符合整潔、清潔即可。在 1940 年至 1945 年期間：此時學生的髮型與帽子款式仍延續之前的樣式。男女學生制服大體上仍延續之前的款式。不過「國民學校」的學生制服也有所改變，而最值得一提的是，就是女學生制服出現「連身裙」的新樣式；以及在後期，女生以穿著工作褲為主的情形。由於適逢戰時，學生制服並不統一。甚至有人仍穿著「台灣服」上學。由於物質的缺乏，學生鞋子只有一雙（由豬皮取代牛皮製）。戰爭後期則以布鞋為主，甚至出現木屐。

根據施素筠老師的陳述，在 1945 年至 1949 年期間的光復之後，台灣教育一方面要改變過去日本殖民時期的舊制；另一方面又要把中國化的教育重新建立起來。而首要的工作即改革學制，例如將「國民學校」改為「國民小學」；日據時期原有的「中學校」也皆規定改為「省立學校」，而學制上也一律改為三三制。不過較特別的是光復初期的學生，仍可依照日據時期舊制畢業。台灣光復之初，整個經濟環境相當拮据，因此學生制服無硬性規定，大體上仍延續日據時代的穿著；有的學生則穿平常家裡的衣服。故此時學生制服相當紛亂。不過隨著時間的

發展，不同於日據時期款式的學生制服也逐漸地形成。小學男生帽子的款式，逐漸以便帽為主（日式學生帽則遭淘汰）。在男生制服方面，小學生夏天為白色國民領上衣、短的卡其褲，冬天則全身長卡其服；中學生以卡其衣、短褲為主。在女學生制服方面，夏天上身款式與男生一樣，皆為白色國民領上衣，下身則穿吊帶褶裙；冬天上身亦為卡其服；下穿裙為主（但也有穿深藍、黑裙或黑色的長褲）。不論中小學的男女學生，在上衣都繡有學號的名牌。光復之初，由於國內經濟面臨拮据的窘境，能擁有一雙鞋子是相當珍貴的，也因此出現學生打赤腳上學（把球鞋掛在脖子上）的情形。光復之後學生的髮型仍延續之前的樣式。

五、1950 年代

（一）男性一般服飾

男士以西式髮型為主。此階段台灣男士體面的服裝，仍以「三件式的西裝」為主，在款式上亦按西方流行的樣式而變化之。男士平日以「白色襯衫」（分長、短袖）；棉質寬褲子為主。鞋款以西式皮鞋或布鞋為主。

（二）女性一般服飾

1950 年代台灣女性的髮型，深受西方流行的款式而隨之變化。燙髮是最時髦的髮型。而其中又以「圓蓬型」為當時最具代表的流行樣式。1950 年代台灣女裝的流行款式，以「A 字裙」款式的洋裝、套裝；以及旗袍為代表。

女鞋以「涼鞋」、「尖頭高跟鞋」為當時流行代表的款式。

（三）結婚禮服

根據施素筠老師的陳述，此時最值得一提的流行重點，就是新娘的頭飾出現顯著的變化（除以花型作為裝飾；出現「公主冠飾」造型的頭飾之外；新娘頭紗也變短）。隨著時間的發展，新娘禮服也呈現出多樣的變化（紗裙有單一層或多層次），而其中蓬裙最具代表（之前強調頭戴「拖地長紗」的樣式，已退流行）；此時新娘手持的捧花，特別強調長藤蔓的裝飾（甚至長至拖地）。至於新郎禮服則依舊是以西式禮服為主。鞋款以西式為主。

無疑的，「白紗禮服」已正式在台灣成為新娘的標準禮服。而新娘從頭到腳的全套結婚禮服，其完全西化的情形，也與新郎完全的西化達到一致性。

（四）學生制服

小學男女生的髮型，並無嚴格規定。此相當不同於日據時期，小學男女生有統一的標準（小學女生的「河童頭」；小學男生的「光頭」髮型）。

此時學生制服基本上延續之前的樣式。在男生制服方面，小學生夏天為白色國民領上衣、短的卡其褲，冬天則全身長卡其服；中學生以卡其衣、短褲為主。在女學生制服方面，夏天上身款式與男生一樣，皆為白色國民領上衣，下身則穿藍色吊帶褶裙；冬天上身亦為卡其服；下穿裙為主（但也有穿深藍、黑裙或黑色的長褲）。鞋款以西式皮鞋或布鞋為主。

六、1960 年代

（一）男性一般服飾

男士以西式髮型為主。在 1960 年代受西方流行的影響，男裝款式也隨之流行起「合身；小領；細長的領帶；窄管褲」的造型。男鞋以西式鞋款為主。

（二）女性一般服飾

此時台灣女性髮型樣式深受西方流行的影響，出現四種主要代表的基本型：1.阿哥哥髮型；2.阿哥哥變化型，又分為覆蓋式瀏海型、斷層式瀏海型、輕微燙捲型、誇張吹蓬型；3.吹翹髮髮型；4.赫本頭髮型。

此時女性除了旗袍仍為正式款式的代表之外；女裝流行仍舊隨著西方流行款式而變化之。而其中最具代表的就是女裝到了 1960 年代的中期之後，裙長縮短至大約蓋住膝蓋部位的長度（甚至在後期開始出現「迷你裙」的款式）。另外，短外套搭配及膝兩片窄裙；一件式洋裝等款式；窄褲管的長褲等也都相當流行。

1960 年代初期，女鞋多以素面鞋式樣為主，但也見有小飾物作為點綴。到了後期，女鞋則漸流行起「粗跟、鈍、圓頭」的款式。

（三）結婚禮服

根據施素筠老師的陳述，此時最值得一提的，就是新郎已不流行戴禮帽。新娘頭飾與頭紗按西方的流行式樣為準。

根據施素筠老師的陳述，在 1960 年代新娘禮服的流行款式，除了強調多層次的蓬裙之外；也首次出現袖長短至手肘長度的款式。至於新郎的禮服，則按當時流行的款式為準。鞋款以西式皮鞋為主。

（四）學生制服

依據 1962 年教育部所修正公布的【高級中等以上學校學生軍訓實施第一條】指出：「為實現文武合一教育……；灌輸軍事常識，養成良好生活習慣，以培養文武兼備優秀人才，高級中等以上學校學生一律實施軍訓。」基於上述的規定，也促使高中學生著軍訓服上學，並且以此作為高中生冬季制服發展的淵源。

1968 年 9 月 1 日，「九年國民義務教育」開始實施，將中學的初中部與高中部分成兩個系統。並採三三年制。將「初級中學」納入「國民教育」；並把「初中」改名為「國民中學」（簡稱「國中」）。根據施素筠老師口述內容整理如下：

1. 在小學生方面：小學生的髮型並無嚴格規定。男女學生以棉質便帽為主，不過各校的帽子款式與顏色，為了表現該校特色而有顯著的差異。在小學生制服方面：九年國教實施之後，小學生制服其款式更趨一致性的模式化。大體上小學女生的制服，夏天穿白色上衣、藍色吊帶裙；冬天則為全身卡其服、藍色外套。小學男生的制服，夏天穿白色短袖上衣、藍短褲；冬天則為全身卡其。不過各校為了表現該校的特色，仍顯示出其之間的差異。

2. 在國中生方面：髮型有嚴格規定（男生以「三分頭」；女生以俗稱「西瓜皮」為標準）。男女學生以藍色「船型帽」帽子為準。在國中生制服方面：各校的國中生制服可以說相當的統一。男學生夏天衣服樣式為白色上衣、藍短褲；冬天上身改為卡其衣為主。女學生夏天為白色短袖上衣、下為百褶裙；冬天則上為卡其服、下為百褶裙或黑色長褲。

3. 在高中生方面：髮型有嚴格規定（男生以「五分頭」；女生以俗稱「西瓜皮」為標準）。男學生以卡其色「大盤帽」為準，而女學生為著軍訓服、戴卡其色「船型帽」帽子。在高中生制服方面：男生夏天為短袖卡其上衣、卡其褲；冬天男生為全身著軍訓服即卡其衣褲，外套以藍色夾克為標準（但各校款式略有差異）。女生夏天校服的款式基本是一致的，均為短袖上衣搭配裙子，不過各校會以顏色來作為區隔（例如，代表北一女的綠色、代表北二女的白色、代表景美女中的黃色，都是極具特色的）；冬天分為二式（平日著校服，軍訓課時則規定一律穿卡其衣裙，外套以黑色西裝型款式為準）。

　　鞋子以皮鞋與布鞋為主。另特別值得一提的是，在高中生制服中，嚴格規定女生必須著白色襪子，男生必須著黑色襪子。

第五章
施素筠老師及其家族服飾
審美價值特色之論述

　　為了深入瞭解施素筠老師及其家族，在服飾審美價值上的特色，首先以施素筠老師為核心，請施素筠老師先自行詳述她個人一生最重要的歷史經歷，並由研究者根據施素筠老師的口述，加以整理，完成施素筠老師個人事蹟年表（詳如附表二），待事蹟年表完成之後，便進一步請施素筠老師提出其個人生命歷程中，最重要的四個階段，並就這四個階段，分別各自訂出一個有關施素筠老師及其家族成員，在服飾審美最重要的主題，而每一個主題，再由研究者與施素筠老師彼此相互激盪，最後延伸出施素筠老師所論說的主要內容。

　　根據上述所言，有關施素筠老師及其家族在服飾審美價值特色，於各階段分為「小時成長」、「少女求學」、「成年結婚」、「婚後光復」四個時期階段，每一個時期階段所衍生的服飾審美主題，分別為：「施家成員服飾審美態度的特色」、「學生制服對服飾審美價值的建立」、「顏家成員服飾審美態度的特色」、「光復之後服飾審美價值的轉折」等四個焦點主題，其架構圖，詳如下頁圖所示：

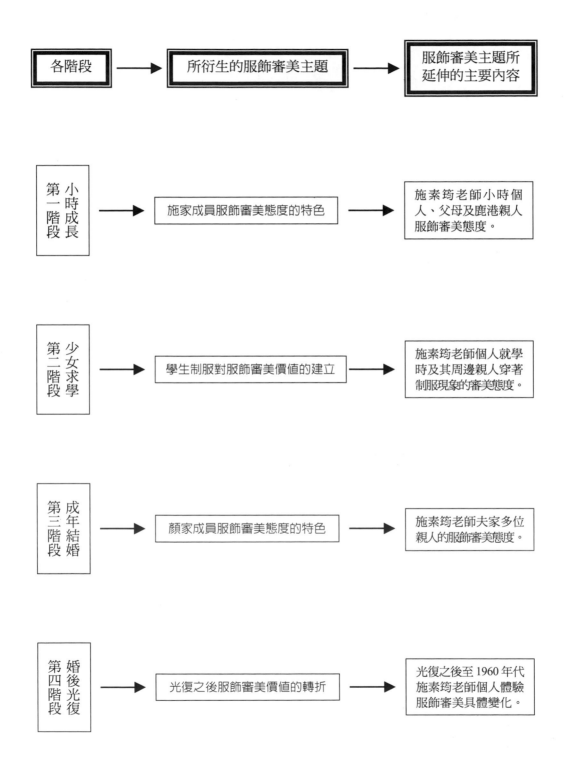

第一節　施家成員服飾審美態度的特色

施素筠老師的施家親人主要居住在鹿港，家族是個傳統而保守的家庭，她對家族成員中，從曾祖母、祖母、大伯、大伯母等人，到自己父母及個人小時的穿著，記憶都非常鮮明（針對台灣鹿港與施素筠老師本家之簡述，詳如附錄三）。

就施素筠老師成長過程中，實際待過也實際目睹到鹿港與台北兩個地方，她提到台北與鹿港生活機能不但大不同，生活條件也不一樣，而服飾穿著的差別，表現在城鄉上的差異是非常顯著，例如她提到鄉下農家人與都市人服飾穿著上的差異是很容易分辨，鄉下人都打赤腳。

在鹿港傳統家庭，女性穿著要保守，施素筠老師母親在大家族裡被磨出，嚴守女性的規範，施素筠老師母親不斷告誡她：不任性、不自大、多做事、少講話；不要批評別人穿著，自己穿著要保守，這樣才不會讓人講閒話；尤其要注意女人千萬不要在大家面前太愛表現，這樣容易讓人討厭。所以施素筠老師在鹿港時期看到女性長輩，穿衣都相當保守，以中式服為主。施素筠老師曾聽她母親提到，她小時候上學是要穿白鞋，但母親的祖母觀念很保守，說白鞋是戴孝、不吉利而禁止她穿白鞋，所以每次施素筠老師放學回家都必須在門外換鞋，有次忘了換鞋踏進門，結果被曾祖母看到，狠狠遭到責備，這種傳統的價值觀，在鹿港被保留得有一段相當長的時間。

施素筠老師也提到，鹿港大家庭女性的穿著，雖然很保守，但卻很重視面子，要整理好才會出門，女人不敢隨便出去外頭亂跑，女人對於穿著很細心、注意。施素筠老師小時經常觀察大人，看她們都是把頭梳整齊才出房門，在家裡穿中式的衣服以棉質的較多，祖母老人家都穿黑衣服，大約五十歲就算老了，衫褲較多，長褲都是全長的大筒型，有過節日或客人來的時候，外祖母才會穿上長裙，外出

時也會穿長衫，長衫被視為是禮服的一種。外祖母始終穿中式長衫，長衫有時是絲緹花、有時候是黑絲絨，施素筠老師最喜歡依偎在外祖母身邊，摸衣服的材料。

鹿港年長的女性額頭上會戴眉勒，眉勒中央釘上金或玉的飾品，即使在家裡也整天戴著。女性的鞋子，大部分都被褲管所蓋住，有時候坐下來時露出三寸金蓮的小腳鞋、褐色褲（挑繡的）下襬，衣長大概到放下手的手指尖長，頭上都插簪針，有的人每天插玉蘭花，因為頭髮不常洗，經常有油脂味。老年人很重視飾品的配戴，都有戴金戒子，而且耳環都是每天戴著，不會拿下來。項鍊是金鍊子，洗澡時有拿下來，還有人會帶珍珠項鍊。當時大人穿的衣服都是自己在家裡做或拿去裁縫店做。施素筠老師記得伯母穿的是軟料材質的長褲和大袍衫，裡面是用瑪瑙珠串吊圍兜樣的東西，夏天上衣是中式麻質的白衣。

施素筠老師小時候在鹿港看到的老人家髮型一律是往後梳上去，在後面還有髮髻，有的高一點，有的較低，髮髻編法各有不同，施素筠老師發現要向後梳髮時，前面的先固定在頂上，兩邊的梳理在後面之後，再放下去合在一起，編髮髻時會將髮毛沾黏在一起，使頭髮成一束在一起，整個梳整過程相當費工，所以上午梳了頭又綁了腳，就要花一個多小時。過去在鹿港很久才洗一次頭髮，洗頭算是大工程，當時沒有自來水必須挑井水，用稻草燒水的準備，纏足的女性在不平坦的廚房地上，用木桶挑水提水，洗後倒水等，井旁的地磚，有青苔石頭等，沒有幫手還真不知該如何洗頭髮？

施素筠老師也回憶幼年的鹿港時代，一般男生都穿中式唐裝上衣和寬褲管的長褲，女生則通常是中式衫裙或衫褲棉織，夏天上衣是白色麻質的衣服、褲子則是黑色為主，年輕女性也會穿花布的衫褲。民初到光復前，鹿港地方相當保守，老一輩的人不穿太過洋化的服裝。差不多一樣年紀人的台北人，就較鹿港人時髦許多，尤其是到過日本念書的台北人，穿著就更明顯的洋化。

　　施素筠老師母親沒有纏足而且有上學校，所以穿的是較年輕的服裝，穿旗袍、裙子、上衣之類的服飾。在鹿港時穿著，施素筠老師母親主要以中式衫裙為主。施素筠老師父親也會從台北買回母親的長衫布料，當時算是很時髦的。施素筠老師記得她母親有一件長背心，和長衫一樣長，也有開叉的服裝，聽說是從上海流行進來的。施素筠老師回憶在 1930 年代後期，父親還買一件皮草大衣送給母親，在 1930 年代當時流行尖頭的皮鞋，母親偶爾外出也會穿高跟鞋，母親頭髮都是束在後頭結髮，弄頭髮、梳頭髮就要花不少的時間，上午都花在打扮一身就快到中午了。家庭婦女的常服是衫、裙或衫、褲的組合較多，後來到 1930 年代穿旗袍的人增加，施素筠老師的母親因為髮型改不過來，穿洋裝不適合，所以後半輩子大都以旗袍為主。至於針對穿和服而言，施素筠老師的母親其實並不喜歡，會穿也是出於不得已（例如，在皇民化時期，她無奈必須參加愛國婦女會時，礙於規定所以只好穿），其實平日她是不穿的，因為她覺得自己又不是日本人，穿和服也不方便。這似乎與她熱衷參加漢學會，說明個人對漢民族的情感是有相當明確的信仰，而這種信念也影響她服飾穿著的審美價值。

　　施素筠老師在談到其父施安時說到，她父親與二兄相差十歲，與大兄相差二十歲，相當受到疼愛，所以從小就像「阿舍」（公子哥兒），就是當時西方社會所稱的「DANDY」，所謂的「DANDY」，就是一身漂亮的打扮，不做事，且肯用錢救人布施的人，歐洲很流行這種風氣，施素筠老師的父親就是這一類的人，鹿港也有這種人所組成的社團，施素筠老師的父親經常參加慈善會、興學會，這些都是需要出資的，參加這些活動的人，他們穿著都很體面，很重視時尚，追求流行，重視品味，聽說連內衣都是白色絲製，相當講究。施素筠老師的父親在日治時代時期，雖然穿著打扮相當西化，但內心卻保有中華民族意識的存在，這就是為什麼，施素筠老師被父親送去日本留學，所考量的是希望她學習更先進的觀念，而非鼓勵她崇日。同樣的，施素筠老師的父親自己則相當熱愛中華文化，固定到漢文的私塾學習漢語、也經常聽京戲，雖然常穿體面講究的西裝，偶爾也會

穿中式服。施素筠老師父親穿著的審美價值，似乎說明台灣一些家世好的子弟穿著的態度，是以追求流行時髦來建立個人的聲望。

施素筠老師父親兩位兄長與她父親穿著審美態度就不一樣，主要都是中西合璧的穿著，他們的穿著也是代表當時一般男士穿著的模式。民國初年，施素筠老師的阿伯（伯父）他們雖然穿中式服，但帽子不戴中式碗型帽，而是戴西式的山高帽，成為中西合璧的組合。這種奇特的組合，讓我們看到台灣服飾審美價值變遷，最活生生的證明。

至於說到鞋子，施素筠老師在鹿港家裡大多穿布鞋，布鞋大人都會做，在鹿港當時有很多人打赤腳，施素筠老師說如果她赤腳會挨罵，一定要穿鞋。施素筠老師說在日治時期當時已經有帆布的運動鞋，牌子是「華盛頓」，大家以「華盛頓」當做運動鞋的代名詞，甚至還有「要穿『華盛頓』去上學」的順口溜。另外，施素筠老師也回憶小時候，她外祖母從鹿港來台北時，左右鄰居看到外祖母的小腳時，都很驚訝。其實不僅施素筠老師外祖母纏足，伯母、姑媽她們都纏腳，有時候施素筠老師看到她們在天井（中庭），二、三個人在換纏腳的布（腳白），她看到的腳趾都變形，好奇就問這問那，施素筠老師母親會講給她聽。第一次世界大戰之後，台灣人的思想變得更自由了，台北受到西方流行的影響。到了昭和初年，施素筠老師看到老人家穿著小腳的皮鞋，這種皮鞋可以訂做，施素筠老師記憶中有人從台北送外祖母一雙黑皮鞋，之後她就一直穿這種黑皮鞋。

1929 年，施素筠老師在就讀公學校時期，隨父母搬到台北定居之後，獨立門戶成為小家，就完全自由了。在台北的生活較過去自由許多，而且在台北都習慣穿西式服，施素筠老師母親剛開始雖也改穿洋服，但髮型仍維持中式髮型，她一輩子都梳中式髮型，這種現象似乎受到居住在鹿港時期的影響所致。

施素筠老師提到台北洋化的速度相較於鄉下是快了許多，到了鄉下如同到另一個國度。大體來看，日治時期男裝比女裝洋化得快，所以穿西裝並不稀奇，

可是日常穿西裝的算不多。在鄉下大部分都赤腳，有運動鞋給小孩穿就算很不錯了，有的小孩穿布鞋，有的小孩在家裡穿木屐。在台灣閩南人認為女孩子腳大不美，所以施素筠老師母親用胚布縫鞋船，如同現代的襪子般，穿在鞋內，她母親認為這樣腳才不會快速長大，但是後來她母親到台北之後就比較沒有這習慣。

施素筠老師也提到，她在鹿港時穿的是母親做的寬袖（當時流行的）長衫，或父親從台北買來的洋服。有時候也穿褲子和短衫之類，當時沒有成衣可以買，過年過節，都會穿母親做的新衣服。後來到台北，母親也是照樣做衣服，小時候乖乖穿，不過長大就會要求自己喜歡的款式，認為母親做的中式衣服很土，覺得不夠時髦，就要求母親去學洋裁。

施素筠老師提到台北的風紀不同於鄉下，對流行接受度很高，施素筠老師小時在台北住家經常看到對面家的日本人的女孩，穿著很講究的衣服，相當羨慕，小學五年級時，父親有一天帶回她和妹妹的新和服，她們相當開心，在鹿港她就沒有看到與她年齡相近的親人穿過和服。

對於施素筠老師她個人穿著審美價值而言，施素筠老師認為，由於她家世不錯，長相討好，再加上受到家族長輩的疼愛，被視為是掌上明珠，所以她的穿著打扮都相當講究、入時與體面，加上她在當時能有機會受日本教育，甚至到日本留學（在當時能像她一樣的人可說是鳳毛麟角），之後又能嫁到豪門基隆顏家，所以被視為是人人稱羨讚美的「完美化身與幸運的寵兒」，是大家矚目談論的焦點，所以她個人也期望，在每一個場合時刻，能以最體面的穿著打扮出現在眾人的眼前，以完美的外表來表達她內在的優越感。所以不論是中式旗袍、西式洋裝、日式和服，各種款式施素筠老師她都能接受，只要她有能力一定呈現出最完美的型態，這就是她的服飾審美價值。

第二節　學生制服對服飾審美價值的建立

　　根據施素筠老師個人親身穿著制服的經歷，及她三男一女小孩就學時穿著制服的實際經驗；以及周邊親人穿著制服的實際現象之陳述為內容。

　　施素筠老師提到她在讀台北蓬萊公學校二年級的時候，學校開始制訂制服。蓬萊公學校制服可以自己製作也可以在特約店訂製，「行成行號」是當時最具規模的制服特約店。每一所學校的制服都不同，蓬萊公學校女生的制服是白襯衫、中腰位置有剪接線的藏青色背心裙，配上白色長襪、戴著白色帽子，鞋子為娃娃鞋造型，河童髮型。一切外型都是以日式審美價值為基準。

　　施素筠老師提到，在她小時候有同學留長髮而被老師禁止的例子。同樣的，在日治時期，女學生在學校耳環也被禁止。男生從公學校到高中畢業之前都要剃光頭，高中生上課時一定要綁腿才算服裝整齊，男女生都要穿制服和戴帽子上學。

　　在公學校方面學生制服的材質以棉質為主，很多學校制服的材質是以縕紗織的叫做「霜降」（日語）之棉布製作，男生制服以「日式西化款式」為標準，這不同於之前的「中式台灣衫」。上衣為翻領、對襟鈕、五顆鈕（男學生從小學到大學上衣，一律是單排五顆鈕，大學有的鈕子是以校徽做成的金色鈕子）；下著長至膝蓋的褲子，其中最有特色的小學是樺山小學（日人學校）的制服，他們的制服如同童子軍服。女學生制服則以「白襯衫；藍背心裙」為主要代表。一切外型都是以日式審美價值為基準。

　　中等學校男生衣服的領型是立領，立領內層有白色護領可換洗，質料為「霜降」布；褲子為長褲；皮鞋以西式為主。女學生制服逐漸改為「日式的西化制服」為主，其中水兵領的上衣，為日治時期女中制服款式的代表。不過在不同地區的中等學校女學生制服，其款式差異相當大。

職業學校有所謂的實習課程，是必須穿著實習衣服，在作業褲小腿處有一排的鈕子可解開，腳上穿著所謂的足袋。

在日治時期幼稚園沒有制服，但一定要穿圍兜，圍兜式樣有一定規定，不過較為自由。

施素筠老師提到，日本對教育很有一套方法，在學校上學要穿皮鞋，進入學校校舍換白運動鞋，到操場再換黑運動鞋。以她所就讀的三高女為例，就非常重視生活教育，每個細節都規定得很仔細，比方說，每個人有三雙鞋子：一雙皮鞋是上學途中穿用，一雙白色鞋子是上課時候在教室穿用，一雙黑色鞋子為外出的工作鞋，讓學生養成在不同的場合就該有不同場合的穿著。一、二年級可以剪髮，而三年級以上是兩支掃帚在耳邊。每年都會在 4 或 5 月的時候舉辦一次遠足活動，秋天時會舉辦登山活動。參加這些戶外活動時，穿著制服、穿寬鬆的燈籠褲、白色棉長襪、戴帽子。一切外型都是以日式審美價值為基準。

施素筠老師也提到，在 1930 年末，適逢第二次世界大戰的開始，日本當局為了顧及學生躲空襲的安全，規定衣服布料的顏色改為「國防色」（草綠色）；且在衣服上縫有「名條」（在上衣左胸有「名牌」），以辨識身分及節省救助的時間。上課平時戴「大盤帽」，但遇有軍訓課時另有一軟帽（又稱「戰鬥帽」）。另一方面為了躲空襲之便利，特別針對女學生的制服，規定另一條「工作褲」，而此「工作褲」之樣式，為由學校統一發樣式圖自行製作。

施素筠老師目睹第二次世界大戰，提到在第二次世界大戰期間，由於一切從簡，故學生制服只有一套；書包採自由放任無規定，雙肩書包或袱巾亦有。此階段由於限於物質缺乏，學校對學生規定較鬆懈；衣服破了沒關係，補起來就好，只要符合整潔、清潔即可。

施素筠老師提到，台灣光復之初，整個經濟環境相當拮据，因此學生制服無硬性規定，大體上仍延續日據時代的穿著；有的學生則穿平常家裡的衣服。所以此時學生制服相當紛亂。不過隨著時間的發展，不同於日據時期款式的學生制服也逐漸

地形成。小學男生帽子的款式，逐漸以便帽為主（日式學生帽則遭淘汰）。而且隨著時間的發展，學生制服開始逐漸有了規範。至於日式的審美價值就逐漸被淘汰。

光復之後至1960年代，施素筠就她三男一女小孩就學穿著制服的實際經驗以及周邊親人小孩穿著制服的觀察詳細說到：

在1950年代，小學男生制服夏天為白色國民領上衣、短的卡其褲，冬天則全身長卡其服；中學生以卡其衣、短褲為主。在女學生制服方面，夏天上身款式與男生一樣，皆為白色國民領上衣，下身則穿藍色吊帶褶裙；冬天上身亦為卡其服；下穿裙為主（但也有穿深藍、黑裙或黑色的長褲）。不論中小學的男女學生，在上衣都繡有學號的名牌。

在1960年代，小學生的髮型並無嚴格規定，男女學生以棉質便帽為主，不過各校的帽子款式與顏色，為了表現該校特色而有顯著的差異。在九年國教實施之後，小學生制服其款式更趨一致性的模式，小學女生夏天穿白色上衣、藍色吊帶裙；冬天則為全身卡其服、藍色外套。小學男生夏天穿白色短袖上衣、藍短褲；冬天則為全身卡其。不過各校為了表現該校的特色，仍顯示出其之間的差異。國中生的髮型有嚴格規定（男生以「三分頭」；女生以俗稱「西瓜皮」為標準）。男女學生以藍色「船型帽」帽子為準。國中生制服可以說相當的統一，男學生夏天衣服樣式為白色上衣、藍短褲；冬天上身改為卡其衣為主。女學生夏天為白色短袖上衣、下為百褶裙；冬天則上為卡其服、下為百褶裙或黑色長褲。高中生髮型有嚴格規定（男生以「五分頭」；女生以俗稱「西瓜皮」為標準）。男學生以卡其色「大盤帽」為準，而女學生為著軍訓服、戴卡其色「船型帽」帽子。高中生男生夏天為短袖卡其上衣、卡其褲；冬天男生為全身著軍訓服即卡其衣褲，外套以藍色夾克為標準（但各校款式略有差異）。女生夏天制服的款式基本是一致的，均為短袖上衣搭配裙子，不過各校會以顏色來作為區隔形成校服的不同（例如，代表北一女的綠色、代表北二女的白色、代表景美女中的黃色，都是極具特色的）；冬天分為二式（平日著校服，軍訓課時則規定一律穿卡其衣裙，外套以黑

色西裝型款式為準）。鞋子以皮鞋與布鞋為主。另特別值得一提的是，在高中生制服中，嚴格規定女生必須著白色襪子，男生必須著黑色襪子。這些以嚴格的規定來規範學生，似乎說明服飾美在學生制服系統中並不重要，學生制服的目的只是為了服務政治而存在。

　　施素筠老師不斷的提到，在學校教育中，穿著制服對學生個人建立起服飾審美的概念，可以說是最直接的一種方式，因為每一位學生，從每天穿著制服中學習共同價值的自我意識，這種潛移默化的影響，透過穿著的學習讓學生很自然的培養出一種審美價值。所以每個執政當局都希望透過學生制服來建立出一套標準，以達國民意識的穩固。這就是為什麼，她看到也感受到，不論是日治時期或是國民政府時期，都相當重視學生制服。

　　施素筠老師還特別提到，除了穿著學生制服對個人建立服飾審美影響很深，學校教育授課內容對服飾審美影響也一樣很深，尤其是日治時期女生在中學都要學洋裁，在施素筠老師就讀三高女時，畢業前還要做一件和服，當作是畢業的禮服，而當時適逢第二次世界大戰爆發的 1940 年代。

　　施素筠老師也特別舉例，她受日本教育之後，對顏色喜好的看法影響很深，有具體的改變，那就是比較喜歡淡色，她不僅喜歡衣服色彩淡雅簡單，連對於台灣傳統寺廟用極多色彩，也覺得很俗氣，不知美在哪裡。所以她在選擇衣服時都以淡色為主，她認為這也是學校教育所帶來的影響。

第三節　顏家成員服飾審美態度的特色

　　有關本次研究所針對的基隆顏家，就其家族背景之概述及關鍵人物小傳（分別詳如附錄四與附錄五）。

　　對於顏家成員的服飾穿著，施素筠老師曾向顏家成員（如丈夫顏滄濤、姑姑丁顏梅、嫂嫂張女英等人）詢問，並搭配傳世老照片，知道她的公公顏國年在年少時的 1900 年代曾留過辮子，穿著以中式服為主，但從 1910 年代開始不久，就把辮子剪掉，主要是因為該家族開始在煤礦業與日本人有更多的合作（例如，在 1910 年 8 月顏國年的兄長顏雲年與木村九太郎外等 15 人，擬組基隆輕軌，鋪軌道於基隆與萬芳間），該家族為表對日本的友好，男性成員特別將辮子剪掉，以表示對日本正在台灣推行剪辮的支持。從 1910 年代後期之後，顏國年已不再穿中式服，而改以西服及日式和服為主，而家族中年輕男性成員也同樣效法之。不過有趣的是，顏國年的夫人，也就是施素筠老師的婆婆則是一輩子穿中式服，夫妻形成對比，展現出不同價值的審美形象。至於顏家年輕一輩的女孩，則以洋裝及和服為主。施素筠老師也提到，在小時就到日本念小學，之後考上東京府第一高女的顏梅，也就是她先生的大姐，她因為東京大地震返台，改在台北第一高女三年級念書，當時她就是以和服及洋裝為主，甚至平日也都是穿著和服。

　　施素筠老師提到西化的風潮從男裝先開始。日治初期，男生辮髮剃掉之後開始穿的是西裝，戴黑色毛質山高帽（日語）、穿皮鞋、穿絲綢的中長袍、褲子是軟質的中式大褲管褲，早年公公顏國年就曾如此裝扮。

　　施素筠老師也提到，在日本文化推動下，有推薦鼓勵上流社會的人穿和服的情形，顏家成員尤其在日本友人來訪時，會特別穿上和服表達一種歡迎與尊重，讓日本人覺得和他們是同一國的。這種情形甚至延續到 1940 年代的戰爭時期，顏家媳婦與女兒輩，都還會穿上做工精緻的和服，與日本友人聚會，而這種情形直到光復之後才告結束。在日治時期穿著和服，相當程度是一種優越感的表現，象徵一種社會地位，跟今天使用名牌的道理是一樣。

　　日據時代日本人對於台灣纏足的習俗非常不贊同，認為非常殘忍而不人道，把「解放纏足、不纏足」當作是一項重點的施政方針來推行，而顏家為表示對日本政府政的友好，很早就率先支持「不纏足」，所以顏家女眷成員不見有纏足的

情形。而根據施素筠老師的陳述，日本人對台灣上流社會的人士是以禮相待，並無欺詐壓制的行為，彼此是相互尊重的關係，台灣上流社會人士的穿著，與日本人的穿著並無差別，形象審美價值呈現一致性。

針對顏家親人個別的服飾審美態度，施素筠老師也特別做了一些陳述：

顏國年（施素筠老師的公公）：從1919年之後，顏國年就不再穿中式服，而改以西服及日式和服為主，自此之後，一直到晚年往生前都不曾再穿過中式服。顏國年個人相當重視服飾穿著，認為體面的穿著能表徵一個人的社會地位。在顏家的男性中對穿著最考究，還曾到歐洲考察時帶回好幾大箱的西裝禮服、皮鞋、禮帽。

顏滄海（施素筠老師先生的大哥）：他於就學期間都是以學生制服的穿著為主，學校畢業後開始以西服為主，偶爾會穿和服。髮型都一直維持西式中分造型的款式。對於穿著他認為西服能表現現代精神，並認為穿著中式台灣衫則顯得保守與守舊，會跟不上時代。所以他不喜歡穿中式服。

顏滄濤（施素筠老師的丈夫）：他在就學期間都是以學生制服的穿著為主，對於穿著，他自認自己外貌長相平庸，不如大哥顏滄海長得體面，身體又較瘦弱，加上個性內向所致，所以對穿著打扮不挑剔，也不在乎，相當隨性，居家時經常汗衫、短褲、拖鞋，施素筠老師為此還經常與他爭執。不過施素筠老師也說，還好他會在重要場合穿西裝打領帶，否則就太失禮了。

顏張女英（施素筠老師的大嫂）：雖然她來自中部的傳統家庭，但個性相當時髦，對於中式衫裙、日式和服、西式洋裝各種款式，樣樣都能接受。值得一提的是，在1930年代她已穿起在當時相當稀有、昂貴的貂皮大衣。在髮型上，也於1930年代中期開始燙髮，這在當時是相當時髦的表現，甚至她為凸顯個人形象上的特色，還會在右邊額頭處燙出瀏海的造型。顏張女英不僅個人重視穿著，對於家中小孩的穿著打扮也相當費心，是相當在乎全家人的穿著與儀態。另外，她也相當重視化妝，即便只是到庭院也要打扮一番。

顏梅（施素筠老師的大姑）：她在少女時就赴日本留學，深受日本文化的影響。她穿著打扮相當時髦，是顏家女性中最優雅的一位，她的形象猶如日本上流社會貴族小姐的風範，例如在她小時的 1910 年代，顏梅就曾戴過歐洲製造的少女帽子，這在當時台灣是相當罕見的。顏梅她在 1929 年時結婚，也穿著來自歐洲的全套白紗禮服，同樣這在當時台灣社會也是少見的。顏梅的穿著打扮可說都是走在時代流行的尖端。如果以今天的術語來說，就是「時尚名媛」。

顏碧霞（施素筠老師的二姑）：她是魏火曜的夫人。顏碧霞於基隆女中畢業之後便赴日求學，1934 年自日本東京女子大學日文系畢業。她在日本念書時，學習到嚴謹的生活規範與自治訓練，而這也是她自認獲益最深的地方，學成返國之後，她在穿著上就比較樸素，而她穿著最大的轉變，是在夫婿任職台大醫院院長時，她開始在醫院擔任志工，而且是長達五十年，從摺紗布到疊衣服再到做手術包等，五十年如一日。經過這歷程，讓她人生價值有了大轉變，而這種轉變也反映在她服飾的審美價值，變成低調不奢華，樸實不施胭脂，如鄰家婦人一般，所以她雖貴為台灣名門子女，但轉變之後就常被稱呼「魏媽媽」，改變之後的她，認為人最美的時刻，不是高級名牌的穿著或是濃妝豔抹，而是在與別人相處時，所呈現的自然笑容。

第四節　光復之後服飾審美價值的轉折

台灣光復時，大家為表示對祖國的歡迎，開始穿起旗袍了，施素筠老師自己也會做旗袍，於是就做了幾件平常穿，施素筠老師的母親則都一直穿旗袍。大陸來的外省人，她們穿的旗袍跟台灣本地人不太一樣，都穿樸素的陰丹士林藍旗袍，出去買菜時，碰到的外省籍女性都是這樣穿。

　　施素筠老師提到光復之初，當時大家生活都很清苦，物價一直在漲，施素筠老師找母親要到穿過的破衣服，拿來改成童裝，讓小孩穿。除此之外，施素筠老師還拿過去學生時代所穿過的制服（裙子、水手領上衣），拿來改成小孩的冬衣，甚至還把美國援助台灣的麵粉袋拆下來，拿麵粉袋的布做成小孩的家居服，麵粉袋的布其材質還相當耐磨，她有空就做，孩子穿的衣服都不用買，也省下一筆可觀的費用。施素筠老師有感光復之後，政體的改變，讓家族成員從無憂無慮、享受上流豪門的時代，一下瓦解，甚至陷入連穿著都成問題的悲慘時代。

　　光復之後，施素筠老師提到看到許多黑暗面，心裡雖然不是滋味但還是說不出來，例如在靜修女中上課時，先是被規定要穿旗袍；緊接要禁止使用日語；後來又不准說台語。和服、日式木屐當然在光復之後也被禁，一切穿著審美價值都被調整，甚至被摧毀，施素筠老師與家族成員就像嬰兒般，一切都要重新學習、重新適應，深深感受服裝穿著意識受時代轉變的影響，是相當巨大的。

　　施素筠老師提到，1950 年代當時流行透過電影或雜誌從香港傳來台灣，另外影響台灣人的穿著最深的就是美國，美國人進來，穿衣思想更趨西化，到 1960 年代流行已朝向全面性發展。

　　說到美國文化逐漸對台灣時裝流行影響的加深，當時受到美國電影的影響開始流行洋裝，大家對新潮的洋裝都感覺很新鮮，那時候施素筠老師的先生剛好到美國深造，他會寄一些新的雜誌給她做參考。

　　說到洋裁在台灣開始快速發展的一個主因，是美軍顧問團的眷屬來往台北天母、圓山附近一帶，美國生活用品之類的東西在市面上也會看得到，當有機會與他們接近，生活就自然受到影響，而美國風的穿著文化也就順理形成影響。就像施素筠老師的先生從美國買回來的東西，雖然不是很多，但總讓人感受到新潮與新鮮。

　　施素筠老師提到，國內服飾時尚產業的設計也從 1960 年代開始，由於生活轉為富裕加上國內紡織成衣發展的蓬勃，都讓台灣服裝時尚有嶄新的發展，像是

實踐成立服裝設計科、選美活動的開始、電視台的開播、時裝國片的風靡等因素的影響，都改變了當時台灣民眾對穿著打扮追求時髦的審美轉變。施素筠老師並特別針對 1960 年代，當時台灣民眾每一個人，對穿著打扮追求時髦的審美轉變的四大因素，加以詳細說明：

一、「各項選美活動的舉辦」

愛美是人的天性，人們在經濟條件狀況改善之下，都會重視外觀與穿著。台灣在 1950 年代民眾生活求的僅是安飽、簡樸，根本無餘力將心思放在穿著打扮，但是到了 1960 年代，由於經濟逐漸穩定，國民所得的提高，生活條件的改善，因此大家才開始對美感有了重視與要求。就在這樣的情況之下，在 1960 年，國內首度舉辦台灣第一屆中國小姐的選拔，這次的活動在當時造成相當大的轟動，大家都很好奇。在這次選拔的每位選美佳麗，走在伸展台時，還會展示時裝、禮服、旗袍，這也成了最佳的服裝表演。由於這次選美活動引起國內社會相當大的震撼，效果相當好，所以緊接而來，民間就開始舉辦許多相關的選美活動。可以肯定的，選美活動為台灣社會追求時髦審美的提昇有絕對的影響。

二、「商業活動宣傳需求的重視」

受到選美風的影響，許多廠商也開始注意到，找尋外型貌美、穿著時髦的妙齡女郎，邀請她們在產品發表會的活動上擔任模特兒，以為商品進行宣傳、促銷，這也造就了國內商品展示會，出現模特兒搭配演出的情形。除了以展示方式的宣傳代言外，在當時也會邀請模特兒以時裝走秀的方式，作為推廣產品的一項噱

頭。甚至國產衣料時裝發表會，也會安排模特兒走秀。不論是展示小姐的代言、選美活動或是模特兒的走秀，都使得台灣社會對流行、對美感產生一股熱切的渴望。

三、「實踐家專服裝設計科的成立」

在 1961 年由當時的實踐家專（自 1997 年 8 月改制為實踐大學）成立服裝設計科。這是國內在大專院校首創的科系。這個科系的設立，是因為學校有鑑於國內紡織、成衣業的蓬勃，體認到應該在大專院校設立服裝設計科系，以培育服裝成衣高級專業的人才；並且期望透過設計理念的融注，來提高服裝產品的附加價值。

這個科系的成立對國內衣飾文化的重視以及服飾產業的提昇，確實帶來極大的貢獻，其貢獻至少有兩項重點：其一是，它將流行文化概念帶入到服裝養成教育並影響服飾產業，例如所培育出來的學生，進入到就業市場，將其所學到的服裝設計概念影響業界，提昇國內業界對服裝設計的水準，奠定國內服裝重視設計，有助於服飾品質的提昇；其二是，它帶動國人對服飾美感的重視，讓國人對時尚服飾與形象美，有可依循的指標，例如不僅每年該科系所舉辦的服裝動態都造成轟動，該科系對時尚美的評價、看法與呈現，均成為社會大眾的一項重要指標。

四、「無線電視先後開播的帶動」

「台灣電視公司」於 1961 年正式成立，並且在 1962 年 10 月 10 日雙十國慶正式開播。在台視首開國內電視公司之後，「中國電視公司」也於 1969 年正式開

播，成為我國第二家電視公司。由於這種將影像、畫面快速傳送到每一戶家庭，
讓觀眾在家裡就能及時看到資訊，改變了國人在視覺上的習慣。其中在服飾形象
穿著方面，觀眾經由螢幕上人物的穿著打扮，除了更普遍、更快速獲得服飾流行
的訊息，甚至還能帶動模仿與學習。對於電視具有帶動流行時尚文化的這項功
能，電視公司也懂得加以運用，尤其是借重服裝表演來提高收視率。所以電視為
台灣每一個家庭帶來及時的時尚訊息，對提昇國人的服飾審美確實有相當大
的貢獻。

第六章
施素筠老師及其家族服飾
現象變遷因素之論述

　　由於生命史的研究，非常重視個體與其生存時代之歷史與社會環境的互動，因此本章節，特別就施素筠老師及其家族，服飾穿著儀態變遷與大環境的關聯進行探討，其主要目的，是希望能瞭解一個家族服飾穿著的現象，與大時代環境中的「政治」、「經濟」、「社會」、「文化」等因素，分別有何關聯？

　　首先在時期的分野上，分列出「日治前期的綏撫期」（1910-1919）、「日治中期的同化期」（1919-1937）、「日治後期的皇民化期」（1937-1945）、「光復之初的轉折期」（1945-1959）、「光復之後的發展期」（1960-1969）等五個時期階段，並就每一個時期階段，由研究者與施素筠老師相互討論，訂出施素筠老師及其家族，在服飾穿著變遷現象中，最主要的內容，並針對這些最主要的內容，依據大時代環境中「政治」、「經濟」、「社會」、「文化」四方面，搭配相關的史料文獻，進行探討，以找尋出服飾穿著儀態現象背後影響的原因。

　　針對施素筠老師及其家族服飾變遷現象之各項主要內容，其詳如下表所示：

時期分野	施素筠老師及其家族服飾變遷現象的主要內容
日治前期的綏撫期 （1910 年至 1919 年）	男性「剪辮」與女性「不纏足」
	維持中式的穿著
	學生制服開始出現的日式西化
	衣服布料來源主要是從日本與大陸而來
	服儀開始出現中西合璧的情形
日治中期的同化期 （1919 年至 1937 年）	學生制服全面的日式西化
	男女穿著日式和服更普及
	傳統服飾仍然被保留
	結婚禮服中新郎服儀穿著全盤西化相當普遍
	台灣民眾服飾穿著之間的差異性
	年輕女性服飾穿著西式服更加明顯
	服飾呈現中西合璧的情形仍存在
	衣服布料來源主要依舊從日本與大陸而來
日治後期的皇民化期 （1937 年至 1945 年）	穿著出現去中國化的情形
	男士出現穿國民服、著日式軍服的情形
	女性穿著婦女改良服及和服的情形
	男士著日式軍服
	穿著變得相當簡樸
	衣服布料來源主要仍仰賴進口

光復之初的轉折期 （1945 年至 1959 年）	穿著出現「去日本化；建立中國化」的情形
	穿著儀態服飾著重樸實、勤儉的精神，避免奢華。
	旗袍盛行的轉折
	美式流行文化帶來影響
	國產衣服布料開始出現內銷
	處處可看到著國軍軍服的現象
	學生制服的穿著與服儀出現新的規範
光復之後的發展期 （1960 年至 1969 年）	穿著由儉樸朝向時髦的轉變
	更加重視穿著的流行感與美感
	穿著深受西方流行的影響
	穿著深受影視明星穿著的影響

第一節　日治前期的綏撫期（1910 年至 1919 年）

一、「政治因素」影響之分析

在西元 1895 年中國與日本因朝鮮問題引發了中日甲午戰爭。由於清廷的戰敗，以致造成同年的 4 月 19 日，中日簽訂【馬關條約】，而將台灣、澎湖割讓給

日本。台灣地區自此便開始成為日本的殖民地（6月2日在基隆港口交割），直到 1945 年第二次世界大戰結束，台灣才脫離日本長達五十年又四個月的殖民統治。在日本殖民統治下的台灣，不論是社會結構、社會制度、思想文化、風俗習慣均產生重大的變化，當然這種因政體的轉換所造成的社會文化遞變，也著實反映在這個時期的衣飾文化之中。

第一任樺山資紀到第六任安東真美，約二十年，因初據台灣，百事待興，且義民反抗運動此起彼落，居民也需要加以安撫，又對台灣人的風俗習慣不熟悉，故屬「綏撫時期」，政策上採寬猛並濟，目標則在建立台灣為殖民地（簡後聰，2000：265）。

首任總督樺山資紀的施政方針為暫採「放任主義」而漸近於同化，即不干涉台人舊有的風俗習慣和特別立法。對各地仕紳、富豪等社會領導階級採安撫和籠絡政策，以爭取其支持和合作（簡後聰，2000：267）。

根據吳文星（1995）在其所著的《日據時期台灣社會領導階層之研究》一書中，他相當清楚地分析出，在日據時期初期殖民統治者在領導態度的方針：

1. 殖民社會秩序之建立，賴社會領導階級與各地之順服。

2. 總督府發布「台灣紳章條規」，授與具科舉功名、有學問、資產或名望之台人，並延攬參與基層行政。

3. 兒玉源太郎總督和民政長官後藤新平本諸懷柔政策盡可能任用有才識資望的台人，服務於基層行政；公布「保甲條例」，十戶為甲，十甲為保；甲有甲長，保置保正，由保甲中的戶長推選，經地方官認可，任務皆為協助警察。保戶須成立壯丁團，負責防範匪徒及各種災害。保甲的目的，在於使人民自相牽制，既不耗費政府錢財，又有利於統治秩序的穩定，其本質是「以台治台」。

　　由於日本殖民政府在殖民台灣之初，對台灣民眾的風俗文化所作的策略，大都是採取維持現狀，這也使得當時台灣居民在服飾制度上仍維持著之前清際時期的習慣，即以「傳統中式款式」為主。

　　不過，雖說日本殖民政府在執政初期對台灣民眾的穿著款式習慣採放任的態度，其實日本執政者，對於台灣民眾在服飾習慣中的男性「辮髮」與女性「纏足」這二項，卻是相當排斥反感，並視其為「弊風惡習」，但礙於當時殖民之始，為避免引發島內紛爭與衝突，故也只好放任不敢斷然提出改革。針對這種看法，我們可以從當時日本殖民政府民政局長水野邊，在致基隆支廳長伊集院彥吉的信函中，清楚瞭解執政者施政方針的想法：「……雖然吸食鴉片、蓄留辮髮及婦女纏足等為本島向來之弊風惡習，惟一時亦難以遽然改易。……對於上述習俗，希轉知所屬，不宜濫發表可能傷害人民感情的談話。」（台灣總督府警務局，《日本統治下的民族運動》上卷，頁 741）

　　另外，日本殖民政府的第二任總督桂太郎在 1896 年就任時，於其施政方針內容中提到：「內地（日本）法規雖宜逐漸施之於台灣，然因人情風俗語言不同，若撤清彼此之區別，而繩之以同一法規，則不特難免彼此衝突，……」（井出季和太，《台灣治績志》，頁 253）

　　以及，在 1896 年 8 月總督府更進一步對欲留在台灣的台灣民眾，針對其風俗習慣所作出的明確宣示：「日本政府斷無強使土民改風俗易舊慣之事，自應聽爾等之便，即將來為日本之臣民願改則改，或仍喜于舊服辮髮亦仍循其舊慣焉。」（《台灣新報》第 13 號，明治 29 年 8 月 20 日）

　　不過這種對台灣陋習所採取的「完全放任政策」，到了第三任總督乃木希典上台便開始有了轉變。這一點我們可從他在 1896 年 12 月對地方官員指示中，看出殖民政府對台灣風俗習慣中的陋習（甚至是衣帽）所採取的限制原則：「本島居民自祖先以來即奉為規範之慣故俗，根深蒂固，幾成為不成文法，其甚者易於我國（日本）定例，而至於有礙施政者，應予廢除，故不必論；然而如辮髮、纏

足、衣帽等，則需在一定的限制下漸收防遏之效，其他良風美俗則應繼續讓其保持以利施政。」（井出季和太，《台灣治績志》，頁 265）

也因此總督府首先確立了鴉片的漸禁政策，並旋即在 1897 年 1 月頒布【台灣阿片令】，禁止一般人民吸食鴉片。同時亦確立辮髮、纏足的漸禁政策。不過除了總督府所主張的「漸禁政策」之外，其實在當時還出現兩種不同的看法：

其一是，日本政府內部另有人認為對台灣風俗習慣應聽任其自然，勿率加干涉。

其二是，來自輿論界，他們認為將來若仍聽任成為日本國民的台籍人士辮髮漢服，實有損日本之體面，故建議立法頒布斷髮、解纏之令，此派論者並提出「移風易俗」策略，求促總督府惠台灣領導階層身先倡率，及藉由衣冠制度的改變，以達遵從日本風俗，接受日化之目的，這種採取「積進改革」的態度與作法，在當時最具代表的言論：「茲提出一移風易俗方策供當局留意，當局記頒受紳章作為表彰人士之法，吾人建議進而贈送日本禮服給獲頒紳章者，或以樸素的日本禮服賞賜國語學校的優秀學生。其既穿我國服裝，則即使不強迫其斷髮，其亦將自行斷之。現縣廳辦務屬均設有台人參事署名，若頒給其一、二套日本服裝，相信總督必可以做到。此際吾人希望當局講求移風易俗之手段，若裝成漫然大度而抱持姑息懷柔態度，必貽大患。並請官員家眷與台人望族家眷時相往來，贈予日本服裝，惠其變從日俗。」（《台灣日報》第 31 號，明治 30 年 7 月 2 日）

日本政府及輿論界對台灣的陋習，雖各持「自由放任政策」與「積極變革政策」兩種極端不同的建議，不過台灣總督府第三任總督乃木希典及第四任總督兒玉源太郎，則採取折衷的「緩慢漸進政策」。即此階段總督府對台灣風俗中的辮髮、纏足，同視為是必須革除的陋習，但其處理原則是在漸禁的基礎下，透過學校教育或報章雜誌的宣導，鼓勵台人放足斷髮；而不以嚴格取締之令，立即求得變革舊俗及外表同化之效。正因為總督府漸禁政策態度並未積極，以致當時一般台灣民眾的放足、剪辮未見熱烈響應配合。

　　雖然說第四任總督兒玉源太郎，也曾在其任內的 1903 年 3 月 15 日，於淡水館成立「台北風俗改良會」，希望能有效推動陋習的改革（張之傑，1990：166）。但經過這番熱絡的推展宣導，其成效並不如預期的好，由於這樣的結果，也促使第五任總督佐久間左馬太（其在職期間為 1906 年 4 月 11 日至 1915 年 5 月 1 日）改採強制的手段來處理台灣的陋習。換言之，就是殖民政府希望以刑罰來求取變革之效。就在此基礎之下，總督府決定以強硬的政治力加以介入，於是首先針對女性纏足的陋習，於 1911 年訂定了【保甲規約】。

　　在【保甲規約】中，不但清楚規定了罰金的處分，也道出執政當局的目的：「除蹠趾變曲無法恢復者外，未滿二十歲的纏足者均須解纏，對兒女絕不可纏足，違約者接受保甲處分之制裁，亦即是由保正、甲長審查其行為輕重，科以 100 日圓以下之罰金。以期陳年問題，且不良習俗，漸至絕跡。」（《台灣日日新報》第 3915 號，明治 44 年 5 月 18 日）

　　為落實【保甲規約】的推行，殖民政府並且在 1914 年 3 月 12 日，於台灣廳組織「風俗改良會」，藉此一併處理被視為是惡習的纏足、辮髮、鴉片等陋習的改革（張之傑，1990：187）。

　　由於這種藉由公權力的介入；以及法規明令禁止的【保甲制度】之推行，這才使得女性「放足」真正奏效。

　　相較於「女性纏足」難改的問題，日本殖民政府在推動男性剪辮的情形就顯得容易、順利許多。雖然日本殖民政府在推動男性剪辮時，並未如同「女性纏足」一樣，頒布纏足禁令，但執政者卻積極透過社會上流階層之意見領袖的影響掀起斷髮的熱潮。例如透過召集各保正、甲長、壯丁團員及紳等開會，商討斷髮之方法。

　　自 1915 年 4 月下旬，台灣全島各保甲利用「保甲制度」，全面如火如荼地展開放足斷髮運動，根據保甲會議的決議，在派出所警察監督下，區長、保正、甲長、壯丁團長等逐戶實查；以及配合活動以掀起高潮。由於成績斐然，許多地區更訂出 6 月 17 日為「斷髮放足」的最後期限，並明訂此日為「始政紀念日」（吳文星，1995：296）。

　　根據 1915 年 8 月 5 日《台灣日日新報》中一篇名為〈陋習完全破除〉的文章中，統計台北、宜蘭、桃園、台中、南投五廳斷髮者就有 727,016 人，解纏者就已有 485,825 人女性放足。此足以顯示，透過政治力的積極介入所產生的效力。

二、「經濟因素」影響之分析

　　在 1900 年代，日人在台投資規模較大的工業多以製糖為主。日人投資的新式糖廠，在日本殖民政府大力援助下，挾其雄厚資金，新式技術，從而迅速在台糖產業取得壓倒性的優勢（周憲文，1985：210-211）。

　　台灣工業直至 1914 年第一次世界大戰爆發時，仍係以製糖工業為主，當時食品工業生產價值占全台工業生產總值的 86.3%，其中砂糖產值又占食品工業產值的 79.2%，而化學工業、窯業、機械器具工業、金屬食品工業和紡織工業等的產值，全部加起來僅占工業生產總值的 8.2%（張宗漢，1980：24-27）。

　　台灣的紡織工業，從什麼時候開始發展，無從稽考。原住民同胞，在很早以前，就知道用手麻紡製成紗，編織衣物。明清之交，本省史籍中有「機房」的記載，那時所稱的「機房」，就是現在的手工紡織廠。至於使用動力的紡織工廠則始於日治時代以後。日本據台之初，無意發展台灣的紡織工業，而希望台灣成為一個農產品的供應地。為了米、糖的增產與運銷，需要大量的麻袋作為包裝之用，1902 年，日人蒐集世界各地的黃麻種子，在台試行種植，成績尚稱良好，乃積極推廣。並於 1905 年在台中縣的豐原鎮，籌設一所黃麻紡織廠，即今工礦公司豐原紡織廠的前身，從事麻袋的生產。該廠於 1907 年開工，為台灣歷史最久遠的一所紡織廠（黃金鳳，1989：280）。

　　由於日本殖民政府對台灣島內的織品紡織工業並未重視，這也使得台灣所需的織品布料，大都需要仰賴日本或中國大陸海外的進口。而其中在布料上，因為

中國大陸是台灣進口的大宗，這也使得台灣服飾的流行樣式款式，深受來自大陸的影響。故這也驗證了，在日據後期之前，台灣中式服飾其款式依循中國大陸東南地區流行的情形（台灣民眾其原鄉地）。

不過基本上，台灣民眾之間服飾的差異性，最主要還是受到個人家境經濟條件狀況的差別而不同。例如，約從 1900 年代的中期開始，一些家境環境較佳的大家族成員，其較前衛、先進接受西式觀念的年輕男士當中，從頭到腳已出現全盤西化穿著的情形。

三、「社會因素」影響之分析

台灣地區的「放足剪辮」，除了受到日本殖民政府以「政治力」方式的介入，而達到改革成效之外；其實若無民間社會的呼應，是無法如此順利達成的。

就「解放纏足」方面而言，於 1899 年 3 月 20 日由台北大稻埕中醫師黃玉階為首，結合了 40 位紳商向台北縣當局提出申請籌設「台北天然足會」組織（該會並於 1900 年 2 月 6 日獲准成立），宣傳「解纏足」運動。從此便正式開啟了台灣放足運動，由民間台籍人士所推行之具組織性團體的序幕。

受此影響，大稻埕張家女婢剪絨（14 歲），於 1900 年 3 月 1 日成為第一位放足的女性（楊碧川，1997：275）。而這種在民間所推行的「解纏足」運動，不僅在北部有以黃玉階為首的推動；在中部也有以霧峰林獻堂為核心，來推展女性解纏（賴志彰，1989：280）。

由於台灣仕紳紛紛成立解放纏足的組織與大會；以及總督府鼓勵與支持，這使得台灣各地的放足運動遂順利而熱烈的推展。為將解纏放足運動造成一股社會風氣，當時的報刊也加入勸導宣傳的工作。例如《天然足會會報》月刊於 1904年就刊載〈俗語勸解纏足歌〉十一首，說明纏足有違人性、戕害身心、不便作息、

有害衛生、違反自然及不合潮流等弊端，而強調天足的優點（《台灣慣習記事》，第四卷第二號，1904年2月，頁77-80）。

就「斷髮剪辮」方面而言，在北部由台灣日日新報記者謝汝全與大稻埕區長黃玉階，於1911年2月11日，共同發起民間「斷髮不改裝會」。該會以辮髮不合時潮、不衛生、不方便，且礙於同化，故須剪除，不過對於改穿洋服則不贊同。另外在1912年3月3日，萬華龍山寺也舉行斷髮會（張之傑，1990：183）。

在中部霧峰林獻堂於1911年4月1日斷髮，隨後在1911年4月3日，林獻堂等人召開「台灣中部剪辮會第一次會議」，推廣男性剪除辮子（賴志彰，1989：280）。在隔年的1912年4月13日，林獻堂等發起成立中部剪髮會，在台中公學校內實行第一次剪髮（張之傑，1990：183）。到了1914年10月霧峰林家更盛大的舉行「放足運動與剪辮運動」（賴志彰，1989：313）。

至此開始民間組織性斷髮運動便在全省各地熱烈展開，期間雖有部分守舊人士持反對態度加以抵抗，但不影響整個運動的推展，故在短短時日台灣社會中，上流階層及學生大都斷髮。對於斷髮運動能快速獲得響應，除了透過法令的禁止之外，另有兩項原因，其一是當時台灣社會將斷髮之舉視為是順應時勢所趨，不但象徵是一種文明進步之舉；也是一種對現代化認同的表現。其二是，當時台灣民眾藉由斷髮之勢來表達心向祖國的心意（即受到1910年之際，中國大陸因受到推翻滿清建立民國的影響之刺激，而更加促使剪辮風氣的盛行）。

四、「文化因素」影響之分析

在1896年日本總督府設立「國語學校傳習所」，這也開啟了台灣人接受日本政體的教育制度。

　　到了 1898 年 7 月 28 日，當時殖民政府，更以【第一七八號命令】公布公學校令，將「國語傳習所」改為「公學校」。自此台灣的國民教育才正式的開始。不過根據當時的調查，在 1898 年全台 74 所公學校，學生只有 7,838 人，僅及該年就讀書房學生 29,941 人的 26.2%（《台灣總督府學事年報》，1899，頁 981）。為了鼓勵台灣人就讀公學校，日人乃免費給予學生紙筆課本，甚至由教師挨家挨戶，勸導家長讓子弟就讀公學校，惟彼時一般民眾以為台灣早晚會歸還中國，故對新教育多採觀望，及事不關己的態度（吉野秀公，1927：頁 6-7），即使有少數父母願讓子女就讀公學校，但卻擔心受到其他台人報復而心存戒意，而且民間書房負責人亦極力鼓勵家長送其子弟入書房就讀，並傳言入公學校將喪失髮辮，或被帶至日本過奴隸般生活，從而造成台人家長送其子女就讀公學校的障礙。

　　由於當時台灣子弟就讀仍以中式書房為主；加上「公學校」對學生服飾並無規定，這也使得孩童的服飾，能持續維繫中式款式的樣式，得以穩定。

　　但是在 1905 年日俄戰爭結束後，台人見日本強大，意識到台灣歸還中國的希望渺茫，乃願接受日式教育，而公學校在台灣總督府公權力的大力推動下，其校舍建築及有關設備亦見充實（持地六三郎，1912：302）；加上日本政權已趨於穩定，這使得台灣子弟就讀公學校人數逐漸增加。不過當時在「公學校」就讀的男女學生，上學時服飾的穿著仍然是中式的款式。

　　然而，在 1915 年之後，台灣子弟上學穿著中式款式服飾的情形，開始有了顯著的轉變。其起因是由於在 1915 年，台灣總督府於台中設立了第一所公立中學校，學校規定學生舉凡食衣住行皆採日式，故該校學生依據日本制度，制訂男學生制服款式，即「日式西化的制服」（例如，立領、西式鈕釦）。至於在 1910 年代的女子中學的女學生，則仍著平日所穿的中式服飾（不過在 1910 年代後期，女生裙子款式為「西式裙」；著西式皮鞋，故應為中西合璧）。

　　另值得一提的是，中等學校實行穿著專屬的學生制服比公學校要早（公學校因無規定學生的穿著，所以在 1910 年代，男女學生上學仍著平日所穿的中式服飾）。

　　從以上的討論與分析我們可得知，「文化體系」中的「教育因素」，其對台灣學生孩童服飾變遷所帶來的影響是相當顯著。

第二節　日治中期的同化期（1919 年至 1937 年）

一、「政治因素」影響之分析

　　日本治台之初，因有鑑於殖民政權尚未鞏固，加上台灣居民武裝抵抗激烈，故對台灣居民的舊習均採取放任策略，甚至被總督府視為台灣社會三大陋習（「吸食鴉片」、「辮髮」、「纏足」）也抱持著不干涉的態度。

　　然而這種不干涉態度，到了第三任總督乃木希典上台後，便轉為以限制作為政策的原則。只不過是這種「限制政策」仍屬漸禁的方式。除此之外，在當時的輿論界還出現「移風易俗」策略的評論，即求促總督府頒布斷髮、解纏、著日服之令，以達遵從日本風俗，接受日化之目的。

　　但自第七任明石元二郎（在職期間：1918 年 6 月 6 日至 1919 年 10 月 26 日）在位時期，也就是第一次世界大戰剛結束之後，民主思潮與民族自決瀰漫全世界，台灣人民隨著教育的普及和社會的變遷，而逐漸覺醒。這也使得明石元二郎總督因洞察時勢所趨向，轉而採籠絡台人為策略，以謀求統治的順利。

　　到了第八任田健治郎就任台灣總督之後（在職期間：1919 年 10 月 29 日至 1923 年 9 月 2 日），他則更加積極地朝向「同化政策」方向邁進。在 1919 年 10 月 12 日，田健治郎於總督府會議室召集府內薦任以上高等及台北各機關首長，

發表其施政方針：「余於此次奉命出任總督，蒞任斯土，茲述統治方針之大綱：余以文官，袖膺重任，殊感職責深重。夫台灣乃構成日本之一部領土，雖然屬日本帝國憲法統治之版圖，不能視同英法各國之以殖民地祇為其本國政治之策源地，或經濟上利源地而論。因此，統治方針，皆以此大精神為前提，作種種經營設施，使台灣民眾成為完全之日本民臣，效忠日本朝廷，加以教化善導以涵養其對國家之義務觀念。統治方針雖然如是，而當在實地施行時，對其施行方法，須為慎重查核，勿致有誤其緩急順序為要。對於地勢、民情、言語、風俗相異之台灣民眾，如俱以實行與內地同一法律制度，勢必齟齬扞格，反招苦惱。必先致力推行教育，一面啟發其知能、德操，一面使知我朝廷撫民精神與一視同仁之聖旨，而予醇化融洽，與內地人在社會上接觸無任何逕庭，結局須為教化善導，使其到達政治上均等地步。而欲貫徹此目的，端賴官府不斷加以誘挽指導。在民眾則須忠勤互勉，而盡最善之努力。」（簡後聰，2000：265）

隨後他在 1919 年 10 月 29 日發表的就任宣言，又再次明確宣示將台灣導向「同化」的政策方向：「台灣構成帝國領土之一部分，係屬日本帝國憲法之版圖，不能視同英法各國以殖民地祇為其本國政治之策源地，或經濟利源地而論。因此，統治之方針皆以此精神為前提，從事各種經營設施，使台灣民眾成為純粹之日本臣民，效忠日本朝廷，加以教化指導，以涵養其對國家之義務觀念。」（周憲文，1985：153）

而這種高唱內地延長主義的「同化政策」（本期稱「同化政策時期」或「內地延長主義時期」）並一直延續到 1937 年，也就是在「七七事變」及「珍珠港事件」爆發之後，進入「皇民化政策時期」，才告一段落。

雖然說此階段日本殖民政府在台灣的施政方針以「同化政策」為主，要求台灣居民積極接受同化，但其實日本並未給台灣人有同等的權利與待遇，而是要求台灣人學習日本語言、文化、習慣；並放棄漢族意識與文化。

　　而同樣的，為了達到這種實質「日化」（去中國化）的目的，日本殖民政府
更藉「西化」為包裝，使得台灣民眾的服飾，產生極大的轉變。而其中最顯著的
變化原則就是，台灣居民「快速而普遍的穿著西式，以取代中式的款式」；「接受
日式款式的服飾」。以下就分別從「男士服飾」、「女性服飾」、「結婚禮服」這三
個方向而論：

1. 就男士服飾而言，因為男士紛紛剪掉辮子，而留「西式」髮型（到了 1910
   年代後期，大多數台灣男士多已把辮子剪掉）；以及頭戴西式帽情形的發
   展，「瓜皮帽」則急速地消逝。全套西式服（即襯衫、背心、西裝外套，
   再打上領帶）快速而普遍的被男士所接受（相對之下，著傳統中式服飾的
   情形則逐漸地減少）。受到日化的影響，男士也出現「日式西化的上衣」
   （立領款式西式服），當時也有少數與日本關係較密切的台灣男士穿著日
   本和服的情形。男鞋「西式皮鞋」逐漸取代「中式布鞋」，但也出現台灣
   男士穿著「日式木屐」的情形。

2. 就女性服飾而言，女裝在 1910 年後期以後也出現兩項重要的變化：其一，
   受西方服裝的影響，裙子出現顯著而重大的改變，即由傳統圍裹型的「一
   片裙」，簡化成由下往上套穿的「西式裙」（而且裙面不再出現中式傳統的
   吉祥裝飾圖案；並以簡單集合圖形取代之）。到 1920 年代以後，由於受到
   「傳統服裝不合乎時代潮流」觀念的影響，年輕女性也開始學洋裁，並改
   穿西式洋裝；同樣的，在當時上流社會家庭中，也有少數年輕女子出現穿
   和服的情形。到 1930 年代以後，台灣女性穿著西式洋裝的情形則較之前
   更加普遍。

3. 就結婚禮服而言，從 1910 年代開始之後，不再完全遵循中式傳統的禮服
   為主。新娘頭戴「鳳冠」與「紅色蓋頭」的傳統，逐漸被「白色頭紗」所
   取代（具西化形象），新娘身穿「紅袍寬裙」與配戴「雲肩與霞披」的情
   形，也隨著時間的演進逐漸消逝，並以平日的服裝取代之；新郎頭戴「瓜

皮帽」或「清代官帽」逐漸被「西式禮帽」所取代，新郎身穿「長袍馬褂」，前胸斜戴「大紅球」，或是穿著官服的情形，同樣隨著時間的演進逐漸消逝，並以「西式服」取而代之。到了 1920 年代以後，除了少數新娘還會頭戴「鳳冠」之外，絕大多數頭戴「白色頭紗」，除了少數新娘還會穿著「紅袍寬裙」戴「雲肩與霞披」，大多以平日服款式為主，然而家境富裕的新娘也會選擇穿著完全西式的白紗結婚禮服；另外新娘手拿捧花成為新的趨勢（此也具有西化的色彩）。新郎頭戴「西式禮帽」為主，至於新郎的禮服款式，除少數以中式的「台灣衫」之外，多數男士以西裝款式作為結婚禮服，而且還會手戴白手套，左胸配戴小胸花（深具西化的形象）。從 1930 年代開始，新娘全套西式新娘白紗禮服，手拿捧花的趨勢更加的普遍。大多數新郎的禮服款式，均以西裝款式作為結婚禮服，而且還會手戴白手套，左胸配戴小胸花。新娘並以西式皮鞋為主（其款式以高跟鞋與娃娃鞋為代表）；新郎多為西式皮鞋。

以上這些在服飾上朝向「西化」或「日化」變化的事實（其實是一種「去中國化」），都清楚地顯示出，台灣居民服飾普遍的改變，深受殖民政權朝向「同化政策」發展的影響，而產生重大的變遷。

二、「經濟因素」影響之分析

在「同化政策時期」，從 1920 年到 1931 年的工廠投資額來看，是逐年減少。例如，在 1920 年時為 76,500 元，1929 年降至 34,500 元，1931 年更降至 31,300 元，僅及 1920 年的 40.9%。每一工廠平均工人數，亦由 1920 年的 19.8 人降至 1929 年的 12.1 人，至 1931 年更降至 9.5 人（張宗漢，1980：28）。

1931 年時台灣工業是以食料品工業為主，當時食料品工業占全部工業產值的 76.8%，而其中又以砂糖為主（占食料品工業之 81.7%），其次為茶、鳳梨罐頭等，至於其餘各項工業亦大多是環繞著食品加工業。例如，機械工業產值中 64.4%是製糖用各種機械；金屬工業產值中 28.0%是鳳梨製罐附屬事業的鋅鐵皮；化學工業產值中 30.9%是以砂糖副產品糖蜜製造的酒精（張宗漢，1980：24-27）。

根據《台灣省 51 年來統計提要》所載，在 1932 年至 1936 年期間，台灣工業生產總值從 1932 年的 2.28 億台圓，增至 1930 年的 3.13 億台圓，增加 37.2%，平均每年增加 7.4%。此期間成長最速的產業，分別是金屬、化學、紡織、機械及器具工業，其中金屬工業增加 85.5%、化學工業增加 80.9%、紡織工業增加 80.2%、機械及器具工業增加 76.3%。就絕對值而言，1936 年時仿似食料品工業的 2.2 億台幣為最高，占當年全台工業產值的 68.0%，次為化學工業之 0.28 億台幣，占當年全台工業產值的 9.1%，其餘依次為金屬工業、製材及木製品工業、窯業及土石業、機械及器具工業、印刷及製本工業，與紡織工業。

台灣不適於棉花的種植，所以棉紡織工業發展較為遲緩。第一次世界大戰末期，遠東地區各地棉布市場，供不應求，促成日本紡織工業積極發展。由於所有產品儘量運銷中國大陸及南洋各地，無力供應台灣的需要，於是乃有台灣織布株式會社的創設，該會社即今工礦公司新豐紡織廠的前身，於 1919 年開始籌備，到 1921 年 6 月開工，而成為台灣第一所動力織布廠（黃金鳳，1989：280）。

由於這段時期台灣的紡織工業並未受重視，此階段仍舊如同前一個階段，台灣所需的織品布料，仍舊需要仰賴日本或中國大陸海外的進口。當然這也造成易於接受外來的服飾文化。即更容易接受日本（或來自日本間接的西化）、中國大陸流行服飾款式的影響。

此階段最值得一提的，就是在 1932 年 11 月 28 日，出現台灣第一家百貨公司「菊元百貨店」（遠流台灣館，2001：17）。由於這家百貨公司的落成，提供了台灣民眾有一個更好的購衣買布的賣場。

三、「社會因素」影響之分析

在此階段有關社會事件中，最值一提的就是「台灣議會設置請願運動」。這項運動，其起因要追溯自 1921 年 1 月 30 日，當時林獻堂等人向帝國議會提出「設置台灣議會請願團」，從此便展開了「台灣議會設置請願運動」（遠流台灣館，2001，頁 15）。

這項由台灣人自己所發起的民間性社會運動，其最主要的宗旨是希望能強調台灣的特殊性，而反對當時日本內地延長主義的主張。即是主張台灣民眾的一種「民族自覺」運動。在這長達十四年的期間，該請願團向帝國議會提出十五次的請願運動，簽署配合者人數逐年快速增加，引起海內外相當大的震撼（張之傑，1990：282）。

當然這項社會運動與當時日本殖民政府積極推行的「同化政策」正好互為衝突，而造成日本執政者極度的恐慌，最後在 1934 年 9 月 2 日並將此團體強制停止（楊碧川，1997：285）。

無疑的，這種強調自主性的「社會運動」，確實大大地將台灣住民的民族意識加以凝聚合一，並使得台灣民眾在民族信仰上，有一個明確而清楚的共同目標。而這種「強調台灣民眾的自覺」，也著實地反映在台灣民眾「自我形象概念」的確立。即當在面對自我穿著的態度時，不再只是一味受日本執政當局的牽引而盲目的跟從。換而言之，就是激起「以自我民族為中心的穿著意識」，並藉此有效地減緩當時日本積極在台灣推展「日化」與「去中國化」的發展，以能保留住

中式服飾的存在（這也說明了，例如在 1930 年旗袍款式之所以仍能在台灣普遍流行的原因）。故這項社會運動對台灣民眾，保有自主性的穿著，而免於快速日化，是深具意義的。

四、「文化因素」影響之分析

其實此階段日本殖民政府在台灣所推行的「同化政策」施政方針，並未給台灣人有同等的權利與待遇，而是要求台灣人學習日本語言、文化，放棄漢族意識與文化。

在這種的背景下，加上國民革命成功所帶來的激盪；中國五四運動發展的刺激；世界思潮的衝擊；以及台灣知識分子吸收西方思維等因素的交互影響下，使得台灣居民對自我前途產生了一種文化自覺。就在此條件上，直接喚起了台籍菁英分子，對自身文化形成一種自覺的意識，當時在 1920 年 1 月 11 日，於東京的台灣留學生所結成的「新民會」（遠流台灣館，2001：15）；以及在 1920 年 7 月 16 日所創刊的《台灣青年》（楊碧川，1997：285），都是最具代表的團體與刊物，如此也因而發展出台灣首次的文化運動，稱之為「新文化運動」。

此運動就在 1921 年 10 月 17 日，於台北正式成立的「台灣文化協會」之後，正式地開始展開（楊碧川，1997：277）。而之後更透過各種方式的活動在全島熱烈的推行。例如，在 1925 年 10 月 17 日全面召開台灣文化協會大會（張之傑，1990：215）。例如，在 1926 年 6 月 17 日連溫卿、王敏川、蔣渭水等舉辦台灣文化講座（張之傑，1990：166）。又例如，在 1927 年 8 月 10 日《台灣民報》正式發行（遠流台灣館，2001：16）。1929 年 3 月 29 日《台灣民報》改名為《台灣新民報》（遠流台灣館，2001：17）。

對於這種以文化自覺為基礎的「新文化運動」，其實在中心思想也同時形成出兩種心結的糾葛；即一方面，對傳統提出批判、質疑，以求得「進步」、「適應」的新局面；另一方面，卻又希望藉維護部分中國傳統文化，來作為抵抗日本同化的憑藉，而對傳統文化有所保留。以下研究者就將其歸為三大派別來加以分析：

（一）「排除傳統派」

當時台灣知識分子在新文化運動時期，鼓吹進化新思潮，努力把觀念傳播於一般民眾，即是希望激起民眾的思想啟蒙；並藉由進化的觀點，以促進民眾在行為模式上有不同於舊社會的外觀。這不僅代表進步，也代表希望，有鼓舞社會進化邁向現代化與擺脫落伍的象徵。

這種藉由強調「懷疑」與「批判」的精神，以求得「進步」、「適應」，來達成文化上的除舊布新，其較具代表的觀點言論。例如，在 1922 年出版《台灣文化協會會刊》・【台灣文化叢書】第壹號中，就曾特別登載一篇標題為〈現代新文化態度〉的短文，主張現代化的態度要有 1.懷疑的態度 2.批評的態度。並對這兩種態度做更進一步的論述：「前人對於古人延傳之制度風俗大多固守不變，以為古人之制度風俗均有利而無弊也。及新文化革新以後，吾人對古人制度風俗均有懷疑之點，於是問題生矣。究竟是為何、如何，此之問題即所謂懷疑是也。」（葉立誠，1997a：118）

「古今之制度風俗，吾人當評論其在現代有若干功用、若干價值，德國哲學家尼采為謂現代乃重新定一切價值的時代也，此即批評的態度也。」（葉立誠，1997：118）

除此之外，王敏川也批評守舊派盲目尚古時，他指出：「古人的學說變遷，至今日有適應社會，亦有不適應社會。」（葉立誠，1997a：119）

　　而這種觀點，也被用來藉以討論服飾的問題。例如，在當時新文化運動的言論報《台灣民報》中，一篇由黃周所寫的〈換新衣裳〉內容，我們就看到他對傳統中式服所做的批判：「迎新送舊，原來是同自然進化的理法。」（葉立誠，1997a：118）

　　「生於現代的人人，決不能拒絕否認社會進化的事實。然一班舊人，以墨守古制為理想，盲從典型為美德，誤認傳統舊慣為絕對真理。這種迷信，非由根本上改革不可。那班舊人所穿的是一件舊衣服，只合他們穿用。我們生活在新時代的人人，自有我們應穿的新衣服，焉得認穿其舊套呢？」（葉立誠，1997a：118）

　　「若是依然因襲祖父傳來的舊套，則我們社會就不能進步，而永遠居於人後了。」（葉立誠，1997a：118）

　　從黃周這篇文章進一步探究，我們可看出這一篇雖然是以穿衣為喻，但卻是從進步和適應的觀點來加以闡述揚棄傳統的重要。此可見衣服對文化有著特殊意義，而西服也在這種因素下形成出「進步」的內在意義。因為處於時代轉變的輪軸時，當思想進化的同時，人們更希望在外觀有嶄新的面貌，因此與舊禮俗舊思想有關係的事物，都會在人們企求下改革，故對不合乎時代要求的裝扮，也會在革新浪聲之中漸被破除，並再賦予新風貌。

　　由此可知，台灣民眾當時在面對外來新審美觀的輸入時，也是因為正處於時代轉換，其一切制度均在革新的風氣之下，而有改變的條件，因此對西式服飾的接受力呈現出良好吸收能力。

（二）「維持傳統派」

　　除了從上述看出，新文化運動對傳統文化所提出的批判之外，其實新文化運動為了對日化現象給予抵制，而融入了一些傳統文化，故也因而終衍生出一種屬於台灣人所特有的文化。即藉由維護部分中國傳統文化，來作為抵抗日本同化的

憑藉，而對傳統文化有所保留。例如，黃呈聰就撰寫〈應該著創設台灣特種的文化〉一文，公開反對日本文化同化政策。他明白指出：「台灣自割讓以來，移入日本的文化特質很多。過去台灣當局採用同化的方針要將日本物質文化移植於台灣，對於各地極力獎勵，如交通的整備、衛生的設施、產業的開發、這是有益於民眾生活，我也是很贊成的。但是像日本式地名的改正、國語的強制、日本式衣食住的獎勵、漢文的限制、學術研究的束縛等……這是不利於民眾的生活，阻礙文化的進展了。凡文化是要順其自然的普遍性，不是可以政策來強制的東西，倘使不適合民眾的實生活，雖是強制，結局是難得達其目的，此徵於過去的史蹟可以明白的。」

　　新文化運動人士的文化民族主義色彩，也顯現出對中國傳統文化依戀的情感。例如，重要領導人物之一的蔡惠如，於其在〈祝台灣民報創刊〉一文中，因學習漢文之台民越來越少，而有如下之呼籲：「我們台灣的人種，豈不是四千年來皇帝的子孫嗎？堂堂皇皇漢民族為什麼不懂自家的文字呢……因為台灣當局的政策，學堂裡不肯教學生的漢文……噫！我們最親愛的台灣兄弟，快快醒來！漢文的種子既然要斷絕了，我們數千年的固有文化，自然亦就無從研究了。連我們自己的民族觀念都消滅了……趕緊想個法子，去補救漢文的一線生機。使風燈上頭的種子，永久不滅，就是保存我們固有文化，振興我們漢民族的觀念。」（黃呈聰，1925：119-120）

　　其實這種對漢人固有文化存亡的關懷，也被當作反對抵抗日本文化同化的重要憑藉，這一點我們也可從施至善於其〈台灣青年的覺醒論〉一文中得知，他認為台民本屬優秀，非他族所可比擬，人口稀少、文化不高的民族，同化或許可能。台灣漢人為多數民族，又兼具四千餘年固有文化，根本不可能為日人同化。若勉強進行，將屬徒勞無功。

（三）「調和派」

在文化民族主義的影響下，新文化運動人士對傳統中國文化有相當的情感依戀，加上為對抗日人的文化同化主義，對固有文化勢必不致輕言放棄，再加上新文化運動以創造「台灣特種文化」為目標的自覺，故對批判傳統引進新思想以提昇文化水準之際，自然不易發展出全面反傳統的態度。即是強調吸收世界文化並融入傳統固有文化，而發展出具一套自我文化特色。

這種看法的代表，例如於前文曾提及的〈應該著創設台灣特種的文化〉一文中，黃呈聰於該文之後，繼續在「吸收外來優秀文化和固有文化的調和」的基礎下，提出「創造台灣特種文化」的論點：「這特種文化是適合台灣自然的環境，如地勢、氣候、風土、人口、產業、社會制度、風俗習慣等……不是盲目的可以模仿高等的文化，能創造建設特種的文化始能發揮台灣的特性，促使社會的文化向上。」黃呈聰也主張：「舊文化如無益於社會的生活上，應該要除去或是改造才是了。若是有益於生活上的文化，就要保存促進。」又黃呈聰一方面肯定固有文化，主張應吸收外來優秀文化和固有文化調和，以建設「台灣特有文化」；另一面又指出：「從來我們的文化，雖是數千年創造所結晶的，然在今日的國際生活上，難免也有遲乎時勢的舊文化。」（黃呈聰，1925：119-120）

又陳逢源也提出相同的看法，甚至他更進一步主張台灣青年若要改造台灣社會，促進台灣文化，必須：「發展文化應基於吾人因應特殊情況而產生固有文化，來吸收世界文化，以開創獨特之新文化。」（黃呈聰，1925：118）

「常重過去之經驗，察現在之境遇，而樹將來之理想。」（黃呈聰，1925：119）

「不頑守於過去，不偏執於現在，思進步於將來。」（黃呈聰，1925：119-120）

　　換言之，他主張建設新文化，應基於吾人因應特殊情境而產生之固有文化，來吸收世界文化，更特別強調應尊重固有文化中有益吾人現代生活之部分。

　　又林呈祿於其〈新時代處台灣青年覺悟〉一文中，提及台灣的傳統文化中，不但有善良風俗，而且也有種種因襲的陋習。他也認為台灣固有的善良風習，自然應加以保存，但有害無益之種種陋習，則該早日去除。

　　又陳逢源更認為：「漢人固有文化和外來均同樣含有益吾人生活之部分。」（黃呈聰，1925：119）

　　又呂婉村則認為：「古來的風俗未盡惡，外來的風俗未必進善。」（黃呈聰，1925：119-120）

　　又章我軍也認為：「世間是沒有絕對的好，也沒有絕對的壞，東洋文明有東洋文明的好處，而西洋文明也有他的好處。」（黃呈聰，1925：119-120）

　　又陳射鵠在批判守舊思想之際，他也提及不認為：「舊慣舊物萬皆壞的，新款的事物件件都善美。」（黃呈聰，1925：119-120）

　　又王敏川主張新舊取捨一決於適應時代與否。至於傳統道德，如仁愛的觀念，應再予尊重，來發揮台民的長處。

　　從上述「調和派」的引述可知，新文化運動推動者為引進新思潮創造新文化，對傳統雖加以批判拒斥，但其態度一般較為溫和，反傳統的型態是部分的、選擇性的、非盲目的。此和中國大陸的「五四新文化運動」，是情緒的、極端的、整體性的反傳統，迥然不同。換而言知，大部分台灣新文化運動的推動者，大都認為傳統文化是優劣兼具、不能一概而論，他們認為傳統既然有優劣之分或有能否適應時代之別，因此反傳統自然以傳統中的「缺點」，或不合時代之部分為批判與攻擊的焦點，而不致將傳統看成單一的整體，全盤地予以否定。由於新文化運動推動者認為傳統中是優劣兼具的，故對傳統之取捨也採取去無存菁的選擇性態度，主張祛除傳統中之「缺點」或不合時代需要之部分，而將傳統中之「優點」或合於時代要求之部分予以保存。即他們對傳統內涵優劣有所取捨，主張對傳統

應採取去蕪存菁；並認為該吸取西方優良的文化，以導引出一種具特色的「台灣新文化」。

　　當然不論是哪個派別，新文化運動推動者的言論，其理論基礎的根源是受於「社會達爾文主義」（Social Darwinism）中所強調之「優勝劣敗」、「適應」和「進步」的觀點，作為改革的基石。不過受之於日化的壓力，新文化運動推動者，對「優勝劣敗」、「適應」和「進步」的認知，形成一種獨創性的詮釋。即「對傳統文化非全盤性的否定，而是有選擇性的保留」，簡言之就是「其取捨之間的抉擇，應視對適應是否有所傷害為原則」。這種思考模式不但提供了新文化運動在推行上有所依據；也為當時服飾所出現之多元化的複雜性，奠定了包容與接受的基礎。

　　縱觀新文化運動時期，從 1920 年到 1932 年這十多年的發展運作，無疑的對台灣的思想價值確實造成極深遠的影響。例如我們從留存至今的傳世老照片看出，在 1920 年代至 1930 年代初，成人男性的穿著以「中式服」、「西式服」與「中西合璧」三種款式為主。而其中男士更較之前普遍地選擇西式服裝，特別是男性結婚禮服式樣，普遍採西服為主，並搭配西式帽。至於女性服飾在這十多年的款式上主流，不論是 20 年代所流行的喇叭袖型短上衣搭配裙子；或是 30 年代所流行的單件式「旗袍」，可說都屬於中式的款式。而女性結婚禮服，一般大都以該時所流行的中式服飾作為款式，不過頭上卻戴象徵西化的白紗而取代傳統中式的鳳冠頭飾，成為中西合璧的結婚禮服。（雖然從 20 年代至 30 年代初期，已出現台籍女性著西式白紗的結婚禮服現象，但仍未普及。）

　　對於這種衣飾文化所呈現的「異質性組合」，正好表現出東西文化在衝擊之下過渡的反應。

　　當然在 1920、30 年代由台灣本土菁英為主所推行的「新文化運動」。其形成有著特殊的時代背景作為條件基礎。一方面受到日趨壓力的日化，再加上世界思潮啟蒙的影響，這都促使台籍知識分子在面對「日化」與「反日化」、「傳統」與

「現代」、「新」與「舊」、「東方」與「西方」、「中國」與「台灣」這些複雜問題的交會衝擊下，而歸結出一套台灣人對自身前途的文化自覺。

而且新文化運動的推動者，以「社會達爾文主義」所強調之「優勝劣敗」、「適應」和「進步」作違反傳統的理論基礎，此為服飾西化提供一處發展生機，但在另一方面，推動者又基於借重保留傳統文化，以作為抵抗日化的依據。此也讓中式傳統服飾有存在的條件。綜合而論，由於這種對傳統文化所採取的非全盤否定的立場，故而提供當時台灣在衣飾文化的發展，能共容「中式」、「西式」、「中西合璧」等三種不同款式的空間。同樣這對當時雖然是處在日本執政的局面，於政策上又積極推展日化的情形之下，但卻未造成台灣的服飾普遍形成日化現象，新文化運動對服飾文化發展可以說扮演著很重要的影響角色。

此階段在「文化體系方面」，除了受到「新文化運動」對台灣服飾變遷帶來重大影響之外；另外受到「教育制度發展的變易」，也同樣深切的影響台灣學生與年輕人在當時（以及日後）服裝意識態度的建立。

在本階段中，日本殖民政府政策的大方向，由之前的「綏撫」轉變為「同化」，為了能因應這項殖民政策的轉變，台灣總督府於是在 1922 年 2 月 6 日修正【台灣教育令】，除了普通學校、公學校之外，所有學校依據日本內地學制實施（遠流台灣館，2001：15）。並且在 1922 年 4 月 1 日，特別以勒令第二十號，頒布【台灣教育令】，開始實施「日台共學制」（遠流台灣館，2001：15），即是廢除台灣學生與日本學生的差別教育（除初等教育外，與日本內地制度無大差異。中等以上學校，在原則上全部為共學制度）。自此開始，不但確立了台灣教育的根本方針，也統一了台灣的學制。當然，就在此基礎之下，全體學生的制服模式也因而形成。換言之，在台灣學生制服方面，不論是衣服、鞋子、帽子、書包等都有一定的式樣，並且以日本為本，而全面一改之前以「台灣服」為學生制服的情形。

受到教育同化的影響，從 1920 年代中期開始之後，公學校的男生開始著「日式西化」的學生服。中學校女生也從 1920 年代開始穿著「日式西化」的學生服。

這些制服的「日式西化」說穿了，就是日本殖民政府，希望透過日式教育，使得
台灣年輕學子「同化」成為日本人，即藉由教育方式欲圖達到，「消滅台人固有
文化的信仰，並建立起具有大和文化意識的新世代子民」。

到了 1930 年代，學生制服更趨於完備，一切均以日本為本（即都是「日式
西化」的學生服），至於中式學生服的情形則已不復見。

當然受此影響，年輕學子在透過學校的日式教育，以及形貌制服的「日式西
化」洗禮下，確實對台灣年輕子弟「去中國化意識」的建立，帶來深厚而直接的
影響，此也因而造成年輕人更樂於普遍地接受「西式服」的發展。

第三節　日治後期的皇民化期（1937 年至 1945 年）

一、「政治因素」影響之分析

日本殖民政府始自 1937 年開始便一改之前的「同化主義殖民政策」，而採取
「皇民化殖民政策」。基本上，台灣殖民政府在「同化政策時期」（1919 年至 1937
年），其方針是「教育同化、經濟同化、但是政治不同化」作為目標。然而在「皇
民化政策時期」（1937 年至 1945 年），則是以更積極性、強迫性、全面性的高壓
同化政策，以達台籍居民效忠日本來作為目的。

針對「皇民化」一詞的起源，根據日人鷲巢敦哉在其 1943 年所出版的《台
灣統治回顧談》一書中曾提到：「皇民化一詞如何產生，雖為深入研究，但吾人

相信當非出自官廳之公文或當政者之口。新聞記者在碰到各種問題時，常提出新詞彙，因此這可能是新聞記者所創造的語詞。」（鷲巢敦哉，1943：339）

　　另外日人江間常吉也曾在其 1939 年所著的《皇民化運動》一書裡提及：「關於以前有無皇民化這種說法，吾人並無詳卻資料，從文教局每年所發行的書刊《台灣的社會教育》來看，至昭和十二年（西元 1937 年）為止未見皇民化之用語。」（江間常吉與白井朝吉，1939：10）

　　有關「皇民化運動」，之所以成為日本殖民政府對台殖民的政策方針，其起因要追溯自 1937 年中日戰爭爆發，日本進入戰時體制，對台灣的漢民族懷有極深的恐懼感，為「拉開台灣與中國關係而能與日本結合，以穩定殖民秩序」之目標，於是展開「皇民化運動」，如此才有台灣總督小林躋造在 1939 年 5 月 19 日發表以「工業化、皇民化與南進基地化」作為政治口號（遠流台灣館，2001：18）。

　　仔細分析以「皇民化」作為日本殖民台灣第三階段政策的大方向，其並非一時杜撰而來的，實因為當時日本軍部擬將中日戰爭推展至太平洋的國策，亦即近衛內閣準備戰爭的國策。因為在 1937 年 7 月 7 日，日本對中國發動蘆溝橋事件，中日爆發全面戰爭，日軍旋於 28 日在中國華北展開總攻擊。日本近衛文磨內閣復於 8 月閣議，決定國民精神總動員實施綱要。受此影響台灣總督府總務長官森岡二郎也立即在 1938 年 3 月 31 日公布【國家總動員法】（張之傑，1990：258）。就皇民化發表聲明，而要將皇民化滲透至島民生活的每一細節，俾作為實現台已一體之轉機，且擬利用中日戰爭的爆發，「將使台灣全島更接近皇國民化」。同樣的這也是首次出現於殖民政府的最高機構，將「皇民化」納為施政的方針，而成為奠定總督推展「皇民化運動」政策的基礎。繼之於後，森岡二郎也在 1937 年 10 月 2 日，於台北廣播電台的演講中，明確提及「所謂皇民化運動，就是使島人成為真正日本人的運動」（森剛二郎，〈時局下的台灣〉，《台灣時報》，1937 年 11 月）。到了 1941 年 4 月 19 日，總督府正式成立了「皇民奉公會」，並由台灣總督擔任總裁，以積極推展「皇民化運動」（遠流台灣館，2001，18）。更則到了

1944年1月20日，總督府進一步公布「皇民練成所規則」加強皇民化運動（張之傑，1990：268）。

至於何謂「皇民化精神」？我們似乎也可藉由日人竹內清在1939年於其《事變　台灣人》一書中所言知曉：「『皇民化』是指『日本人化』」、「真正的意思是『要台灣人成為忠良的日本人』。」亦即是：「皇民化是要求生活在台灣的漢民族、高山族都同化為日本人，而且，不僅在外表的生活習慣、宗教信仰、語言文字與姓名要日本化，更要求內在精神、思想方面效忠日本政府，崇拜天皇。」（竹內清，1939：136）

另外，我們根據日人江間常吉與白井朝吉，於其所著的《皇民化運動》一書中，也可以清楚瞭解到日本殖民政府所推行的「皇民化運動」理念：「所謂皇民化則是針對皇國領有的新皇土之人民，皇國對於成為新皇民的人們，以肇國之大義，在領有的同時，就要使『大御寶』的民眾，同化到與有史以來的國民完全沒有差別為止。這是天皇愛民的顯現。因此，皇民化是針對新成為皇民之民眾。不久支那四億之民也將同浴皇化，東洋將成為東洋民族永久理想鄉，但這四億之民無法成為皇民。新附之民一躍而得以成為皇民，應該儘速透過皇國的國史，知曉肇國之大義，體會皇道精神，自己掃除向來的生活樣式、舊慣，發起自發的運動，徹頭徹尾同化為皇國民。這運動稱為：皇民化運動。」（江間常吉與白井朝吉，1939：82-84）

故而言之，日本殖民政府在台灣所推行的「皇民化運動」，是要以高壓的思想控制，來求台灣人從外表到內心徹底變為日本人，以求利於其奴化政策的推行作為目的。

為了有效推展日本化，日本殖民政府也從1937年開始實施「國語家庭」制度。而所謂「國語家庭」其條件首先是要全家人都使用日語（未滿四歲及十六歲以上者除外），並且過著「皇民化」生活，內容包括奉祀神宮大麻（拜日本天皇先天照大神）、改善廳堂（廢棄傳統信仰）、改穿和服或國民服。

　　除了有「國語家庭」制度的實施，另外日本殖民政府也成立推行教化運動的機構，其中對服飾的改善，也出現風俗同化的組織，要求台灣民眾改良服飾，並且獎勵穿和服、國民服。這直接促使了在 1940 年 2 月由「國民精神總動員」台北州支部發起的「本島婦女服的改善運動」。其宗旨明確指出：「……本次事變（二次大戰）為契機，本島的皇民化運動，有顯著的高昂趨勢。因國民精神總動員運動的實施，舉國一致，盡忠報國，堅忍不拔的精神振作，有更加熱烈而強有力之感。皇民化運動旨意為要求所有的本島人（閩、粵）培養物心全面的皇民意識。過去他們穿中式服裝的生活中，不知不覺養成了其原本的國民意識及感情，這種現象與皇民化運動是不相容的，因而有必要加以適當的指導。本島男人穿著的中式服裝的鈕釦，經過州（縣府）的指導，已從傳統布製的鈕釦，但女人的服裝遲久不改，尤其中年以上的婦女還一直保留傳統而無意改善。這種情形，實在與皇民化運動的施行背道而馳。」（林成子，1981：111）

　　為了實行政策，有關單位首先調查了台灣婦女們對改善運動的意見，並舉納出六項建議如下：

1. 保留衣服的右開襟（即鈕釦在右側邊的大襟）。

2. 衣服的長度要長。

3. 不要套頭式。

4. 袖子寬度可以改窄，但領口不要開太大。

5. 袖子要保持寬大。

6. 本省傳統服的裁剪簡單，不必使用紙型即可直接裁剪，用料也很節省，只需衣長的兩倍。希望這點能被納入考慮。（林成子，1981：111）

　　結果有關單位，把傳統服修改為中西合璧的服式，並規定新製的衣服式樣如下：

1. 長衫：原有的長度改短 15-20 公分，開叉處加上一塊打三個摺的襬布；豎式領子改為摺平式的西式領、腰上要繫一條腰帶。

2. 短衫：衣身的寬大較縮小，長度改短，豎式領子改為西式的摺平式領子。

3. 工作服：規定長、短兩種褲裝，上衣則為西式連袖短襯衫。（林成子，1981：111-112）

此外，日本殖民政府也規定戰時簡便的男女服式，男用服有國民服甲、乙兩種，均係軍服型態，女用服則為短上衣配燈籠褲等（林成子，1981：112）。

從上述可知，日本殖民政府相信服飾的改變不僅是在外表上達到皇民化，甚至可透過穿著日式「改良服」、「國民服」、「軍服」來培養日本國民的意識。因此，一方面要台灣人放棄傳統服式，擺脫與中國文化之關係，一方面鼓勵台灣人穿和服或西式服裝。

對於日本所推行的「服飾改善運動」其反應如何？我們可以根據日人中村哲在 1941 年於《台灣時報》雜誌中，以〈文化政策皇民化問題〉一文，他在談到服裝問題時認為：「捨棄活動上較方便的台灣服相當困難。如果和服非常便利，人民自會穿用，然而和服確是價格昂貴又極不方便。將台灣女裝改為洋裝尚有可能，獎勵和服則毫無意義。」（中村哲，1941：11）

另外，隨著中日戰爭的開始，日本殖民當局也展開徵召台灣青年充當軍夫的政策。在 1942 年 4 月 1 日第一批台灣陸軍志願兵入伍（遠流台灣館，2001：18）。到了 1944 年台灣人被徵為義務兵，一共有 207,183 名的軍人及軍屬（楊碧川，1997：271）。更則到了 1945 年 1 月，日本殖民更進一步實施徵兵制，當時進行兵役體檢，其受檢人數總計 45,726 人，而大部分人均以現役兵入伍（台灣總督府，1945：72-73）。根據日本政府厚生省發表的資料顯示，日本殖民政府在台徵調 20.7 萬台灣青年入伍，其中軍人 8 萬、軍屬軍夫 12.7 萬（黃英哲，1989：186）。然而根據台灣省行政長官公署統計室，所彙編的《台灣省 51 年來統計提要》，得

知 1942 年時 17-24 歲的台灣青年男子卻僅 40 萬人。故可推知當時約有半數的台灣青年男子被徵召入伍。

就台灣服裝發展而言，在當時這些受徵召入伍，充當日本軍夫的台灣青年，他們皆著日軍服，此對台灣服飾的現象，無疑的確實是帶來極大的改變。

綜合而言，對於日本殖民政府在日據後期施政時，為了有利於其殖民台灣的目的，所推行的風俗習慣皇民化改革運動，在服式方面，也曾要求台灣人放棄原有服飾，並鼓勵改穿具有日本同化符號象徵的和服與國民服，以培養日本國民之精神；除此之外，在皇民化中實施徵調台灣男士當兵的政策，並讓這些台灣男士穿著日式軍服，也更加深台灣男士日化的發展。當然以上種種都說明了，日本在殖民台灣時期，其欲圖運用「計畫性政治力」來促成服飾文化改變的事實。

二、「經濟因素」影響之分析

在戰時日本的經濟體制，主要是為了適應戰事發展，因而採行戰時經濟體制，而台灣自不例外。首先在 1938 年 4 月，日本公布國家總動員法，制定生產力擴充計畫與物資動員計畫，全面擴增日本及其所占我國東北與台灣等地的生產力，以滿足戰時日軍所需（張宗漢，1980：84）。

從日本殖民政府確定南進政策，侵略中國和太平洋地區後，台灣成為其跳板，原來為日本提供米、糖的經濟政策，也改為以軍需產業為重點的工業化。1941年 10 月，長谷清川總督召開「臨時經濟審議會」，確立以發展煉鋁為重點的電氣化學等工業。此時日本不少新興財閥如日產、日曹、鐘淵、東洋等先後到台灣，投資於化學、肥料、水泥、重工業。這使得台灣現代產業完全被日本資本控制。

至於在日據時代，想要在台灣開設織布工廠，不是一件容易的事。因為日本政府不但不給予扶持，反而多方阻礙。所以織布工廠的經營是相當困難的，我們

也可從當時工廠增加的數量上得到瞭解：從 1920 年到 1945 年約二十年間，台灣動力織布廠的增加數量，不過十三家，平均一年增加不到一家（台灣織布廠在國民政府接收以前，詳細增加情形如下：1926 年以前一家，1931 年以前二家，1936 年以前五家，1941 年以前七家，1945 年以前十四家）（黃金鳳，1989：12）。

由於日據時期殖民政府對台灣紡織工業的抑制，這使得台灣紡織工業在整個工業生產中，居於弱勢的地位。台灣要遲至 1940 年代才成立第一家棉紡廠。

雖然說，日本殖民政府為擴大其軍事侵略，而全力擴增生產，這使得台灣工業生產總值從 1937 年的 3.6 億台圓，增至 1941 年 6.6 億台圓，增加 81.4%，較戰前（1932-36）的 37.2%成長率高出 2.2 倍（周憲文，1980：524-525）。不過相較之下的民生消費的發展則是受抑止的。例如，在 1940 年 7 月 30 日總督府就實施「奢侈品等製造販賣限制規則」（張之傑，1990：261）。

由於台灣民眾在戰時生活是相當拮据清苦的，這也使得服飾發展受經濟因素的影響，而較前階段時期更顯得簡樸、清寒。

三、「社會因素」影響之分析

事實上，日本殖民政府在台灣推行的「皇民化」，是希望對台灣居民，從物與心兩面，徹底去除從前的思想信仰物質等狀態，而使得台灣人民自動地更改以往生活方式與舊有風俗習慣，並完完全全成為日本皇國的土地與居民。

就社會的層面而言，日本在「皇民化政策」上也出現具體的措施，包括廢止報紙漢文欄、中止台語廣播、強制推廣日語、更改姓名、燒燬祖先牌位、奉祀神宮大麻、廢毀寺廟、建造神社、遙拜皇居、禁過舊曆新年、禁演台灣戲劇（如布袋戲與歌仔戲）、至初等教育義務化、日語常用強化、習俗日本化（如穿木屐和服及使用榻榻米）等，範圍相當廣泛。這些措施說穿了都是強迫台灣人民，在生

活方式上放棄漢民族固有的傳統，而一切社會活動均以日本模式為準。即是讓全體台灣民眾的生活模式，培育出一套深具日化的「社會意識」與「社會價值」。

受此影響，使得台灣民眾更自然而普遍地接受日式服飾（例如，日式木屐的普遍）；或是放棄中式的服飾（例如，著旗袍、台灣衫、長袍馬褂的人數相對減少）。

四、「文化因素」影響之分析

自第十七任小林躋造至十九任安藤利吉，約九年時間。因日本發動侵華戰爭和太平洋戰爭，國力消耗過鉅，需要台灣人民全面協助，故由同化政策跨前一步，推行「皇民化運動」，強迫台灣人民，在生活方式上放棄漢民族固有的傳統，常用日語，改用日式姓名，衣食住完全日化，以支持日本當局。

皇民化運動大致可分為「國民精神總動員」（1937-1940）和「皇民奉公運動」（1941-1945）兩個時期。前期通過舉辦各種活動，企圖從思想上消除台灣人民的中國觀念。後期在徹底落實日本皇國思想，驅使台灣人為日本盡忠。忠君（天皇）愛國（日本）為核心內容。

在文化政策方面，為了落實台灣人做日本國民，效忠日本天皇，而出現三項重大措施，以順利推行「皇民化運動」：

1. 推行國語運動、嚴禁講台語。「國語」在當時指日語；國語運動的終極目標在使所有的台灣人都能講日語。殖民政府為推行日語，針對教育程度低或失學的人口。在各地設立校外的日語講習所；以高教育階層為對象，則有所謂的「國語家庭」的表揚、獎勵辦法。國語運動在性質上具強烈的排它性，壓抑、甚且禁止方言（閩南語、客家話、原住民諸語言）。推行的結果是，能講日語的人口大量增加，根據統計，1940 年台灣「解日語者」

高達百分之五十一（實際情況或應打大折扣）。「國語家庭」據估計，或許占全戶數的百分之一左右（周婉窈，2001：165-166）。根據昭和十七年度《台灣的社會教育》中「日語普及率統計表」統計，1937 年日語普及率為 37.8%，1940 年為 53.9%，1941 年為 57.02%，1942 年為 58.02%，可知其成效。

2. 宗教、社會風俗改革。砍燒人民家中的祖先牌位和神像，強制大家穿和服到神社參拜。宗教改革的最終目標，在於以日本國家神道取代台灣固有的宗教信仰。在做法上，雙管齊下，一方面提倡日本神道，一方面壓抑民間宗教。在皇民化時期，台灣的神社數目急遽增加，台灣一半以上的神社是在這段時間興建的。在日常生活中，殖民當局強制台灣人在家裡奉祀神宮大麻。所謂神宮大麻就是祭祀天照大神的伊勢神宮對外頒布的神符。雖然很多台灣人家庭領到大麻，但真正祭拜的可能非常少。另外，公家機關也動員台灣人參拜神社。殖民當局壓抑民間宗教最激烈的政策是「寺廟整理」，企圖透過地方寺廟的整理與裁併，達到消滅民間宗教的目的。這個政策雖然因強烈的反對聲浪而中止，但經過這一番「整理」，台灣寺廟齋堂的數目大為減少。宗教的改革可以說只有表面的優勢，神道信仰在台灣是「船過水無痕」，沒留下什麼影響。社會風俗方面，殖民當局致力於改革民間結婚與喪葬等「陋俗」，鼓勵台灣人採取日本式儀式。例如，所謂的「神前結婚」就是神道婚禮（周婉窈，2001：166-168）。

3. 改姓名。原本日本殖民政府並不鼓勵台灣民眾取日本名，但是為了使台灣民眾成為皇民，於是在 1940 年 2 月 11 日頒布【台人更改日式姓名辦法】，總務長森岡准許台灣人改換日本姓名（張之傑，1990：261）。在 1940 年 11 月 25 日總督府公布「台籍民改日姓名促進要綱」（張之傑，1990：261）。在 1944 年 1 月 24 日總督府簡化手續，鼓勵台灣人改換日本姓名（張之傑，1990：268）。要求台灣人改日本姓名，改姓名者，給與較佳物資配給、就

學就業的明顯優厚。根據昭和 19 年 1 月 24 日《台灣日日新報》第二版中「台灣人改姓名統計表」統計，在 1940 年改姓名人數 6,549 人；1941 年 65,236 人；1942 年 25,966 人；1943 年 28,460 人。

日本殖民政府所推動的「風俗習慣皇民化」。簡而言之，就是日本殖民政府企圖徹底改變台灣人之傳統文化為日本文化；消滅台灣人的漢族意識。即是要強迫改變台灣人的思想信仰、語文娛樂、婚喪喜慶、衣食住行等風俗習慣，一切都要以日本文化作為基準。

無疑的，日本殖民政府在台灣所推行的皇民化運動中，他們強迫台灣籍居民廢除中式傳統服式而鼓勵穿著和服、國民服可知其用意，是期望藉由外在穿著來培養內在的日本國民意識，這種政治目的是相當不同於日據初期「綏撫政策」時期（1895 年至 1919 年），在服飾上為改善陋習所推展之「剪辮放足」運動。也不同於「同化政策時期」（1919 年至 1937 年），其方針是「教育同化、經濟同化、但是政治不同化」作為目標。而是一種形式主義的日本文化同化政策。

至於「文化體系」中扮演相當重要地位的教育，在日據末期（1937-45），殖民政府對台灣初等教育制度有兩項改革，首先是在 1941 年 3 月修改台灣教育令，與日本本土同步實行國民學校令，並依該令將台灣所有小學校與公學校改稱為「國民學校」。並且在 1941 年 4 月 1 日正式廢除小學校、公學校，一律改稱「國民學校」（遠流台灣館，2001：18）。

台灣總督府總務長官解釋當時實施國民教育的原因係「鑑於皇國在東亞及世界的地位與使命，必須確立獨自的教育體制，此教育體制的目的在於統合以往的教材，使修鍊皇國之道歸一，以培養國民之基礎，從而扶翼皇運，培育下一代的大國民。」（何義麟，1986：50）至於台灣「廢除原有小學校公學校之分，而同時改為國民學校，使內台人都變成皇國民的大目標更向前邁進，這是本島初等教育極大的進步，此項措施比內地具有更深一層的意義。」（何義麟，1986：50）

當然在此基礎下，台灣學生制服完全地接受「日式西化」的款式，其不論是衣服、鞋子、帽子、書包等，一切式樣都以日本為本，而日本殖民政府期望透過教育方式，來達到「去中國化」的企圖，也可以說完全得到落實。

第四節　光復之初的轉折期（1945 年至 1959 年）

一、「政治體系」影響之分析

1945 年 8 月 15 日中午，日本天皇裕仁接受「波茨坦宣言」，並透過廣播，宣布無條件投降（中國時報，1995：14）。同年 10 月 17 日上午 11 時，首批國民政府軍隊抵達基隆港。緊接在 10 月 25 日上午，於台北市中山堂舉行中國戰區台灣省受降典禮，當日 10 點正，由國民政府受降官宣布：「台灣日軍業於中華民國 34 年 9 月 9 日在南京投降，本官奉中國陸軍總司令何轉奉中國戰區最高統帥蔣之命令，為台灣受降主官，茲以第一號命令交與日本台灣總督兼第十方面軍官安藤利吉將軍受領，希即遵照辦理。」（葉立誠，1997b：120）

緊接，受降官宣布：「台灣、澎湖正式重入我國版圖，一切主權重歸中華民國政府。」（葉立誠，1997b：120）

至此，台灣地區總算正式結束了自 1895 年以來，長達五十年又四個月被日本殖民統治的局面，而重回中華民國的版圖之中。到了 1946 年元月 13 日，國民政府更進一步追溯宣布：

「台灣同胞（包括漢民族和山地同胞），原本就是我國國民，因為受到異族的侵略，被日本人統治了半個世紀之久，以致喪失了我國的國籍，現在台灣已經光復了，從民國 34 年 10 月 25 日起，一律恢復我國國籍。」（葉立誠，1997b：120）

無疑的，這項官方的宣布，除了解除台灣同胞在日據時期被殖民的處境地位之外，也確立了台灣居民所具有之中華民國國民的身分。

在台灣光復的 1945 年到 1959 年，我們可以將它分為二個階段：第一階段是 1945 年台灣光復至 1949 年國民中央政府撤退來台之前。第二階段是 1949 年國民中央政府撤退來台至 1959 年。

在第一個階段，對台灣居民而言，這是個極具轉折的四年，首先台灣民眾所面對的是政體的轉移；以及面臨的是一個新的、未知的時代之到來。雖然在當時因政權的轉移，局勢出現了真空狀態，不過全省的台灣民眾，對於回歸祖國仍是以歡欣鼓舞的心情來迎接，甚至有許多台灣女性，在物質嚴重缺乏條件之下，仍然把嫁妝衣服修改成旗袍，以表達對祖國的認同。然而到了 1947 年在震驚台灣的二二八事件爆發之後，「本省籍」與「外省籍」造成對立情結，形成省籍間的鴻溝，這也使得台灣婦女穿著旗袍情形，頓時減少許多。

台灣在重回中國政權之後，中央國民政府也相當在意之前日本殖民所留下來的「日本遺風」，希望透過政治力將所遺留下的日本文化習慣予以革除與取締，以能快速「去日本化」並回復「中國化」。同樣的，這種想法也反映在服飾的項目之中。其最具代表就是在 1946 年 10 月 19 日，國民政府當局申令禁止學生在校穿木屐（中國時報，1995：22）。

在第二階段，由於 1949 年國民政府因大陸的失守、淪陷而播遷來台。旋即在 12 月 9 日之時，中央行政院也遷徙到台北辦公，自此台灣就正式進入到另一個階段的開始。而隨國民政府，自中國大陸各省來台定居的「新移民」高達 150 萬人以上。此與先前移民的「老移民」成 1：4 的比例。由於這種人口結構的改

變，直接影響台灣地區服飾的發展，扭轉了台灣地區稍早的服飾形制。這種轉變首先是大批國軍的來台（約 50 萬的國軍官兵），所以處處可看到著軍服的現象，而且此種情況也持續有一段很長的時間。當然所謂的「外省人」著軍服的情形，與所謂的「本省籍」男士平時所穿著的「日式木屐」，似乎形成有趣的對比。此也看出「本省籍」受日式文化影響的遺風之所在。

女裝部分，雖然台灣於 30 年代曾流行過「旗袍」，光復初也曾再度盛行過，然到了國民政府撤退來台，由於大陸婦女普遍著「旗袍」，這使得「旗袍」在台灣又再度成為第三次的流行。據服裝製作權威施素筠教授的分析，她認為：「其實『台灣式的旗袍』與『大陸式的旗袍』，在做工上是不同的。另外『大陸式的旗袍』大多以藍色系的陰丹士林布為主，且在款式於 40、50 年代，也較『台灣式的旗袍』寬鬆，甚至出現長褲與旗袍同時穿著的情形。」這也說明了，雖然同是一款旗袍，但因地域不同，也會有所差異的。

由於國民中央政府在大陸失利，撤退來台灣，這使得台灣成為中華民國中央政府的所在地，而且也使得台灣的地位從地方政府躍升為中央單位的所在地。受此影響，台灣地區民眾服飾的標準，更堅實以「外省籍」為準，因為執政權是由「外省籍」所掌控。而其中最具代表的例子，就是女性旗袍，更加成為當時官夫人或是代表國家意識的象徵性服飾。故針對台灣女性服飾而言，在國民政府撤退來台之後到 50 年代這一段歲月的服裝現象，「中式旗袍」成為台灣地區重要的款式。這也清楚地顯示，政權勢力對服飾轉變所帶來的關鍵影響。

此階段，除了「旗袍」是主要、普遍的女裝之外，隨國民政府撤退來台的女性也帶來另一種款式的風行，那就是「大衣型長外套」，這也是過去台灣女性服飾較少見的。另外隨國民政府來台的各省女性由於是逃難，故一般婦女在服飾穿著上就不如台灣女性穿著那般體面。這也使得台灣地區女性服飾出現「本省籍」與「外省籍」的差異。

　　另外，在國民中央政府撤退來台灣之際，由於有中共的敵視；以及剛接收台灣不久的適應問題；加上「本省籍」與「外省籍」之間所形成的省籍情結對立，這使得台灣的政局陷於動盪危機的不安狀態。為了能有效穩定中央政權鞏固領導中心，於 1949 年 5 月 19 日，台灣省警備總司令部公布台灣戒嚴令，翌日起全省戒嚴（5 月 20 日開始實施）（張之傑，1990：300）。除此之外，再加上在 1952 年 1 月 1 總統蔣中正發表「告全國軍民同胞書」，號召推行經濟、文化、社會、政治四大改造，完成反共抗俄總動員（張之傑，1990：334）。以及在 1953 年 1 月 1 日總統蔣中正發表「告全國軍民同胞書」，要求全國軍民繼續反共抗俄總動員，發揚新、速、實、簡作風，完成反共復國準備（張之傑，1990：347）。

　　由於在政治上有戒嚴法的實施，以及領導高層的政治宣示，這使得台灣民眾生活的「自由開放度」受到限制。同樣的，民眾服飾在穿著打扮上也因而受到思想價值的牽制，呈現較為保守單一而不敢放縱的態度。故這也顯示出，當時「政治意識」對服飾發展所帶來深厚的影響。

　　再則，由於美國為台灣的盟邦，在中共威脅台灣之際，美國此時更派軍員協防台灣，當時也有許多的美軍與眷屬來台定居，受此影響這使得台灣深受美式文化的感染，台灣民眾也樂於接受以美式為準的西化。而這種中美友好關係，不但加深中美更密切的往來，也造成往後在二十世紀的台灣整體流行文化，深深以美式文化作為信仰的重要發展基礎（當然這種西化是相當不同於日據時期）。

二、「經濟體系」影響之分析

　　在這個時期，台灣的經濟狀況可以說是處在「篳路藍縷時期」的階段。由於台灣光復初期，原有的資源、設備均遭受到嚴重的破壞，國內到處可以說是滿目瘡痍。此時不僅是經濟蕭條、民生困頓，各行各業也都亟待重建。

從 1945 年到 1950 年之間，台灣的經濟狀況可以說是一片混亂，且這段期間由於國、共內戰及國民政府遷台，造成數百萬軍民湧入台灣，資源分配一時無法適應現實的需要，1948 年通貨膨脹高達 1,145%（天下編輯，1994：203），平均每人國民所得不到 100 美元（天下編輯，1994：204）。故大部分的家庭只停留在追逐溫飽的階段。

然而從 1950 年代開始，台灣經濟出現重大轉機（研究者從諸多經濟文獻與專家訪談，確認 1950 年代正是台灣經濟起飛好轉的轉捩年代）。

台灣經濟之所以在此時能出現轉機，其起因是由於政府在經濟政策上的成功，而其中最重要的經濟政策就是，在 1953 年由經濟安全委員會推動的第一個四年經建計畫展開，以致力於經濟的發展。其主要目標是以供應國內市場為主，農業發展為先，將紡織、食品加工等列為重點培植工業。台灣地區的工業發展是由進口代替開始著手，並以發展國內市場所需的民生工業為起步，即以食品加工業、肥料工業、紡織工業、水泥工業、腳踏車工業等食、衣、住、行的工業。第二期的經建計畫從 1957 年開始，則鼓勵農工業產品出口，以糖、米為主。另外在 1959 年實施「19 項財經改革措施」，這更奠定台灣日後能順利從進口替代的型態轉移到出口擴張的關鍵。

根據行政院主計處，「台灣地區平均每人國民所得與生產毛額」統計資料，就 1951 年到 1956 年為例，在平均每人國民所得方面：1951 年為 1,407 元，1956 為 3,296 元，成長了 10.27%。在平均每人生產毛額方面：1951 年為 1,493 元，1956 為 3,502 元，成長了 10.75%。從中不難看出台灣經濟大幅成長的事實。

至於在紡織業的方面，在光復之後的台灣紡織業，逐漸蓬勃的發展。首先是國民政府接收日本留下的七家紡織公司（日本曾在台設立有近十家的紡織公司），集中編入「台灣工礦公司」。爾後在 1948 年上海紡織業大舉移入，為台灣紡織界帶來新機。在 1949 年政府遷台，大部分的紡織廠如大秦、雍興及申一也跟著遷來台北，加上新設工廠，使紡錠增至五萬餘枚，織布機二十餘台，年產棉紗

一萬六十餘件，棉布四千三百萬平方碼，奠定台灣紡織工業發展的基礎（七十級畢業委員會，1981：50）。

　　除此之外，美國對國內的紡織業也給予很大的幫助，從 1951 年美國經濟合作總屬宣布對台提供「經濟援台計畫」，到 1965 年間，美國對台灣的經濟援助，都直接提供我國紡織業在技術、設備和原料的需求，協助台灣紡織工業的發展。例如在 1951 年 2 月 7 日美援棉布類 100,000 碼抵達。在 1951 年 8 月 8 日美國經濟總署宣布「經濟援台計畫」。此後每年美援約一億美元（何飛鵬，1987：37）。在 1952 年 2 月 8 日，美援會擬定供應民用棉織品計畫。在 1952 年 3 月 15 日，美安全總署來台助我發展紡織工業（劉國瑞，1991：14）；在另一方面，政府在美國的援助下，視紡織工業為重點基礎工業。從 1950 年 11 月，政府執行「代紡代織政策」，鼓勵民間發展紡織工業，奠下我國紡織品外銷基礎（何飛鵬，1987：63）。

　　到了 1953-1956 年，政府推行的四年生產建設計畫，更以紡織為其中重點工業項目之一。在 1953 年第一個四年經建計畫展開，「以農業培養工業，以工業發展農業」，紡織業是其中的重點工業（何飛鵬，1987：77）。在 1955 年 3 月 10 日中國人造纖維公司成立（劉國瑞，1991：34）。緊接在 1957 年 4 月 28 日台灣第一座人造絲的「中國人造纖維公司」在苗栗頭份正式開工生產，不但為民營企業配合政府經建政策塑立典範，也為政府推動紡織工業向前一大步（何飛鵬，1987：99）。紡織品的外銷，不僅帶動國內經濟的發展，成為台灣經濟奇蹟的關鍵因素之一，也連帶提昇了國內製衣業成衣品的技術，當然這對台灣民眾在衣著的改善，是有其絕對而正面的影響。

　　從台灣紡織業的萌芽到當成工業發展的重點，我們不僅看到台灣受到美國所帶來援助的影響；我們也看到國內民間，在政府經濟政策的影響之下，以紡織業作為提振經濟發展的配合。由於在 1950 年代的台灣，經濟條件逐漸轉好的發展，

這也使得台灣民眾的穿著漸漸地較有餘力來重視服飾，而且能更完整地接受西方流行服飾的樣式。

三、「社會體系」影響之分析

　　雖然說台灣經濟發展到了 1950 年代，已漸漸有所氣色，而且逐年快速的改善與成長。不過由於是才剛轉好的情況，貧富差距也很大（1953 年貧富差距高達 20 倍），政府希望一切能穩定踏實，加上當時有海外中共軍事的威脅，以及國內戒嚴時期環境等因素考量。所以在國內社會推展「克難勤儉」、「避免奢華」的觀念。即藉由這種「社會力」來減少國民浪費式的消費，以提高生產的目的。

　　基於這種信念，當時不論是軍中、社會、學校、公家機構，所有的社會單位團體，都紛紛制訂辦法，全力配合。以研究者的評價，我個人也認為這無疑是一場「社會革新運動」。

　　在這場「社會革新運動」其具體而代表的策施按時間先後有如下：

1. 1950 年 6 月 12 日內政部草擬「布衣布鞋運動」實施辦法，決定由公務員開始（中國時報，1995：48）。

2. 1950 年 7 月 1 日為杜絕浪費，今起鼓勵民眾吃糙米（中國時報，1995：48）。

3. 1950 年 9 月 20 日台中市嚴禁學生招搖過市，要求在學學生必須穿制服（中國時報，1995：48）。

4. 1950 年 10 月 8 日國防部為響應「克難運動」訂定推行實施辦法（張之傑，1990：316）。

5. 1951 年 1 月 1 日國軍首屆克難英雄大會揭幕（張之傑，1990：321）。

6. 1951 年 4 月 12 日行政院頒布「禁止奢侈品買賣辦法」（張之傑，1990：325）。

7. 1951 年 5 月 15 日省政府實行禁止奢侈品買賣（中國時報，1995：66）。

8. 1956 年 7 月 19 日台北市政府為厲行戰時生活，實施節約運動，公布「服飾飲食時間餽贈節約綱要」（張之傑，1990：395）。

　　而其中就以在 1950 年 6 月 12 日，內政部所草擬的由公務員開始實行「布衣布鞋運動」來看。即是政府為求得全國上下民眾一致為國努力，落實勤儉、杜絕浪費的觀念，即希望藉由外觀的規範來達到心靈、精神的「淨化」與「樸實」，故首先針對全國公務員草擬了「穿著布衣布鞋運動」，期望由公務員率先身體力行，以穿著看起來平實的布衣、布鞋來表彰政府所推行的簡樸精神。

　　同樣的，在 1950 年代台灣百姓一般的穿著，以現在的標準而論是相當保守的，當然對於會因為服飾穿著而造成妨礙風化罪的尺度，今昔也有很大的差距。在 1956 年 5 月 15 日中國時報的社會版要聞就曾出現一則新聞報導：「台北市二名女子穿短褲及短上衣在街上行走，被警察以妨礙風化罪，各罰 30 元。」今天我們實在很難想像穿著「短褲」、「短衣」走在街上，竟然會被冠上「妨礙風化」之罪，不過如果我們知道在 1950 年之初，政府當時所強調的是一種簡樸的生活，就不難理解這種標準的尺度，其定位高低位置之所在了。這也顯示台灣在不同時期，由於「社會價值」的不同，也因而造成服飾穿著價值的不同評量。

四、「文化體系」影響之分析

　　此時在文化方面，可以說是「摒棄殖民文化與文化防衛時期」，其最主要的二項重心：其一，加強台灣民眾建立「中國文化」的意識；並快速去除台灣民眾的「日本文化」意識。其二，建立「新生活運動」。

　　在加強台灣民眾建立「中國文化」的意識；並快速去除台灣民眾的「日本文化」意識方面。政府具體的作法：

1. 1946 年 9 月 14 日政府當局禁止中等學校使用日語（中國時報，1995：23）。

2. 1946 年 10 月 3 日行政長官公署公告，自 10 月 25 日起，新聞報紙雜誌之日文版一律撤除（中國時報，1995：24）。

3. 1947 年 11 月 27 日為提高台胞民族意識，政府開始取締日本式廣告（中國時報，1995：30）。

4. 1950 年 4 月 21 日省政府通過「日文書刊及日語電影片管制辦法」（張之傑，1990：310）。

5. 1950 年 8 月 9 日省政府規定報刊除特准者外，禁日文（張之傑，1990：315）。

　　由於政府當局對日本刊物的抑止，這也連帶使得日本服飾流行雜誌在當時台灣出現消退的現象（在日據時期，已有日本版服裝雜誌的出現，深受台灣年輕女性的歡迎，而且雜誌中的服裝款式也往往成為年輕女性所模仿的範本）。而被美國英文版服裝雜誌；以及香港來台的電影雜誌（其內容不僅是電影方面的資料，同樣的也多有談論服飾流行的訊息）所取代。此奠定了往後台灣流行文化朝「美式」與「港式」學習的基礎。

　　至於在建立「新生活運動」方面。從 1947 年 2 月 18 日台灣開始實施「新生活運動」（中國時報，1995：29）。此運動也與國內社會所推展「克難勤儉」、「避免奢華」的觀念相互結合。這更使得 1950 年代的台灣社會文化，形成出一種具「新生活」的「社會文化革新運動」。

　　受此影響於學生服儀方面，在 1952 年 2 月 17 日，省教育廳就通令中學生「蓄髮男士不超過三分；女生留短髮，長度不過耳際」的規定（中國時報，1995：76）。

　　這種藉由服儀規範的要求，使得學生養成具有規規矩矩的「新生活精神」，以達到精神層面的改變，即是期望以透過教育的方式來教化學生（中學生這種髮禁規定，直到 1980 年代才正式完全解除）。

　　此清楚反映出學生服儀規範，在不同時代的教育文化目標之下，出現深具時代意義的變遷。

第五節　光復之後的發展期（1960 年至 1969 年）

一、「政治因素」影響之分析

　　如果說 1950 年代的台灣當時是處在一段篳路藍縷的歷程中，那 1960 年代台灣的整體發展，就要算開始步入到穩定成長的階段。

　　在內政方面，由於全國軍民一致效忠中央領導中心，這也使得中央主政者能更順暢的，帶領台灣全體居民朝向一致的政策目標前進。在國際政情方面，由於越戰延續 1960 年代，形成美、蘇兩極化的對抗，這也益加凸顯台灣戰略地位的重要性，也由於有美國的大力支援下，這也使得台灣的生存得到保障。在內政趨於安定；國際安全得到適度的保障的條件下，政府可以全力的拼經濟，致力於經濟上的發展。而形成出政治與經濟相互融合為一，即是「以政治的政策來支持經濟的發展；以經濟的成就來鞏固政治的穩定」的標的。

　　至於在台灣服飾，也就在這種整體政治環境的原則下，形成出「穩定中求發展」的狀況。

二、「經濟因素」影響之分析

這個時期台灣的經濟，是處於「經濟穩定期」的階段。其由於全民一致的努力，這使得台灣在經濟發展上，有了良好的發展（例如在 1953 年貧富差距高達 20 倍，但到了 1960 年則縮短為 5.3 倍，貧富差距也較前拉近許多）。

在 1965 年加工出口區的設立，由於有低廉的勞力資源，這也吸引了大量外資投入。當然這也帶動台灣國內市場的提昇。

在 1960 年代，由於台灣經濟是以出口貿易為導向，這也直接提高了國內生產的成長。例如，根據聯合國的統計在 1962 年 11 月 29 日，台灣的生產指數在亞洲僅次於日本居第二位（張之傑，1990：482）。由於這種貿易出口的發展，使得台灣在 1965 年首次出現「外貿出超」的情形（時報文化編輯委員會，2000：274）。

正由於台灣經濟已能獨立的發展，這使得美國在 1965 年 7 月 1 日開始終止對台經援計畫（劉國瑞，1991：105）。政府有鑑於此，隨即開始擬定，並進行「第四期經濟計畫」來作為因應之道。這個計畫也是自台灣光復之後，國內第一個不靠美援，而自立更生的經濟計畫。其目標是希望能繼續穩定台灣經濟的成長，並期能藉此建立起一個現代化的國家。所幸這一經濟轉型的發展，能很順利地調整成功。這使得我國在外匯存底，提高二億四千五百萬美元，對外貿易也突破了十億美元。

就整體經濟成長而論，1960 年代可以說是台灣經濟成長起昇飛揚的黃金時代。以紡織品為例，台灣成衣製造商提供「物美價廉」的成衣，再透過美國百貨業的連鎖店，將產品分銷到全國各地。在這國際分工的條件下，台灣 1960 年代的紡織業成長極為迅速（彭懷恩，1992：94）。而這種以低廉人力從事原料加工

後再出口的模式，使得台灣勞工得到充分就業，國民所得及個人所得不但提高許多，根據數次工商普查的資料顯示，其中創造就業機會最多的是紡織與成衣兩項產業，占總就業機會的 30.5%，紡織與成衣也是當時出口的最大宗產品（林忠正，1991：64）。

除此之外，我們也可以從以下有關國內紡織成衣服飾的現象，看出台灣紡織成衣服飾蓬勃發展的事實：

1. 1961 年 5 月 22 日棉紡工業外銷促進委員會成立（葉立誠，2001：556）。
2. 1962 年工業品比例首度超過農產品（時報文化編輯委員會，2000：283）。
3. 1963 年以尼龍人造纖維等作為服裝材料大為流行（中國時報，1995：178）。
4. 1966 年 7 月 17 日本省紡織品全年外銷總值今年可望達到七千萬美元，將躍居輸出品中第一位（葉立誠，1997c：125）。
5. 1966 年 12 月 3 日台灣第一個加工出口區在高雄成立（遠流台灣館，2001：21）。
6. 1968 年 5 月 4 日第一屆皮鞋與皮製品展覽會揭幕，為我國皮鞋外銷的開始（何飛鵬，1987：156）。
7. 1968 年 5 月 6 日第一屆國產衣料服裝展覽揭幕（中國時報，1995：215）。
8. 1969 年 1 月 1 日經濟部國際貿易局正式成立（張之傑，1990：550）。
9. 1969 年台灣成衣公會設立（七十級畢業委員會，1981：270）。

另外，我們也可以從以下台灣省新聞處對台灣地區成衣服飾工業產量的統計，清楚瞭解到國內成衣業快速發展的事實：

數量年份別（打） 服飾類別	1946 年	1951 年	1956 年	1961 年	1963 年
毛衣				84	145
襯衣及香港衫				340	673
棉針織衫、褲				323	749
其他針織衫褲	33	233	1318	86	122
其他成衣衫褲				853	1222

（資料來源：根據台灣省新聞處所發之文件資料整理）

　　從上表我們不難看出，到了 60 年代，台灣成衣產業產值提高的事實。在另一方面，60 年代台灣人造纖維工業開始興起（國內業者有鑑於國家經濟政策等以紡織品外銷為主攻，因此也積極設廠，開發人織工業以配合之，例如王永慶就在八卦山下的「台灣化纖」公司，開工生產人造纖維），此不但加促使得人織成衣外銷大量增加，也連帶造成當時國內以尼龍、人造纖維等作為服裝材料大為流行。正因為人織成衣在國內市場的活絡，故這也加速帶動了國內流行服飾市場的發展（由於成衣是大量生產，款式不僅較新穎、價格也較低廉，國人不再只有自製或訂做衣服，而是普遍地購買成衣。這都著實改變了國人購衣穿著的習慣。）。

　　另外，此時國內經濟規模初具，各項政策在實施之後，堪見成效；至於在企業界，許多企業也適時成功地擴大工業產品的範圍。這些在經濟方面種種的成長發展，都直接地改善國人的消費價值觀；並且大大地提昇一般百姓的生活品質。當然這樣的轉變也連帶影響國人在衣飾消費能力的提高；加強了台灣民眾對審美的需求，進而促使國人更加積極地追求衣著的時髦性與流行感。

是的，1960 年代台灣衣飾文化的發展，擺脫了之前「簡樸、實用」的原則，轉而朝向「跟循西方流行文化」的方向前進（這不同於之前只是單純的接受西化而已，而是更加重視對西方流行的追求，並縮短與西方流行時差的差距）。

再則，對應於國內經濟的發展，國內大型商業賣場與百貨公司也大肆的成立。針對這一項以下加以說明：

為因應國內服飾商品市場的熱絡發展，國內業者也開始轉而以大型賣場來築構流行商區，以求加促商品的販售與流通。基於這種體認，國內賣場便朝大型規模的方向發展，首先在 1961 年 4 月 22 日，位在台北中華路正式落成了一座國內相當具規模的大型賣場「中華商場」（中國時報，1995：162）。在開幕之後，這個賣場變成了台北市民一個主要的生活、購物、休閒之消費場所中心。每逢假日、週末「中華商場」以及其周邊附近都是人山人海，盛況空前，為業界帶來相當大的商機。而「中華商場」與其鄰近的服飾店，不僅有櫥窗展示，成為消費者對服飾流行，資訊獲取的來源。更則賣場的成衣商品；以及服飾訂做的服務，都給予消費者一個較低廉、平民化的選擇，實有助於服飾流行商品普及性的流通。

在 1960 年代初期，除了出現「平民化」的大型賣場之外，在 60 年代中期的 1965 年 10 月 5 日，於台北正式落成了國內第一座百貨公司，「台北第一百貨公司」（中國時報，1995：189），它的出現帶給了國人一個現代化高品質、高格調的購物環境，成為台灣象徵生活水準提高的一個重要指標，尤其是對台灣流行服飾發展的提昇，有著正面的影響。

當然，由於國內大型商業賣場與百貨公司大肆的成立，對台灣民眾穿著的改善，均有極大的幫助。

三、「社會因素」影響之分析

　　由於國內經濟開始的蓬勃，民眾生活的提昇，這也連帶使得一些熱衷時髦、大膽前衛的年輕人，開始嘗試挑戰當時保守的社會。首先是「迷你裙」款式的挑戰。由於在 1960 年代的衣飾發展，不論男性或女性服飾都朝向西方的方向進行，並且進一步加速對西方流行文化的跟循。在 60 年代的西方流行文化發展，女性服飾受到以英國女服裝設計師 Mary Quant 所領導的「Mini-Skirt」（迷你裙）之影響，而造成歐美服飾史上革命性的變革，出現並快速風行一種象徵「年輕」、「朝氣」、「活潑」的短裙，同樣的這種短裙款式也影響到台灣服飾流行，因此台灣許多影星歌星，甚至一般時髦的女性也穿起短裙，表達對流行的遵行。對於這種流行款式，雖在當時席捲台灣造成風靡，但有趣的是，同時在當時社會也出現一些反制現象，視女子裙子過短為「奇裝異服」，並遭到警察的取締。例如，在 1969 年 7 月 9 日的中國時報社會版就出現一則新聞：「台北市警方以『妨礙善良風化』將一名穿迷你裙的小姐處以一日居留。」（中國時報，1995：227）

　　除了女性穿著迷你裙成為 60 年代當時的流行，但卻又出現反制的現象之外，在男士髮型方面也出現同樣問題。那就是對台灣男士蓄長髮的現象也會遭到取締。台灣男士這股蓄長髮的風潮，是受到了美式「嬉皮流行風」的影響所致。當時男性留蓄長髮；穿著被視為頹廢裝扮的「嬉皮風」，是展現年輕人追求前衛與叛逆的「符號語彙」。然而這對當時仍屬嚴謹保守的社會體制與法規無疑是一種挑戰（此與當時的教育政策對學生生活、服裝儀容，都採取嚴格的管理方式，男生平頭、女生齊耳甚至耳上一公分的制式髮型，身著統一規格化的制服，形成對比的關係。）。故在當時社會對於男性留蓄長髮；穿著被視為頹廢裝扮的「嬉皮風」是採取杜絕與取締的態度。例如在 1968 年 4 月 27 日，當時社會版新聞就

曾刊載:「台北市警察局將嚴格取締裝束怪異,冶遊街頭的『嬉皮』事件」(中國時報,1995:215)。而有趣的是,為了例行「維護善良風俗」與「端正社會風氣」的政策,警察局有時還會找理髮師作鎮,隨時為遭到警察取締的長髮男士,做剪髮的服務,警察除一般任務之外,似乎又多了一項勤務:看管、監督台灣民眾的服儀。

除了前述之外,在 1960 年代台灣社會另一項重點特色的發展,那就是「選美風潮」的盛行。愛美是人的天性,大凡人們在經濟條件狀況改善之下,都會重視外觀與穿著。1950 年代台灣民眾生活所求僅是安飽、簡樸,根本無餘力重視服儀外觀,然而到了 1960 年代,台灣由於經濟逐漸穩定,國民所得的提高,生活改善,因此大家開始重視服儀外觀,故而從 1960 年 6 月 5 日於台北市開始由《大華晚報》主辦第一屆中國小姐選拔(中國時報,1995:150)。緊接在 1962 年 4 月 29 日,也分別舉行「台中小姐」、「高雄小姐」(中國時報,1995:170)。我們解讀這些選美活動的舉辦,可知它的意義不僅反映出台灣生活水準的提昇,也呈現出當時國人對女性美的一種理想標準,特別是年輕女子對穿著、打扮,受此刺激而更加的重視;對審美中的「理想美」也有了一份憧憬、追求與期待。

從選美小姐的穿著、打扮我們也可看出一些端倪。雖然主辦單位強調是要選出具中國美的「中國小姐」,故在選拔中參賽小姐要穿著「旗袍」,此似乎有違服飾西化的發展。其實不然,雖然「旗袍」款式表現出「中華文化」的符碼,但當時參賽者所穿之旗袍款式,其強調合身、緊腰的線條卻是明顯受到西方 50 年代服飾流行線條的影響。另外其實參賽者穿著除了旗袍之外,還穿有當時西方流行的禮服款式,再則參賽者的髮型與裝扮,則都表現出當時西方流行的重點。此說明了台灣服飾追求西方流行文化的事實。由於選美風的盛行,大受歡迎,在當時國內服裝業常常藉選美活動來為服飾商品進行宣傳、促銷。

而社會這種選美風氣,也連帶影響服飾流行的發展。例如,在 1962 年 11 月 29 日,由青商會舉辦的髮型表演為台灣首次,深受矚目(張之傑,1990:482)。

在 1962 年 11 月 27 日，台灣電視公司舉辦國產衣料時裝表演，這都象徵著台灣生活水準的提昇（張之傑，1990：482）。

另外，在 1967 年國內首次舉辦第一屆國產毛衣皇后選拔大會，在比賽中參賽者穿著國產毛衣，做動態服裝秀的展出；緊接在稍後的 1968 年 5 月 6 日，也於第一屆國產衣料服裝展中，舉辦「雲裳小姐」的選美活動（葉立誠，1997：125）。而這些被選出來的「毛衣皇后」、「毛衣公主」或「雲裳小姐」，後續並且擔任「服裝大使」，為國產服飾促銷作宣傳，這對國內服飾市場的銷售確實有相當程度的影響。

四、「文化因素」影響之分析

就此時期在「文化體系」中，對台灣服飾變遷，除了延續對日本文化的防堵。例如，在 1962 年 9 月 17 日，監委有鑑於日本影片唱片非法進口，造成風氣的敗壞，特提案修正（中國時報，1995：173）。在 1963 年 11 月 17 日，學生展開「五不運動」：即不看日片、不買日貨、不講日語、不聽日本音樂、不讀日文書刊（中國時報，1995：176）。此都顯示當時國內對日本文化所採取的排擠。

另外還有兩項新產生的主要因素，直接影響到台灣服飾的變遷：

其一是，大專院校服裝科系紛紛的成立。這些代表的學校科系計有：在 1960 年輔仁大學織品服裝系設立（七十級畢業委員會，1981：269）。在 1961 年實踐家專服裝設計科設立（七十級畢業委員會，1981：269）。在 1969 年亞東工專紡織工程科設立（七十級畢業委員會，1981：270）。

在這些大專院校科系之中，又以 1961 年由當時的實踐家專（現已改制為實踐大學）所成立的服裝設計科最具代表（這也是國內在大專院校首創的科系）。這個科系的設立，其著實提昇並改變大家對服裝專業的概念與認知。因為過去總

把「裁縫」與「服裝生產」畫上等號，認為「服裝製作」就是服裝專業的全部，甚至覺得學習服裝根本不需念到大專，只要跟隨裁縫師傅學「做衣服」就可以了。而且當時對「何謂設計？」的觀念也不甚清楚，不知道服裝需要設計。然而到了60年代，當時的實踐家專有鑑於國內紡織、成衣業開始蓬勃發展，體認到應該在大專院校設立服裝設計科系，以培育服裝成衣高級專業人才；並期望透過設計理念的融注，來提高服裝產品的附加價值。當然這個科系的成立對國內衣飾文化的提昇帶來極大的影響；一方面它將流行文化帶入到服裝養成教育界與服飾產業界（培育出來的學生，進入到就業市場，將其所學到的服裝設計概念影響業界，提昇國內業界對服裝設計的水準，奠定國內服裝重視設計的基礎）；另一方面，它也帶動國人對服飾審美感的重視（每年該科系所舉辦的服裝動態都造成轟動）。

其二是，國內傳播影視的大躍進。眾所周知，電視的出現對人類文化造成極大的衝擊與影響。在1961年台灣首家電視公司「台灣電視公司」正式成立，並於1962年10月10日正式開播（劉國瑞，1991：84），由於這種將影像、畫面快速傳送到每一戶家庭，讓觀眾及時看到資訊，改變了國人的視覺文化。其中特別是影像中所出現的國內外影星之穿著打扮，這對觀眾而言，具有學習、模仿的作用。當然這對國人普遍接受服飾流行文化有革命性的影響（換而言之，就是「快速性」、「普遍性」的讓台灣民眾接受掌握到服飾流行訊息）。

當然服飾展示，也透過電視節目傳遞給台灣觀眾，如在1962年11月27日，台灣電視公司就曾舉辦國產衣料的時裝表演（葉立誠，1997c：122）。繼台視首開國內電視公司之後，「中國電視公司」於1969年10月31日也正式開播，而成為我國第二家電視公司（劉國瑞，1991：138）；再加上在1969年台灣電視進入彩色時代。這些種種都為往後的影視發展，提供一個更多元、廣闊的視覺文化，影響全民接受流行資訊甚鉅。因為藉由傳播的快速與直接，新的觀念、新的價值觀、新的衣著型式正以迅雷不及掩耳的方式傳遞到每個人身上，打破以往人與人

之間固守的藩籬。電視畫面上不論是外國明星或是本土明星前衛、時髦的裝扮，社會名流端莊、專業的穿著，都成為一般大眾競相模仿的對象。

　　至於在電影方面，國內電影的播放在 60 年代之前已有多年的歷史，早期以西洋片為熱門，繼之鄉土閩南語片也很叫座。然而在 60 年代的電影界，又崛起了另一種新型態的熱潮烏托邦浪漫式的愛情故事。這又以小說家瓊瑤所寫的故事內容最具典型代表。瓊瑤在 1965 年首度將小說《婉君表妹》、《煙雨濛濛》、《菟絲花》、《啞女情深》分別搬上銀幕（中國時報，1995：206）。到了 1967 年，瓊瑤更進一步開始組織電影公司，大量輸入她的愛情故事。

　　從 60 年代後期開始，「瓊瑤式」的電影，對男女主角塑造了一種「俊男美女」的形象。而螢幕中人物穿著打扮也成為當時時下年輕人視為最能代表流行時髦的模式，為流行提供了一個範本。

第七章　結論

　　本次研究能順利完成並呈現出具體的成果，首先要感謝施素筠老師全力的配合，因為，自 1999 年 2 月起，研究者開始與施素筠老師固定進行個別面對面深度訪談，至 2002 年為止，實際訪談次數共計有 74 次之多。在這長達三年的訪談歲月中，每個月的 15 日與 25 日兩天，固定下午時段，研究者都與施素筠老師進行大約 3 個小時的訪問，施素筠老師配合度相當高，在訪問日若剛好遇到假日，她也希望不要休息，甚至有次她手捧傷疼痛得不得了，研究者希望改日再進行，但施素筠老師堅持要進行，她說：「自己是好學生要全勤」，這也令研究者相當感動與感激。當然，以施素筠老師作為本次生命史研究的核心對象，是相當貼切，不僅她本人已是相當值得作為研究探討的對象（她被譽為是「服裝界國寶」，媒體也曾在 2005 年 11 月 6 日以專文方式刊載，詳見附錄六），她的本家與夫家更是在探究台灣歷史文化不可忽略的大家族。

　　在本次研究，除了相當可貴經由施素筠老師的口述內容中，得知 1910 年代至 1960 年代台灣服飾歷史與文化的資訊，另最值得一提，那就是由施素筠老師所提供 430 張珍貴的照片，這些第一手資料，真實地見證了過去歷史的風貌，經過五年的時間，研究者經由施素筠老師的協助下，確認出 302 張與本研究在時間背景、人物代表有關的老照片，經系統性的整理之後，可作為最佳的論述證據，而這也成為本研究的一大貢獻。

　　針對本次研究所設定的研究問題，以及期望達成的研究目的，經過研究的執行之後，所得到的結果分別說明如下：

一、本次以生命史的口述歷史研究法則，來進行有關台灣服裝歷史與文化的研究，確實開拓出新的研究方向，並且也呈現出具體的成果。因為，就目前國內有關台灣服裝歷史與文化的研究，未曾見過以生命史研究作為主要研究的模式，而本次研究算是國內首度嘗試。研究者在執行時，先是大量閱讀，有關生命史研究以及口述歷史研究在方法學的精神，並透過國內外相關文獻的閱讀與整理，建構出本研究進行的理論基礎，經由此過程，重新為台灣服裝歷史與文化的研究提供出具體的成果。例如，從口述內容可彌補過往資料的不足之處；更可以深入去探究一個問題，以達深度研究的目的；透過當事人的口述歷史，能直接瞭解事情的原委；研究執行過程有問題能直接解決；經由與受訪者的訪談後，也會啟發研究者調整或是建立出新的觀念，提供出良性的發展。相信經由本研究的經驗與模式的建立，可作為日後開創新的研究法則提供一個新的思路，啟發出更多的研究能量。

二、本次研究中，施素筠老師提供個人及家族大量珍藏的傳世老照片共計有 430 張，研究者在施素筠老師的協助，經過五年相當仔細的考查之下，精準地考證出 302 張，有具體背景、時間與人物，且吻合本研究範圍的照片，作為本研究主要論證的關鍵資料。在每一張照片，也都經由施素筠老師，就背景內容與服裝穿著進行詳細說明與解釋，搭配施素筠老師開放式的對服裝的陳述，而勾勒出台灣服裝從 1910 年代至 1960 年代每個年代，男生和女生在一般服裝、結婚禮服、學生制服的真實樣貌。

三、對於台灣民眾早期服飾穿著的美學觀，在過往學術界這方面的資料與研究都相當欠缺，尤其是研究者在大學從事服飾美學的教育，對於這一命題也一直無法能有精準的認知，而本次研究，嘗試以施素筠老師個人生命史為核心，將施素筠老師生命階段，分為「小時成長」、「少女求學」、「成年結婚」、「婚後光復」四個時期階段，在每一個時期階段由施素筠老師自行定出一個主題，即分別為：「施家成員服飾審美態度的特色」、「學生制服對服飾審美價

值的建立」、「顏家成員服飾審美態度的特色」、「光復之後服飾審美價值的轉折」等四個焦點主題，藉此瞭解施素筠老師個人；及施素筠老師所衍生出來周邊的親友，他們在穿著時的表現與背後所呈現出的服飾審美價值觀。

四、本次研究，不僅關心施素筠老師及其家族成員服裝穿著的外在現象，並進一步想要瞭解，這些現象與大時代中的政治、經濟、社會、文化等因素有何關聯，藉此能清楚瞭解到，影響個人或家族服飾現象變遷的背後原因。針對這個部分，先由研究者依據台灣大時代的分野，分列出「日治前期的綏撫期」（1910-1919）、「日治中期的同化期」（1919-1937）、「日治後期的皇民化期」（1937-1945）、「光復之初的轉折期」（1945-1959）、「光復之後的發展期」（1960-1969）等五個時期階段，並就每一個時期階段，由研究者與施素筠老師相互討論，訂出施素筠老師及其家族，在各個時期階段，最主要的服飾穿著變遷的實際現象，再針對這些實際現象的主要內容，依據大時代環境中「政治」、「經濟」、「社會」、「文化」四方面，搭配相關的史料文獻，進行探討，最後確實找尋出服飾穿著儀態現象背後影響的原因。

參 考 文 獻

一、中文部分

七十級畢業委員會（1981），繼往開來，台北：實踐家專服裝設計科。

丁興祥等譯（2002），生命史與心理傳記學：理論與方法的探索，台北：遠流。

王幸慧等譯（1997），傳記、家庭史與社會變遷研究，台北：麥田。

王芝芝譯（1997），大家來做口述歷史，台北：遠流。

王明珂（1997），華夏邊緣：歷史記憶與族群認同，北市：允晨。

王勇智、鄧明宇譯（2003），敘說分析，台北：五南。

王麗雲（2000），自傳／傳記／生命史在教育研究上的應用，載於國立中正大學教育研究所主編，質的研究法，高雄：麗文。

卞鳳奎（1996），口述歷史重要性及其方法：兼述台北市文獻委員會口述歷史工作方向，台北文獻直字，第 118 期，頁 39-57。

中國時報（1995），台灣：戰後 50 年，台北：時報文化。

天下雜誌編輯（1994），一同走過從前，台北：天下。

司馬嘯清（2000），台灣五大家族，台北：玉山社。

何飛鵬（1987），台灣經濟影像，台北：卓越文化。

何義麟（1986），皇民化期間之學校教育，台灣風物，第 36 卷第 4 期，台灣風物社發行。

呂芳上、吳淑瑛（2002），口述歷史在台灣的發展：背景、演變和檢討——以中研院近史所口述歷史為例的討論，近代中國，第 149 期，頁 28-37。

江文瑜（1996），口述史法，載於胡幼慧主編，質性研究：理論、方法及本土女性研究
　　實例，台北：巨流，頁 249-270。

朱柔若譯（1995），社會研究方法，台北：揚智。

吳文星（1995），日據時期台灣社會領導階層之研究，台北：正中。

宋雪芳、許世瑩（2003），搶救過去的記憶：口述歷史應用在圖書館之探析，教育資料
　　與圖書館學，40（4），頁 497-511。

周婉窈（2001），台灣歷史圖說，中央研究院台灣史研究所籌備處特刊，台北：聯經。

周憲文譯（1985），日本帝國主義下之台灣，台北：帕米爾。

周慧洵（2000），她們眼中的學校教育與文憑——不同口合高學歷女性的生命史研究，國
　　立中正大學教育研究所碩士論文。

胡幼慧編（1996），質性研究：理論、方法及本土女性研究實例，台北：巨流。

卓遵宏（2001），為什麼要做口述歷史？，台北文獻直字，第 136 期，頁 183-197。

林成子（1981），六堆客家傳統衣飾的探討，實踐家專。

林忠正（1991），光復前後兩個政府的經濟角色異同，歷史文化與台灣，台北：台灣
　　風物。

高敬文（1996），質化研究方法論，台北：師大書苑。

許雪姬（1997），口述歷史的理論與實務，宜蘭文獻，第 30 期，頁 35-36。

許雪姬（2004），台灣口述歷史的回顧與展望（抽印本），華人社會口述歷史工作研討會。

許雪姬（2005），台灣口述歷史的回顧與展望，宜蘭文獻，第 71-72 合期，頁 3-37。

許傳德（1999），一位國小校長的生命史，國立台東師範學院教育研究所碩士論文。

張之傑（1990），台灣全記錄，台北：錦繡。

張中訓（2000），口述歷史理論與實務初探，東吳歷史學報，第 6 期，頁 91-146。

陳三井（1998），口述歷史的理論及史料價值，當代，第 125 期，頁 102-109。

陳瑛譯（2003），口述歷史，台北：播種者文化。

陳佩婷（2009），台灣衫到洋服——台灣婦女洋裁的發展歷史，逢甲大學歷史與文物研究
　　所碩士論文。

彭懷恩（1992），台灣政治變遷 40 年，台北：自立晚報社文化。

楊豫、胡成（1999），歷史學的思想與方法，南京：南京大學。

楊祥銀（2000），試論口述史學的功用和困難，史學理論研究，頁 37-46。

楊雁斌（2003），口述史學百年透視（上），中國經濟史論壇。

楊碧川（1997），台灣歷史辭典，台北：前衛。

翁秀琪（2000），多元典範衝擊下傳播研究方法的省思：從口述歷史在傳播研究中的應用談起，新文學研究，第 63 期，頁 9-33。

夏士敏（1994），近代台灣婦女日常服裝演變之研究，文化大學家政研究所碩士論文。

黃月純（2001），生命史研究在成人教育上的應用，成人教育學刊，嘉義：中正大學，第 5 期，頁 119-246。

黃呈聰（1925），應該著創設台灣特種的文化，台灣民報，第三卷第一號。

黃金鳳（1988），台灣地區紡織產業傳，台北：中華徵信所。

黃英哲譯（1989），台灣總督府，台北：自由時代。

黃政傑（1996），質化研究的原理與方法，載於黃政傑主編，質的教育研究：方法與實例（頁 1-46），台北：漢文。

黃瑞琴（民 83），質的教育研究方法，台北：心理。

張宗漢（1980），光復前台灣之工業化，台北：聯經。

畢恆達（1996），詮釋學與質性研究，質性研究：理論、方法及本土女性研究實例，台北：巨流，頁 44-45。

覃方明、渠東、張旅平譯（2000），過去的聲音：口述史，遼寧教育出版社。

齊力（2005），質性研究方法概論，質性研究方法與資料分析，嘉義：南華大學，頁 1-19。

葉立誠（1997a），日據時期台灣新文化運動（1920～1932 年）對服飾文化影響之初探，芙蓉坊，17（5），頁 118。

葉立誠（1997b），西元 1945～1959 年台灣衣飾文化現象之探討，芙蓉坊，17（10），頁 120-122。

葉立誠（1997c），1960 年代台灣衣飾文化現象之探討，芙蓉坊，17（11）。

葉立誠（2001），台灣服裝史，台北：商鼎。

蔡敏玲（2001），教育質性研究報告的書寫：我在紀實與虛構之間的認真與想像，國立台北師範學院學報，台北：國立台北教育大學，第 14 期，頁 233-253。

葉懿慧（1996），現代台灣婦女流行服飾風格演變之研究，輔大織品服裝研究所碩士論文。

馮朝霖譯（2001），質性方法中的參照推論分析：傳記研究之案例分析，應用心理研究，台北：五南，第 12 期，頁 26-33。

遠流台灣館（2001），台灣歷史年表，台北：遠流。

熊同鑫（2001），窺、潰、饋：敘述我對生命史的理解眾聲喧嘩，質性研究法理論與實作對話國際學術研討會，政治大學幼兒教育研究所。

劉仲冬（1996），量與質社會研究的爭議及社會研究未來的走向及出路，質性研究：理論、方法及本土女性研究實例，台北：巨流。

劉國瑞（1991），台灣發展圖錄，台北：聯經。

劉國能（1996），值得重視的口述史料工作，中國檔案，頁 37-38。

劉鳳英（2000），家庭、工作與女性主體：五位國小女性主任追尋自我的生命史研究，花蓮師範學院國民教育研究所碩士論文。

蘇旭珺（1993），台灣閩族婦女傳統服裝的設計與變化——AD1860-1945，輔大織品服裝研究所為題的碩士論文。

賴志彰（1989），台灣霧峰林家留真集，台北：自立報系文化。

簡後聰（2000），福爾摩沙傳奇——台灣的歷史源流，行政院文建會中部辦公室。

二、日文部分

中村哲（1941），文化政策皇民化問題，台灣時報。

台灣總督府（1945），台灣統治概要。

台灣總督府警務局（1933），日本統治下的民族運動上卷，頁 74。

台灣慣習研究會（1904），台灣慣習記事，第四卷第二號，頁 77-78。

台灣總督文教局（1899），台灣總督府學事年報，頁 981。

井出季和太（1937），台灣治績志，台北：台灣日日新報社。

江間常吉、白井朝吉（1939），皇民化運動，台北：東台灣新報台北支局。

吉野秀公（1927），台灣教育史，台灣日日新生報。

竹內清（1939），事變支那人，東京；日滿新興文化協會出版。

持地六三郎（1911），台灣殖民政策，東京：富山房。

鷲巢敦哉（1941），台灣保甲皇民讀本，台灣警察協會。

三、英文部分

Antikainen, A., Houtsonen, J., Huotelin, H., Kauppila, J. (1996). Living in a Learning Society. London: The Farmer Press.

Becker, H.S. (1970). The Life History and the Scientific Mosaic. In Becker, H. S. Sociological Work: Method and Substance (pp.63-73). Chicago: Aldine Publishing Company.

Bertaux, D. (1981). Biography and Society——The Life History Approach in the Social Sciences. CA: Sage.

Bertaux, D., Kohli, M. (1984). The Life Story Approach: A Continental View. Annual Review Sociology. 10, 215-37.

Denzin, N. K. (1989). Interpretive biography. London: Sage.

Erben, M. (1996). The Purposes and Processes of Biographical Method. In Scott, D. and Usher, R. (eds.). Understanding Educational Research (pp.159-174). London and New York: Routledge.

Erben, M. (1998). Biography and research method. In M. Erben (ed.) Biography and education, Taylor & Francis Group: Falmer Press, pp.4-17.

Frank Lee. (1989). "Oral History and Libraries," Public Library Quarterly 9:3.

Griffiths, G. (1993). Oral history. In Fleming, D., Paine, C. & Rhodes, J. G., (eds.), Social History in Museum, HMSO Publication Centre, pp.111-116.

Gubrium, J. F. & Holstein, J. A. (1995). "Biographical work and new ethnography." In Josselson, R. & Lieblich, A., (ed.), Interpreting experience: The narrative study of life. Thousand Oaks, Ca: Sage.

Hitchcock, G. & Hughes, D. (1989). Research and teacher: A Qualitative introduction to school-based research, pp.115-117. NewYork: Routledge.

Knowles, J. G. (1993). Life-History Accounts as Mirrors: A practical avenue for the conceptualization of reflection in teacher education. In Calderhead, J., Gates, P. (eds.), Conceptualizing reflection in teacher development. L. W.: Farmer.

Kohli, M. (1981). Biography: Account, Text, and Method. In Bertaux, D. (ed.), Biography and Society, 59-75, CA: Sage.

Mann, S.J. (1992). Telling a Life Story: Issues for Research. Management Education and Development. 23(3), 271-280.

Smith, L. M. (1996). "Biographical Method." In Denzin, N. K. and Lincoln, Y. S. (eds.), Handbook of Qualitative Research, pp.286-305. Calif: Sage.

附表一

1995 年至 2001 年期間
研究者擔任實踐大學服裝設計學系學士論文指導老師，
其中以台灣服裝為題所指導的論文一覽表

年份	編號	題目	研究者	備註
1995 年	01	台灣北部客家肚兜之探討	陳秀鸞 邱淑儀	第一名。並獲選代表台灣赴荷蘭參加【國際服飾學會】發表該篇論文
	02	旗袍在台灣的演變與發展之探討	吳麗敏 陳麗萍	第二名
	03	日據時期台灣新文化運動對服飾西化之影響	陳怡如 黃淑萍	佳作入選
1996 年	04	台灣婦女髮型演變之探討	邱小蘋	第一名。並獲選代表台灣赴琉球參加【國際服飾學會】發表該篇論文
	05	台灣結婚禮服之探討	林佳俐 林逸雯	第二名。並獲選代表台灣赴琉球參加【國際服飾學會】發表該篇論文
	06	台灣學生制服就其演變與發展探討	林思杏 黃菁姿	第三名。並獲選代表台灣赴琉球參加【國際服飾學會】發表該篇論文
	07	衣飾制度中殘毀美學之探討	林貞吟 賴明怡	佳作入選

1997年	08	台灣地區女性電影明星流行服飾穿著與造型之探討	王怡文	第二名。並獲選代表台灣赴韓國參加【國際服飾學會】發表該篇論文
	09	台灣女性鞋子演變之探討	吳慧婷	第三名。並獲選代表台灣赴韓國參加【國際服飾學會】發表該篇論文
	10	台灣地區收藏之傳統童帽其形制與圖紋之探討	陳惠文	優選。並獲選代表台灣赴荷蘭參加【國際服飾學會】發表該篇論文
	11	台灣泰雅族紋面文化之研究	郭秀玉	佳作入選
1998年	12	台灣斗笠之研究	洪香鈴 李季喜	佳作入選
	13	卑南族社會組織與其男女服飾制度關係之探討	謝佳姮 陳美華	佳作入選
	14	西元1960－1979年台灣女性流行服飾文化現象之探討	唐青文	佳作入選
1999年	15	台灣女同性戀服飾行為之研究	羅曉萍	佳作入選
	16	九○年代台北青少年女性服飾受日本流行文化影響之探討	廖千惠 余庭芳	佳作入選
	17	台灣木屐之研究	鄧美芳 林容如	佳作入選
	18	台灣挽面之研究	游娩如 李慧妙 陳雅惠	佳作入選
	19	台灣排灣族織繡圖案之研究	王惠清 陳芷盈	佳作入選
2000年	20	流行現象在符號生產機制下之表現	張義鑫	佳作入選
	21	排灣族傳統之研究	阮明謙 桂翠華	第二名

2000 年	22	有線電視對台灣女性體態美影響之探討	康紀媛 高美嫻	第一名
	23	台灣流行服飾與後現代文化關係之研究	宋奕樊	佳作入選
2001 年	24	台灣傳統手工蓑衣的演變及其在現今發展可行性之研究	呂櫻玉 袁千惠	佳作入選
	25	排灣族圖騰與現代服飾結合運用之探討	賴梅瑛	佳作入選
	26	台灣客家女性傳統服飾之研究	張嘉如	佳作入選
	27	台灣警察制服演變之探討	張家燕	佳作入選
	28	台灣地區女性雜誌的發展與市場區隔之探討	黃丹怡	第二名
	29	東港家將團服飾之研究	江益玲 鄭惠雪	第一名
	30	「社區總體營造」觀念落實在植物染之推展其可行性之研究	許宜貞	佳作入選

附表二

施素筠老師個人事蹟年表（1923-1998）

日期	事蹟紀錄
1923 年 9 月 15 日	生於彰化縣鹿港街（鎮）大有口六六三番地。父親施安，母親陳月嬌，身為長女。嬰兒時經常大哭不好帶。
1925 年	罹患水痘，水痘不慎破裂，因此在臉手都留疤痕。
1927 年	鹿港第一公學校幼稚園入學
1929 年	鹿港第一公學校幼稚園畢業
1929 年 4 月	鹿港女子公學校入學
1929 年 9 月	轉學到台北市蓬萊公學校就讀
1935 年 3 月	蓬萊公學校畢業（以第一名成績畢業）
1935 年 4 月	台北州立第三高等女子學校入學
1939 年 3 月	台北州立第三高等女子學校畢業
1939 年 4 月	日本東京女子高等師範學校保育科入學
1940 年 3 月	日本東京女子高等師範學校保育科畢業
1940 年 4 月	台北洋裁研究所（後來改名為「登麗美安」）入學，學習洋裁。
1941 年 3 月	台北洋裁研究所畢業
1942 年 9 月 21 日	與顏滄濤在台灣神社前結婚，隨後並緊接遠赴日本，居住在九州山口縣宇部市，先生擔任宇部市興產研究員。
1944 年 5 月 8 日	長子顏雅堂出生

1946 年 2 月 28 日	與先生自日本返台，丈夫顏滄濤擔任台灣工業試驗所技正。
1946 年 9 月 25 日	長女顏翠杏出生
1947 年 2 月 17 日	長女顏翠杏因肺炎去世
1947 年 3 月 25 日	到台北私立靜修女中教書，講授家事、生理衛生課，並擔任童子軍 47 團團長。
1948 年 1 月 1 日	次女顏珠如出生。先生轉任台灣大學農化系，擔任副教授。
1949 年 12 月 4 日	次男顏凱堂出生
1951 年 9 月 2 日	三男顏景堂出生
1953 年 5 月 31 日	申請洋裁補習班立案
1953 年 8 月	向台北市政府申請補習班通過，取名「實用縫紉補習班」，後來改名為「瑪莉美拉」。補習班班址在鄭州路。
1959 年 9 月 5 日	獲聘擔任實踐家政專科學校縫紉專任講師
1962 年 9 月	向實踐家政專科學校提出改聘為兼任教師；擔任榮星幼稚園園長。
1963 年 9 月	回任實踐家政專科學校擔任專任教師；兼任榮星幼稚園義務工作長達 33 年。
1963 年	首次單擔任第一屆國際技能競賽裁判，並連任 20 屆，至 1983 年為止。
1964 年 9 月	擔任國立台灣師範大學家政系兼任教師，教授服裝構成，直至 1984 年為止。
1971 年	出版《以西式裁剪看民國二十年以後的旗袍演變》
1971 年	次女顏珠如與夫婿王有德在美國結婚
1972 年 1 月	赴美國紐約 F.I.T. Tailor Tecnique 進修半年
1972 年 12 月	長男顏雅堂與媳婦張園林在美國結婚
1977 年	次男顏凱堂與媳婦金聖子結婚
1978 年	出版《袖子的機能研究》
1979 年 4 月	以《旗袍機能化的西式裁剪》一書通過教育部副教授資格
1979 年	出版《黏貼襯研究》

1980 年 7 月	赴日本東京發表「旗袍改進」專題
1982 年 7 月	翻譯日本文化服裝講座 1〜5 冊
1982 年	三男顏景堂與媳婦李麗珠結婚
1984 年	出版編著的《服飾辭典》
1985 年	丈夫顏滄濤自台灣大學退休
1987 年	丈夫顏滄濤獲聘為台灣大學名譽教授
1988 年 3 月	以「單接縫裁剪」通過美國發明專利
1990 年 4 月	分別以「中國服立體化的應用」和「機能化立體結構之裁剪」獲得國家發明專利
1990 年 7 月	赴日本東京發表「簡易裁剪」專題
1991 年	擔任紡研中心顧問，直至 1993 年為止。
1993 年 7 月	擔任實踐設計管理學院專任教師一職退休
1995 年 12 月 28 日	丈夫顏滄濤（台大名譽教授）過世，享年 80 歲。
1996 年 10 月	父親施安過世，享年 98 歲。
1996 年	開始翻譯《心的基地，母親》、《小孩為主的保育一切》、《倉橋物三全集》三本日文書，並至 1998 年完成。
1998 年	以「簡易裁剪服製法」通過中國大陸的發明專利

附　圖

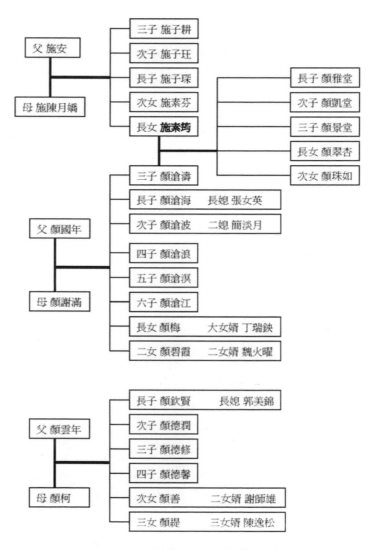

父 施安

母 施陳月嬌

三子 施子耕
次子 施子珏
長子 施子琛
次女 施素芬
長女 **施素筠**

長子 顏雅堂
次子 顏凱堂
三子 顏景堂
長女 顏翠杏
次女 顏珠如

父 顏國年

母 顏謝滿

三子 顏滄濤
長子 顏滄海　　長媳 張女英
次子 顏滄波　　二媳 簡淡月
四子 顏滄浪
五子 顏滄溟
六子 顏滄江
長女 顏梅　　大女婿 丁瑞鋏
二女 顏碧霞　　二女婿 魏火曜

父 顏雲年

母 顏柯

長子 顏欽賢　　長媳 郭美錦
次子 顏德潤
三子 顏德修
四子 顏德馨
次女 顏善　　二女婿 謝師雄
三女 顏緹　　三女婿 陳逸松

圖 1　顏、施兩家族主要成員關係脈絡圖

附註：本圖所呈現的內容只是顏、施兩家族的部分成員

圖2　施素筠老師在接受研究者深度訪談時錄影畫面之範例

時間：2000/5/15 下午 2.43

地點：實踐大學 H 棟大樓 407 教室

附錄一

1999 年至 2002 年期間每月 15 日

固定式與施素筠老師進行面對面實際的訪談

訪談後整理的紀錄內容

（不含照片說明與解釋）

共計 37 篇

口述主題：我的大家族生活	
口述日期：1999/2/15	編號：01
第一次內容確認：1999/2/25 第二次內容確認：2002/4/23	
主要內容的記載： 　　祖母在世時，父親兄弟三家住在一起，我在七、八歲時到台北，所以七、八歲以前的生活記憶，大多是鹿港的生活，當時祖父已不在世，一家二十二口為一家人，成員有：大伯家三男三女，扣掉大姐出嫁，共七人；二伯家五男二女共九人；我家一男二女共五人；再加上祖母一人共計二十二人。 　　除了家人之外還有佣人，各一房都有一個「查某嫻仔」（女傭）。吃飯時很熱鬧，但分兩輪，第一輪由男生大人先吃，母親們也在旁餵小孩吃，第二輪才輪到女人和小孩，吃東西時母親會幫小孩拿菜。我很瘦是屬於營養不良的那一類。家族中母親們也要關心別人的小孩，不能只照顧自己孩子，我看家族的母親們，談吐與做事都很有分寸，她們都是被磨練出來的。我從小就觀察母親的行為，盡量照她所做行為來行動，說話時也不敢想講什麼就講什麼，而是要看場合，因為我知道有些話是不可以隨便說。後來，父母搬到台北定居之後，獨立門戶成為小家，就完全自由了。雖然在台北的生活較過去自由許多，但是母親在大家族裡被磨出，做事又快速、又俐落、又乾淨的習慣還是繼續保持，母親也不斷告誡我：不任性、不自大、多做事、少講話；不要批評別人穿著，自己穿著要保守，這樣才不會讓人講閒話；尤其要注意女人千萬不要在大家面前太愛表現，這樣容易讓人討厭。不過小時候我經常在想，大概是母親待在大家族裡生活過得太緊張的緣故吧，而這也造成她胃不好的原因，有一次母親胃出血吃正露丸，之後好像吃上癮，一有胃痛就吃正露丸，好像把藥丸當糖果吃。 　　小時候在鹿港是沒有自來水，家人僅靠井水生活，當時家裡都是由佣人挑水給廚房用，兩位伯母是不洗衣挑水的，因為她們都纏小腳，小腳是不能弄溼的。我看挑水的人，在井邊用繩子拉高放低動作很大，要給鐵桶口朝下才能挑得到井水，這功夫可要花時間才學會的，也要費很大的力氣，難怪他們吃飯用大碗公，上面盛滿滿的飯，一碗接一碗大口吃，我看得目瞪口呆，大人叫我們小孩不要大驚小怪。家裡後面不遠處有寬大的草原，遠看有老人在曬東西，有時用黃色粗紙（金紙的材質），包起來放入陶器缸內，每天看但不知道是什麼，到了幾十年後才知道，那是曬墓到期，拾骨起來的屍骨，曬乾裝入再放入塔的。 　　想想昔日的生活，人衰老與死去都安置在家，生小孩也在家裡叫產婆前來接生，生與死都在家裡共處，而這與現在的生活猶如天壤的差別。	

口述主題：小時候的生活點滴	
口述日期：1999/3/15	編號：02
第一次內容確認：1999/3/25 第二次內容確認：2002/4/23	

主要內容的記載：

　　鹿港的井水含有鐵質，所以白的衣服漸漸的會帶黃，要純白的衣服，得要漂白，所以利用雨水是很聰明的方法。我們住在樓上，下雨時屋頂的水有導管來盛接，小孩最高興在雨水的水管下玩水，大人會用所盛的雨水拿來洗衣服。可是下雨季節不一定很長，記得梅雨季最好玩，但冬天過年時候，長期的下雨，天氣冷就不好玩，不過大人還是要照常洗衣服，只不過衣服要好多天才會乾，而且還有潮濕味很不好。

　　小時候也會到海邊，當時有竹筏，那是以前從大陸到台灣所使用的交通工具，我們在海邊看到有用竹子編成的半圓形，它是可以住人的，有爐子可以炊飯。雖然大人會禁止我們亂跑到海邊，怕水邊危險，不過我們一群小孩子還是會偷偷跑去玩，回家後當然不敢向大人報告。在田間男孩子會在地上找小洞，拿水去灌，灌到水從洞口滿出時，蟋蟀也跟著就跑出來，另外男生也會到田間抓田螺、水蛙，看男孩子捉得很高興。夏天到了，小孩一夥也會拿長竹竿（竹梢細的）尖端塗黏膠，到樹下去等蟬叫，想辦法把蟬給黏下來，抓到很高興，可是沒有幾天蟬就會死掉，覺得可憐。

　　小時台北與鹿港，生活機能不但大不同，生活條件也不一樣，當時雖然台灣還沒有沖水馬桶，可是台北的衛生管理就較鹿港嚴格許多。在台北早上起來就聽到賣早餐的菜販在叫賣，菜色是以日式的為主，當時我們早餐是吃稀飯，日本人是吃飯，（他們過年才是吃稀飯，不然就是病人才吃稀飯），一般有味噌湯佐飯。便當菜或其他菜當時也有很多地方買得到，我家住在日本人的住宅區，家裡附近都是日本人，巷內經常有賣豆腐或魚的攤販前來叫賣。早餐的菜是用推車的方式叫賣，家裡喜歡買甜豆，種類有花豆、黑豆、豌豆、蠶豆、白豆、黃豆等，樣樣都好吃，自己煮沒有那麼好吃，所以每天都等著要買。住家巷口有一家賣炸魚餅（天婦羅）下午三點才會出來賣，很新鮮也很美味。在家附近還有一些店鋪如賣生魚片的店、雜貨店、鴨肉店，都是賣日本人吃的較多，所以我在早期就習慣吃日式食品，在家也習慣穿日本下駄（木屐）、穿和服等等，不知不覺就日本化了。

　　母親很少出門，有人每天會來幫她買菜，也會有固定的攤販會到廚房來賣，我們在巷口也可以買到烤地瓜。由於父親擔任「大和製冰廠」的總經理，所以說要吃冰可是一輩子都吃不完，但父親卻禁止我們吃冰，不過母親每天將金屬茶壺放在冰塊上，每天喝一大壺決明子冰茶。由於我們家人食量不多，所以全家都瘦巴巴。

　　鹿港的房子是磚瓦蓋的，地也是鋪紅磚（傳統地磚），台北的房子則是木造的，地板要用抹布抹，脫鞋後才能進入屋內，客廳走廊的地板使用檜木造，佣人要用布包裹豆腐渣，來回磨地板，如此才會發亮，如果我們穿襪子跑，很容易會滑倒，父親飼養一隻會說話的鳥，我經常會替牠換水、餵飼料。在我們住家的庭院有種樹及觀賞石，還有個小魚池，有一次妹妹背弟弟不小心兩個人都掉入魚池，所幸當時我喊人來救他們，後來魚池被填平變成草坪，就比較安全了。

　　我們在台北家裡除母親一人都習慣穿洋服，家裡只有母親一個人很保守，她一輩子梳中式髮型，穿旗袍。記得小時候外祖母從鹿港來台北時，鄰居日本人會來拜訪，當看到外祖母的小腳時，都很驚訝，好像是見證歷史一樣。在台北家裡是用木造的浴槽洗澡，浴槽在當時台灣人的家庭並不多見。

　　說到日本人與台灣人的差異，不論是穿的或吃的，仔細比較起來還各有各的不同。

口述主題：從日治後期到台灣光復的心情寫照	
口述日期：1999/4/15	編號：03
第一次內容確認：1999/4/25 第二次內容確認：2002/4/23	

主要內容的記載：

　　1935 年，總督府在台北舉辦「台灣始政四十週年紀念大博覽會」，這是一個大開眼界的大事，現在想起來，這次博覽會的第二年七月就發生蘆溝橋事變，不禁唏噓。台灣在戰前到戰爭末期一直都提供不少軍需品給日軍，台灣人民不但犧牲一切，還幫助日本打祖國，想起來沒有比戰爭更悽慘的東西。我出生是在日本殖民下的台灣，不知什麼才是真實的，一切都隨著環境的變化，逐漸成為日本臣民，到了終戰之日才知道台灣要回歸祖國，這不可思議的一段時間，要我們把一顆心放在哪裡？如何設定好？真的什麼都不懂，這就如同汽球在空中飄來飄去，腳無法著地是一樣的，不知明天有什麼事還要變化，就在不安的情況下過日子。光復之時，雖然嘴巴說是要回祖國，但當時我人在日本，覺得那半年多的時間最長難過，也不知道回國以後，是不是還有更難過的日子等待我，這種恐懼如同惡夢般一直纏繞著我。

　　返台之前，先是遭遇戰災燒光我們一切的浩劫，緊接而來，就是擔心如何過冬的問題。好在有軍用毛毯的配給，另外我也向農家借布料，裁製成外套、大衣和小孩的背帶、帽子。夏天在農家才看到跳蚤的真面目，有一天進入稻草堆間，覺得腳上奇癢，一看嚇了一大跳，就像黑芝麻般灑在小腿上，密密麻麻的，這些跳蚤還跳到身上，全身癢得不得了。

　　戰敗後的日本，雖然有錢在銀行，但也沒有東西可買，原子彈的罹難者和我們住在一起，大學在學時被徵兵的小叔回到我家相聚，一家人慶幸平安重逢，長男這時兩歲半會說話了，在日本一直得不到台灣的消息，心裡很不安，我也一直在思考未來這兩個國家該如何度過？我當時的心情在想，我就像是被寄養的小孩，戰爭結束後，寄養的小孩就要回到生母家，原本應該是要高興的，但是自己已經日化很深，也習慣過去的生活模式了，對於未來生母家我不熟悉，又要重新學習，面對大環境的變化，好像又要進入陌生的地方去似的，想到二十多年來所學，在將來能不能用？若不能用，如何從頭來呢？這一切似乎要歸零了。

口述主題：離開日本返國到歷經二二八事件	
口述日期：1999/5/15	編號：04
第一次內容確認：1999/5/25 第二次內容確認：2002/4/23	

主要內容的記載：

　　我與先生、小孩到達基隆的日期，是民國 35 年 2 月 28 日（一年後，剛好發生二二八事件），從基隆到台北的火車，由於大件行李是不能帶進，也因此只好坐卡車，車費要價九百圓，這價錢貴得令我心痛。我與先生回到台北，先在我娘家暫時定居，娘家相當歡迎我們。不久，住在娘家對面的日本人，鄰居通知我們說他們要回日本，同意我們搬入，很高興就搬入新居。當時在路旁有不少日人在賣衣服、賣家具等，看起來百感交集，曾經得意的日本人，這時兩手空空，陸續回國去，所有的動產與不動產，能賣的全部拋棄，不過我也看到他們是有條有理，清理乾淨之後才離開，好像沒有半句怨言，靜靜有秩序地到鄰居謝禮才離去，看了還滿心酸的。當時聽說，在一些地方，有些台灣人打日本人，然而我們周圍並沒有遇到這種事，可能是日本人也有各種程度不同的表現吧。

　　我懷孕慢了一個月才生出有先天心臟缺陷的女兒，女兒出生時哭不出聲音，臉都發黑，後來想到，可能是因為由日本返台坐船時，身上被噴太多的 DDT 而害到胎兒的，結果女兒出生後二個月時，便得了肺炎，住院不久就死了，這個小生命待在人間還不到三個月便離開，這個打擊讓我變得不講話、不出門，整天悶在家裡。由於整天悶在家裡，雖然許多親戚都勸我出去走走散散心，但我始終不為所動，不久便爆發二二八事件，起初我們以為這只是在街上所發生的衝突而已，但沒有想到一天比一天嚴重起來，我叫我先生不要出門，他不相信，後來看到路上有人受害，我們也變得越來越害怕。一個月後，大哥家被阿兵哥搶光，於是跑到我家來避難。

　　回台灣以來，除了親人的溫暖以外，其他一點都沒有希望，自己國語不懂，在家練習看注音符號的書，不得要領，也看不懂。而父親很早就請老師來家教他國語，我們還以為他是聽京戲學來的，後來知道原委，笑他心裡早有數，知道日本有一天會垮掉。其實父親很重視祖國的文化，他認為我們不能不知中國文化，也曾要我去學四書五經，他經常告訴我，光學習日文是不夠的，當時我們心裡想，父親是老古板的，不過好在我在私塾學了一段《孟子》，這也使得後來我在靜修教書時，當被禁止使用日文時，能用閩南語教生理衛生，並能脫口以閩南的讀音讀課本。

　　大陸來的阿兵哥讓大家很失望，以前日本軍人穿起軍服都很有樣子，凜然端莊，使人挺立，但是大陸來的軍人，不知是什麼雜兵，帶個鍋子走路還彎腰。有一次，一群軍人跑到我們家門口前的空地，幾個人不吭不響便燒起飯來，飯煮好了，一群軍人便圍著鍋子蹲著吃起飯來，由於語言不通，我們不敢靠近，所幸父親能跟他們溝通，隊長很有禮貌地說，吃完就走人。

　　台灣光復了，大家為表示歡迎祖國，開始穿起旗袍了，我自己也會做旗袍，於是就做了幾件平常穿，母親都一直穿旗袍。大陸來的外省人，她們穿的旗袍跟我們不太一樣，都穿樸素的陰丹士林藍旗袍，出去買菜時，碰到的外省籍女性都是這樣穿。

口述主題：開始任教	
口述日期：1999/6/15	編號：05
第一次內容確認：1999/6/25 第二次內容確認：2002/4/23	

主要內容的記載：

　　二二八事件過後，快滿一個月的時候，我到靜修教書，自己生活就較過去明朗許多，當時的學生大都不會講國語，學校的修女是西班牙人，學校老師們多半是由日本留學的較多，上課時全部用日語，我也用日語，師生之間關係相處得很好，我教的是家事，有講課，也有實習，我還教烹飪，經常帶著學生到雙連市場採購，當時生火是用木炭爐，一班五十多位，相當熱鬧。我一週上十六堂，學生很喜歡聽我講生活常識。

　　當時的物價一直在漲，大家生活都很清苦，我找母親要到穿過的破衣服，拿來改成童裝，讓小孩穿。除此之外，我還拿過去學生時代所穿過的制服（裙子、水手領上衣），拿來改成小孩的冬衣，甚至還把美國援助台灣的麵粉袋拆下來，拿麵粉袋的布做成小孩的家居服，麵粉袋的布其材質還相當耐磨，我有空就做，孩子穿的衣服都不用買，也省下一筆費用。

　　我先生民國 35 年在工業研究所擔任技正，民國 37 年到台大農化系當副教授而服務三十七年，民國 50-53 年之間兼山地農場長，在民國 74 年才退休，二年後受聘為名譽教授。先生在民國 37 年剛進台大不久，有一天帶李登輝助教來家，民國 38 年他結婚時我們都去參加，夫人曾文惠女士是我在第三高等女子學校的學妹，而且是我妹妹最好的夥伴，她妹妹後來又嫁給我二弟，朋友變親戚。

　　當時想要住台大宿舍是很不容易，我申請宿舍時，知道台大其實還有空房子，只是校方不給我，於是我就拼命去交涉，最後與校方搞得不愉快，不過終究還是分配到宿舍。

　　光復回國後，看到許多黑暗面，心裡雖然不是滋味但還是說不出來，例如在靜修上課時，先是被規定要穿旗袍；緊接要禁止使用日語；後來又不准說台語，我是三位家事老師當中唯一有一點點國語基礎的，學校還安排國語老師先教我們，不過學的都是皮毛，還好課外時間與外省老師還能聊上幾句，就這樣在靜修教了六年。民國 42 年（1953 年）我申請縫紉補習班，在家裡，有兩個教室，和陳碧棠老師一起開縫紉補習班，名為「瑪莉美拉」。

口述主題：自己開洋裁班授課	
口述日期：1999/7/15	編號：06
第一次內容確認：1999/7/25 第二次內容確認：2002/4/23	

主要內容的記載：

　　民國 42 年（1953 年）夏天，我們招了第一期的縫紉班學生，我們採用都麗美式製圖，部分縫則是由我和陳碧棠老師一起商量決定的，教材內容相當豐富，但課程只有短短四個月，所以教不完，為了不讓同學失望，我們決定免費幫同學上兩個月，同學都高興得不得了。從第二期之後，學生人數就大爆滿，教室已擠不下蜂擁而至的學生。在我們補習班課程修一年，外套類都可以做得不錯。不久，我們補習班的名氣就打響了，還辦服裝表演。除了服裝的課程，我們還開辦合唱班、美容班、烹調班等課，雖然很忙但很充實。

　　美國文化逐漸對台灣加深影響，當時受到美國電影的影響開始流行洋裝，大家對新潮的洋裝都感覺很新鮮，那時候剛好我先生到美國深造，他會寄一些新的雜誌給我做參考。

　　說到洋裁在台灣開始快速發展的另一個原因，是美軍顧問團的眷屬來往台北天母、圓山附近一帶，美國生活用品之類的東西在市面上也會看得到，當有機會與他們接近，生活就自然受到影響，而美國風的穿著文化也就順理形成影響。就像我先生從美國買回來的東西，雖然不是很多，但總讓人感受到新潮與新鮮。

　　1953 年國際時尚界是以 DIOR 的 NEW LOOK 為主的年代，他一直領導國際流行的脈絡，時間相當長。台灣服裝的洋化，也就在這時候踏出來的。

口述主題：因緣際會到實踐任教
口述日期：1999/8/15　　　　　　　　　　　　　　　　　　　編號：07
第一次內容確認：1999/8/25 第二次內容確認：2002/4/23
主要內容的記載： 　　我開補習班五年的時候（1958 年），實踐家專創校，在我的補習班有一位王巧雲同學，我叫她可以參加入學考，結果她考上了，我很有興趣想瞭解這所專科校的教學內容，王巧雲也經常向我回報學校裡的事，有一次實踐服裝科老師請假，班上推薦王同學上去代課，她試了結果反應很好，當時教務主任和訓導主任都站在教室後面，從頭看到尾，問王同學在哪裡學的，王巧雲就據實告訴學校主任，結果學校叫她來請我到實踐教，她跑來我家告訴我，我說我國語不好不敢去，推辭學校的邀請，不過學校一再地叫王巧雲來請我去，每次都被我推辭，結果最後王巧雲說要我自己去推辭，不然學校會怪她沒有聯絡好，我過意不去，見了學校教務主任，他見我沒問一句話就開口說「請妳明天就來教課」，原本我沿路準備好的推辭理由，沒有想到被嚇到全忘詞了，過一會兒，我不得不說了句「那我就是試試看」，所以學校就給我一份一學期的聘書，沒有想到，這一訂就訂走我人生往後大半輩子的歲月。 　　服裝製作的領域從二次元到三次元，從平面的世界躍進到電子世界，實踐成長幾十倍，在台灣服裝產業界一直都很有分量。

口述主題：我對服裝的一點看法	
口述日期：1999/9/15	編號：08
第一次內容確認：1999/9/25 第二次內容確認：2002/4/23	

主要內容的記載：

　　我看中國歷代的服裝，感覺是一種美感，端莊、豪華、精緻、隆重。古代織布不容易，都是用手織，透過織機將經線與緯線繁複而精細的製作出來，那種富美、隆重、權威的東西，當然要多花一些材料做成。但是，對於絕大多數的庶民之衣而言，所用的布料就簡單許多。我看日本和服和韓國服飾都是從中國服裝衍生而來，然後再融入他們的民族性。

　　東方與西方在穿的基礎上是大不同，以中式的衣服來說，衣服本身有型態，如同殼般，穿時把身體放入就是穿衣，西式則是以身體為主，將一塊布（方或圓或半圓或長條……）掛在身上，隨意纏（或許有規則）。近年來，西方人在東方的衣服發現其機能或獨特的美感，並取之小部分放在流行上。另外，東方人如何西化，這是將來必經之路。過去小時候我就批評旗袍合身的缺點，現在則是看到旗袍領的運用相當普遍，已脫離民族色彩，通俗化了。如何將東西方服飾穿著的優點融合為一，這是今後學習服裝設計者要努力的重要方向。

口述主題：記憶裡對台灣人穿著的印象	
口述日期：1999/10/15	編號：09
第一次內容確認：1999/10/25 第二次內容確認：2002/4/23	

主要內容的記載：

　　我的生活範圍較偏向都市，即便小時候待在鹿港也算是市區，所以對於農家的接觸就較少。不過，農家人與都市人服飾穿著上的差異卻是很容易分辨。

　　鹿港人很重視面子，要整理好才會出門，女人不敢隨便出去外頭，女人對於穿著很細心、注意，我小時經常觀察大人，她們都梳頭整齊才出房門，在家裡穿的衣服（常服）是棉的較多，祖母老人家都穿黑衣服，大約五十歲就算老了，衫褲較多，長褲都是全長的大筒型，有過節日或客人來的時候，外祖母都會穿上長裙，外出時會穿長衫，這算是禮服的一種。鹿港的人很文雅，講話小聲有禮貌，年長的女性額頭上會戴眉勒，眉勒中央釘上金或玉的飾品，即使在家裡也整天戴著。女性的鞋子，大部分都被褲管所蓋住，有時候坐下來時露出三寸金蓮的小腳鞋、褐色褲（挑繡的）下襬，衣長大概到放下手的手指尖長，頭上都插簪針，有的人每天插玉蘭花，因為頭髮不常洗，經常有油脂味。很重視飾品的配戴，都有戴金戒子，而且耳環還是每天戴著，不會拿下來。項鍊是金鍊子，洗澡時有拿下來，還有人會戴珍珠項鍊。

　　十多歲的女孩子就會編草帽，日治時代是由日本人提供材料，家家戶戶都在做副業編帽，有錢人也不會因為編帽而怕人說話，所以到了晚上的晚餐後才做。每人有一個大約是一尺立方大的箱子，裡面放材料，在箱子側面固定圓版，每家都很認真做副業，女孩到了出嫁前，都能夠儲蓄一些錢，拿來買金飾，很不錯。我覺得這勤勞風氣很好，當時中南部產草帽，品質看草的粗細種類而工錢也不同，品質細的、編得好的則工資相當好，也可掙得幾毛錢，當時一兩金子五十塊。

　　小時候在鹿港看到的老人家髮型一律是往後梳上去，在後面還有髮髻，有的高一點，有的較低，髮髻編法各有不同，我發現小時候梳髮時，前面的先固定在頂上，兩邊的梳理在後面之後，再放下去合在一起，編髮髻時會將髮毛沾黏在一起，使頭髮成一束在一起，整個梳整過程相當費工，所以上午梳了頭又綁了腳就要一個多小時，當時上課的第三高女的初期生，不知道是如何解決這些梳妝問題。過去很久才洗一次頭髮，洗頭算是大工程，當時沒有自來水必須挑井水，用稻草燒水的準備，纏足的女性在不平坦的廚房地上，用木桶挑水提水，洗後倒水等，井旁的地磚，有青苔、石頭等，沒有幫手的人不知如何洗髮？我後來在昭和5年，也就是民國19年到台北之後，母親改為用一種夾子，把頭髮夾起來，往上一捲成為「羊腸式」，較輕便摩登，就省事多了，台北有自來水，可以常洗，也比較衛生。

　　台灣民初的服飾，我記憶裡幼年的鹿港時代，一般男生都穿唐裝上衣和寬褲管的長褲，女生則通常是衫裙或衫褲棉織，夏天上衣是白色麻質的衣服、褲子則是黑色為主，年輕女性也會穿花布的衫褲。母親穿衫裙，當時袖子七分長的寬袖口，上衣下襬則流行弧形的款式。我六歲時（1929年）的照片，是長衫、寬袖口，式樣如同男長衫，下襬寬出，女裝領子類似鳳仙領，有裝飾織帶，寬窄都有，十分精緻，緄邊、包邊等以強烈對比的顏色。

　　我受日本教育之後，對顏色喜好有了改變，比較喜歡淡色，我不僅喜歡衣服色彩淡雅簡單，連對於台灣傳統寺廟用極多色彩，也不覺得美在哪裡。

　　第一次世界大戰之後，台灣人的思想變得更自由了，台北受到上海流行的影響。到了昭和

初年，也看到老人家穿著小腳的皮鞋，這種皮鞋可以訂做，記憶中我外祖母一直都是穿這種黑皮鞋，她個子高，穿長衫，長衫有時是絲緹花、有時候是黑絲絨，我喜歡依偎她，摸衣服的材料。

戰後我們還可以跟著祖母去永樂座，看京戲，（戰後有顧正秋、張正芬，曾來過我們家吃飯），父親也是戲迷，外婆有件最好的長衫落在我手裡，我可以穿，可是我將它捐出，我心裡還是很珍惜它的，盼望管理者不要損害其原貌，否則那會令人心痛的。

民初到光復前，鹿港地方相當保守，老一輩的人不穿太過洋化的服裝。差不多一樣年紀的台北人，就較鹿港人時髦許多，尤其是到過日本念書的台北人，穿著就更明顯的洋化。民國 12 年到日本念小學，之後考上東京府第一高女的顏梅子（她嫁給鹿港人；我外子的大姐），她因為東京大地震返台，改在台北第一高女三年級念書，當時她穿和服也穿洋裝。

台北洋化的速度相較於鄉下是快了許多，到了鄉下如同到另一個國度。大體來看，日治時期男裝比女裝洋化得快，所以穿西裝並不稀奇，可是日常穿西裝的算不多。在鄉下大部分都赤腳，有運動鞋給小孩穿就算很不錯了，有的小孩穿布鞋，有的小孩在家裡穿木屐。在台灣閩南人認為女孩子腳大不美，所以我母親用胚布縫鞋船，如同現代的襪子般，穿在鞋內，她認為這樣腳才不會快速長大，但是在台北就比較沒有這習慣。

口述主題：就讀公學校的回憶	
口述日期：1999/11/15	編號：10
第一次內容確認：1999/11/25 第二次內容確認：2002/4/23	
主要內容的記載： 　　民國 18 年 4 月我入鹿港女子公學校就讀，當時五姨和二姐（堂姐）都正在讀六年級，所以帶我去學校，學校很近，走路不到十分鐘，在我念幼稚園時也是自己上學，先到舅父家，舅父家是住在媽祖廟附近叫做「營盤地」。 　　當入學那天很緊張，到新的學校，有新的朋友、穿新的衣服，老師叫名字分配座位，講話就沒事，頒發新課本、文具、鉛筆就回家了。回家之後就拿小刀大膽的削鉛筆，看大人削很容易，自己削，結果太用力不小心，削到左手指尖，傷口很深，流很多血，自己大叫起來說：「我會死啊！」並且大聲哭，二伯父在隔壁房間趕快跑過來看，一直說「諱死啦！諱死啦！」，並向樓下叫人來，但我倔，誰要看我的手，我都不給看，用右手把左手患部抓緊不放開，母親沒辦法，就直接在我抓的上面用繃帶細心包起來，之後也不讓人家碰，好在沒有化膿，有一天繃帶掉下來，我才看到橢圓形的傷口，留在我指尖第一節，有二公分多的傷痕，這永遠的傷口是我難忘的回憶。 　　經過這次的考驗，後來我削鉛筆的技術就提高許多，每次削了一盒整齊好看的鉛筆，都很滿意的欣賞，不僅如此我也幫別人削鉛筆，一樣覺得很滿足。	

口述主題：小時鹿港生活的記憶	
口述日期：1999/12/15	編號：11
第一次內容確認：1999/12/25 第二次內容確認：2002/4/23	

主要內容的記載：

　　小時住在鹿港的房子是位在九曲巷（古名九間厝）的住宅，正門進來有寬敞的大廳，小時候覺得很奇怪，不知為何有木材放在客廳的一角，後來才知道是要準備給自己做的棺材用的木材，以前人要如此作為才能放心，當時這些福杉都要從福州搬運來台的，相當昂貴，大伯父與祖母的都有準備，所以大廳沒有擺太多的家具，大廳正面有祖先的公媽案桌，兩邊各有一張太師椅，通風很好。

　　小時候一群小朋友經常到半樓層上去探險，大人看到會叫我們下來，進去就有天井，左邊有走廊和第二落連著，五、六月天氣好時，記得祖母或伯母，她們會搬古衣箱拿衣服出來曬，也瞧見一些平日她們很少穿的禮服，她們看到衣服就會說出該件衣服是何時穿的，順便說出當時狀況的一些點滴，看她們會尊重每件衣服與穿時的狀態，心裡滿感動的。

　　記得父親每到外地（北京、上海、廣東……）都會為鹿港的兄嫂買杭州綢，她們那一件一件的衣服，都成了很有紀念性的衣服，當時絲綢的服裝都以棉布當裡布，現在想起來，其棉裡如同有襯布作用，可幫助塑型。

　　外婆家在媽祖廟附近，我常到外婆家，五姨大我五歲，由於我家距離學校很近，所以她經常到我家來玩，我母親是老大，她很疼我，常帶我去外婆家小住幾天，晚上我和五姨一起睡。小時候外曾祖母還健在，外曾祖母很能幹，當時每家都有醃製東西，如豆腐乳、醬瓜之類的家常菜，外曾祖母樣樣都會，製作出來的味道也相當好，甚至連肉脯肉鬆也會做，比外面買的還好吃，所以我在外婆家吃的東西，覺得味道特別好，連滷肉也不一樣，後來才知道醬油也是她自製的。鹿港女人平均壽命都很長，外曾祖母和外婆都活到八十五歲。

　　外公是教書人（在馬鳴山教私塾），小時外婆家還沒有電燈，用燈油的燈火來照明，到哪個房間都要提檯燈過去。黃昏時，日落西山，每家的門口就排椅子，大家在門口乘涼聊天，吃水果很有趣，我們小孩一群和舅父、阿姨常到海邊，撿貝殼看彩霞，玩得不亦樂乎。

　　鹿港有鹽田專賣局，分局在家的附近，大舅在專賣局擔任職員，在鹿港我的記憶裡，好像在民國 15、16 年才有電燈，當電泡亮起時，經常聽到大夥的歡呼聲，相當有趣。

口述主題：小時過節的回憶	
口述日期：2000/1/15	編號：12
第一次內容確認：2000/1/25 第二次內容確認：2002/4/23	

主要內容的記載：

　　小時候的端午節，看到家裡有竹（籤）盆，放了碎布、針、線、剪刀，母親有空就縫製香包，到五月節一串好多種香包就別在我胸前，在幼稚園大家會互相現寶，好高興，抱著睡很甜蜜，好幾天都陶醉在其中。吃粽子，鹿港粽是很講究的，材料作法功夫都要用最好的，每家都很用心，台北米要炒過再蒸，鹿港則是不炒直接蒸煮，米材料多，包白糯米，用水煮到很爛才加肉湯吃，另外還要吃一種煎餅，甜的是麵粉加赤糖和水，煎成薄餅，還有加菜的煎餅。

　　清明節吃潤餅，潤餅的材料更是講究，香菇、魷魚、肉、豆乾、菜類、冬筍、豆芽、海苔（絲狀）、甘藍菜，因為種類多包起來很大，吃了一卷二卷就飽了，每一家就有自己的特色。

　　掃墓拜祖先也是大事，帶了很多祭品如水果、三牲、糖果、十二碗菜、花、冥紙等，到山上車子不能上山，祭品就用背、扛得相當辛苦，祭完祖就在墓前大家一起吃帶來的食物。

　　七夕吃一種叫做糖糕，是湯圓中央用指頭壓凹的狀態。門口掛紙燈，燈上的紙剪很精緻，漂亮的紙燈讓晚上的氣氛變得很好。

　　中秋節的月餅有大、中、小不同的型態，疊起來一起整套代替錢，小時候還有賭月餅的風俗，大家晚上以水果、花、月餅，來拜月亮（月娘），拜完之後，家人就開始玩起賭月餅遊戲，誰贏了就帶回去，越晚越熱鬧，大家都很晚才就寢。

　　普渡，以前鹿港的七月，每天都有不同地方在舉行普渡，祭拜品排在家門口，祭品之多如同開店，擺置祭品都不用碗盤，而是用籤，像是商品般的展示，道士會到家門口來誦經，誦經完要給他們禮金（紅包），一群小孩會跟著到每一家去湊熱鬧，不過女孩是被大人禁止。

　　記得在鹿港時，還邀請南管社到家裡來唱一個晚上，不過年輕的一輩都不太愛聽，坐不久，一下就跑掉了。

口述主題：1940-1947 年的往事（之一）——從東京女高師畢業到結婚	
口述日期：2000/2/15	編號：13
第一次內容確認：2000/2/25 第二次內容確認：2002/6/27	

主要內容的記載：

　　1940 年 3 月父親來東京參加畢業典禮。本來沒有期待他遠路會來，知道了就很高興。我們班上同學是從全國來的，二十四位同學大部分都有家長出席，並坐在我們後面，我們穿和服、長裙腳、穿鞋子（東方服裝加上西方鞋子很奇怪）。典禮在禮堂舉行，校長、來賓講話不多，典禮一一叫畢業生名字站立，由各科代表出去領證書，我覺得這方式很實在，有意義，後來我在榮星幼稚園也採用這種方式頒發證書。

　　父親帶我回台灣之前，先在伊勢丹照相館拍照留念，和他在一起真好，火車坐二等車，旅館也住得很好。

　　在坐船的前一天下午，有一位青年來拜訪父親，他的名字叫顏滄濤，我曾看過他的照片，他是台北帝大理農科畢業的，他畢業之後到山口縣宇部市的宇部肥料會社（公司）研究室做技士。我倒茶出去之後就躲起來，從門縫中看他和父親談話，他看起來很老實，一臉書生樣，比照片溫和，當時我完全沒有和他交談。以前成年女子是不能單獨與男生自由交往，自從我進入第三高女以後，堂、表兄弟們就不再單獨往來了，主要是怕給學校同學講閒話，非常謹慎，這才算是品行端正。當時若無父親帶去的話，也不可能有機會碰到男生。現在想起來實在太古板了，好像在講古老的故事。

　　我與先生結果在雙方家人的同意之下定了這場婚事，就在父親的同意之後，對方家長就開始積極籌備婚事，沒有幾個月就訂婚了，雖然我心裡想要學習的還有很多，有一點不服氣，因為當時我到台北洋裁研究所（就是後來的登麗美安）入學，每天要上非常嚴格的八堂課，老師是由英日混血的 Jams 老師擔任，我從製圖和縫紉打基礎，一路學到研究班畢業，第二次世界大戰開始，老師被召集去當翻譯工作，我又到皇民奉公會桔梗俱樂部幫忙，在家學鋼琴、插花，也到台北幼稚園去幫忙。

　　戰局開始緊張起來，父親考慮到戰時的安危，於是就決定，在我訂婚之後的一年半，在台灣神社（現在的圓山飯店）神前完成婚禮。而結婚不久，我便與新婚的先生遠赴日本，一直待到戰後第二年才回來。

口述主題：1940-1947 年的往事（之二）——到日本宇部市定居	
口述日期：2000/3/15	編號：14
第一次內容確認：2000/3/25 第二次內容確認：2002/6/27	

主要內容的記載：

　　我與先生到了日本，是 10 月的中旬，當時紅葉翩翩很美，緊接就到了 11 月，開始下霜，氣溫一下驟降變得很冷。我與先生剛到日本，是先租房在宇部市郊區（居能區）區長的家暫住，區長的房子是典型的稻草屋頂，坪數很大有八個房間，他把一半房間租給我們，四房是分為一間八疊，二間六疊，一間四疊半的榻榻米，每天先掃一次再趴著抹二十四疊的榻榻米，另外又有很長的走廊每天都要抹地，相當辛苦，不過自己也因此養成習慣，回國之後，睡前一定要抹榻榻米，不然就睡不著。

　　到了冬天，由於天氣太冷，也招致我的流產。家人很擔心我的健康，要我吃好，並注意身體。區長家每個月都在家開區民會。住在區長家一年半之後，我們買了房子也隨即搬了家。當時的食糧是國家統一配給，米很少雜穀較多，也配給豆餅（黃豆抽油過的渣），豆餅在台灣家裡是拿來做肥料的，結果現在拿來當成主食，蔬菜與魚也是配給，沒有肉或雞，甚至甘薯也在管制的項目。配給量不夠吃，我不得已要到附近農家找自由買賣的販子，但也只能買到海草、蔬菜之類，不過有時候較貴的海鮮，如大蝦或鰻魚，也能向自由買賣的販子買到，我自己也學習做鰻魚的蒲燒，因為我會幫鄰居做衣服，不拿工錢，所以他們會送酒或煙（外面買不到）給我，外子很高興，因為食品也不能從台灣寄來，我向母親寫信訴苦，後來顏家大姊來信說，不要給家人帶煩惱，這也讓我很難過。

　　到日本半年後，小叔（六弟）滄江氏在明治大學，參加爬山時背包太重壓傷靜脈，右手血液不通要鋸掉，得到這項通知，我與先生馬上到東京慶應大學醫院去探視他，但搶救時機已過，他沒有幾天就過世，為他辦理喪事帶骨灰回去宇部，後來託親戚將骨灰帶回台灣，緊接，四弟滄浪東京帝大畢業回台，因肺疾過世，不到一個月，顏家二兄弟相繼過世，真是家門的一大不幸，這也苦了婆婆，不知她的哀傷該如何被安慰。

口述主題：1940-1947 年的往事（之三）──從生子到躲空襲	
口述日期：2000/4/15	編號：15
第一次內容確認：2000/4/25 第二次內容確認：2002/6/27	

主要內容的記載：

　　後來搬家到自己的小房子之後，不久我就生下長男（5 月 8 日），住院一週就自己理家，每天尿布洗不停，早上起身先洗一大桶，下午再洗一次，如果遇到下雨就慘了。長男九個月的時候，二姑丈魏火曜先生，從廈門護送日本小孩回日本，之後他看海上局勢不對，不能過海，於是就住在我家等待時機，到了 6 月下旬，二姑丈到千葉縣日立醫院去服務。

　　就在二姑丈離開一星期後的 7 月 1 日，半夜美國 B29 轟炸機來轟炸宇部市，一夜之間，宇部市成了平地，因為宇部市是日本最重要的工業都市，有水泥、石油化學原料（塑膠）、肥料、煤礦等大廠房所在。當夜十二點多 B29 大隊一波再一波地投燒夷彈，一下子全市變成火海，外子夜勤不在家，我背小孩（一年二個月），先把準備好的皮箱二個放入防空洞，再跑回家拿寶貴的一桶米（黑市買的）也放入防空洞，與鄰居三家婦孺七、八人躲在防空洞，沒有想到，燒夷彈掉在防空洞上，將我們預先用棉被浸水放在洞口的木蓋，燒起來了，大家驚慌失措，大聲呼喊救命，好在鄰居一位先生（他因為一隻眼睛瞎了所以不用當兵）及時來救火，雖然火被撲滅了，不過大家仍嚇得一直發抖。

　　天亮了，整條街夷為平地，好像是消失，幾公里遠外的火車站都能清楚看到。早餐是町內會送飯糰給大家充飢，大家無家可歸，可是互相安慰，欣慰的是看到外子的回來，他在工廠被擠掉進油槽，全身油味，未清洗就跑回來。

　　當天晚上，有一位從嘉義來的醫生歐陽先生，讓我們暫住他家，非常感謝他的協助，兩家人擠在一起過一夜，第二天有好心的鄰居，他在海邊有位農家的朋友，有空的房間要租出，他租小間，把大間的讓給我們，我們到處碰到貴人，在緊要關頭都能順利躲過劫難，真是要感激這些貴人的幫忙。

　　宇部市出產煤礦，當夜著火的煤炭，隨著波浪流向大海，我白天背著小孩去海邊撿拾煤屑，拿回家當燃料煮東西。

　　住家附近有農家在賣南瓜，我經常買回來當主食，吃了一陣子，結果在身上長出膿皰，這種膿皰像蓮蓬或蜂巢，又痛又恐怖，可能是血管破裂，一站起來就從腿部流出幾條血，到了 8 月初 1，日本政府規定，聽到警報一定要進入防空洞，我行動雖然不方便，但也得要跑，現在想起來可能是聯合國預報要投原子彈。沒有幾天之後，原子彈投在廣島市，山口縣與廣島縣都是鄰縣，目睹廣島現狀的人來報，說當地如人間地獄，可怕極了。

　　嘉義歐陽醫師的令弟，在廣島的銀行上班，他也罹難了，他的太太去廣島在銀行金庫前發現一堆遺骸，就把遺骸帶來宇部市。他太太已經接近產期，我讓他們母子三人住我家，不久她生女兒，晚上幫她叫產婆、燒開水等，後來我們還一起回台灣。想不到當時這位女嬰後來到實踐念服裝科，也算是與我有緣。

口述主題：1940-1947 年的往事（之四）──日本投降	
口述日期：2000/415	編號：16
第一次內容確認：2000/5/25 第二次內容確認：2002/6/27	

主要內容的記載：

　　8 月 6 日廣島被投擲原子彈的消息傳出之後，大家每天都很害怕，有一天我在海邊遙遠的天空發現有一大團大白雲，其狀如菇，第二天就聽到長崎，也被美軍投了原子彈。我就在想，昨天所看狀如菇的大白雲，應該就是那顆原子彈所造成的，只是我驚訝，離我所住的地方，到長崎也有五、六十公里遠，居然還能被我看到，我也見證了歷史！

　　當時在日本「戰敗」這種話是禁忌的，大家戰戰兢兢，偶而說出口就伸出舌頭。長崎原子彈投下之後沒有幾天，被通知 8 月 15 日中午一定要聽重要的全國廣播，那是天皇的終戰宣布，日本國民很多人都哭了，其實大家心裡早就知道不可能會贏了，這一下我很高興能回台灣，可是外子就想太多，認為不但要辭掉工作，原先買的一塊地也要處理掉（二～三百坪），保險、信託、銀行等等事宜都要去結束。

　　戰後日本國內一片紛亂，我知道冬天以前不能回到台灣，於是就開始準備冬裝。當時有軍用服或軍用毯的配給，我就拿毯子做大衣和背小孩的背帶，但沒有鞋子可穿，我只好穿撿回來的農夫鞋。

　　每天報紙都有很悲哀的報導，不少高官本來就是反戰的，但卻變成戰犯，一些高級官員接連自盡。昭和天皇太老實，他周圍只能聽到軍閥的片面之詞，像山本五十六元帥是反戰，可是力量不夠，被拖入得要炸夏威夷，而戰爭是照他說，一、二年不結束就完了，而自己也戰死。天皇是誠實純樸的人，將自己全部財產的目錄交出給麥克阿瑟，要求救國民，不顧自己，使麥克阿瑟感動之餘，對日本特別寬恕。一個領導人需要正直也要夠強才可以。

口述主題：1940-1947 年的往事（之五）──戰後返國	
口述日期：2000/6/15	編號：17
第一次內容確認：2000/6/25 第二次內容確認：2002/6/27	

主要內容的記載：

　　戰後大約一星期，朝元弟（他是被徵召的學生兵）回來了，和我們住在一起，到冬天我們的身分變成華僑了。因要遣送所有的台灣人回國，軍艦改裝等要花一點時間準備。所以我們要集中在九州的小倉市待船。一月底就到小倉市報到，等了大約一個月才有船。我們先坐火車到九州南端，再從鹿兒島坐軍艦回台灣。當時全國都很髒亂，身上要噴灑 DDT 後才能上船，上船之後只能坐不能站，這樣熬了兩天才到基隆，一人只能帶回一千元，不過從基隆到台北的卡車運費就要九百元。回到台北，沒有落腳地，只好先暫時借住娘家一會兒。

　　娘家很溫暖，我兒子是我父母第一個孫子，兒子人緣好，家人都很喜歡這日本回來的孫子，兒子不懂台語，會唱日本歌，他發音準又不怕，隨時都能唱。回台灣之後，我們先要想如何生活，外子先到我父親介紹的工業試驗所工作，一年後到台大農化系，算是有職業了。當時物價指數一直漲，錢放在銀行的話，一下就貶得很厲害，可是我與外子都是不會做生意的人，沒有辦法適應那時候的經濟，現在想，當時若買貨保值跟著時代，就不會吃虧了。我與外子只能以節省方式來應付當時變動的經濟，為了彌補微薄的薪水，外子就開始製作卡非因、皮蛋等作為副業。不久，娘家對面日本人要回國，讓我們去住，一家人住就有了著落。當時我懷孕九個月快要生，雖然營養很重要，但為環境所逼，一天只能吃一、二餐，雖然小孩可以到外婆家吃中餐，但一家人還是不夠吃，結果我的產期拖延一個多月，10 月下旬才生了女兒，女兒出生時不哭，經檢查知道她心臟有先天性毛病，一哭臉就變紫色，這可讓我著急死了。

　　女兒兩個半月時得感冒引起肺炎，我大兒子託娘家帶，我陪女兒住院，使用抗生素（盤尼西林）醫治，但是心臟無力沒有起色，2 月 17 日夭折，離開人世。魏火曜先生還說無能為力而抱歉，我實在不敢當，這一切都是命。外子和一位葬士（土公）把她葬到大直山上去了，之後我就閉門憂傷。

口述主題：靜修、補習班、實踐、榮星的任教之路	
口述日期：2000/7/15	編號：18
第一次內容確認：2000/7/25 第二次內容確認：2002/6/27	

主要內容的記載：

　　返國之後不久，外面在鬧二二八事件，到了3月底，有一天妹妹回家說，學校老師離家出走，學校沒有老師，問我要不要去教她們？於是我就到靜修女中向老修女（總監）探詢，這時裡面跑出來我的同班同學郭月霞老師，她向老修女推薦我，結果老修女要我明天就來學校上班。我就這樣唐突地跑到靜修女中擔任起專任老師（民國36年3月25日），一教就教了六年的家事課，當時雖然有部分的親戚反對女人在外面工作，可是我不理會那些封建思想的人，快樂地勝任我的教職。家事課以外有實習，我帶學生到菜市場採購，並學習烹調，我嘗試將生活與教育結合在一起，如同實踐的課程，經過六年之後，我有三個孩子，自己想要開補習班，才向校長辭去專任，轉而兼任夜間部，不過童子軍團長仍繼續做下去。

　　我在三高女的同學陳碧棠，在日本都麗美學院學洋裁，有一天和我閒談時，發現兩人都想開補習班，當場決定一起合作，於是我就開始準備教室與教具；另一方面，在靜修的童子軍教練方火爐老師，幫我們辦理申請許可證，很順利地獲得許可，而時間正好是暑假，我們開始招生，結果靜修當年畢業生就來了一群報名，我們以豐富的教材教了一期（半年），結果教材教不完，我決定免費再教一個多月，學生都很高興。之後有人要報夜間部，結果夜間部一期期很快就招滿了。經過這裡畢業的學生，在業界也都享有相當好的反應。有一天，第一屆的同學王巧雲，她在實踐念書，縫紉老師請假時她竟然會代課且教得很不錯，教務主任和訓導主任問她，叫她請她的老師來學校教，她來找我兩、三次，我先是擔心自己語言方面的問題，害怕無法溝通而推辭，原本為了禮貌到學校致意，結果沒想到蘇主任看到我，叫我明天就來上班（民國48年9月5日），我就在不知所措情況下答應了。

　　民國48年我到實踐服務，其實我的國語實在太差了，卻無意中又要到學校當教員，只好盡責去做好。至於補習班，就請陳碧棠老師的妹妹陳碧瓊老師來協助，陳碧瓊老師原本是在「登麗美安」任教。

　　自己起先說是「試試看」，沒想到在實踐一待就接近四十年，這可能是緣分吧！當初實踐才七班家事科，我教的是第三屆二百四十人。這一屆人才特別多，有前文建會主委林澄枝以及吳伯雄太太戴美玉、林柏榕太太郭月琴、郭南宏太太趙千惠等人。也有許多到國外進修的和創業的，她們的成就都讓我們覺得很欣慰。實踐升格為大學，校區又有新的內門校區，我在民國81年退休，學校繼續讓我兼課迄今，有幸在這年頭尚有機會在兩校區兼課，真是非常的榮幸。

　　在實踐服務二年之後，我被榮星機構（辜偉甫先生）聘去參與創辦榮星幼稚園，在實踐的教職改為兼任，之後又再改回來專任，而幼稚園以兼任的狀態維持三十三年，並以服務的性質協助下來。

口述主題：我的先生與子女	
口述日期：2000/8/15	編號：19
第一次內容確認：2000/8/25 第二次內容確認：2002/6/27	

主要內容的記載：

　　民國 50 年，外子當台大霧社農場場長（他做了三年），他從霧社每週要到台北上課一、二天，當時的交通狀況很不好，相當辛苦。他在任時從日本進口梨子、蘋果、栗子之苗類，種在農場或梨山一帶的榮民農場，如今二十世紀梨子已成為當地的名產了。

　　有一次實踐創辦人謝東閔先生來到教授休息室，閒談之餘，他問大家有沒有可以推薦食品營養方面的老師？結果我就介紹台大一位楊祖馨教授，創辦人當天馬上就去見他，聘請他來實踐任教，後來有一次在談，設立食品營養科時，結果學校也聘請外子來學校教普通化學，外子在實踐一教也教了二十多年。創辦人每做一件事都很快，有一次在找美工和刺繡老師，我介紹楊主任和顏水龍老師，創辦人也都馬上聯絡，請他們到校來服務。呂泉生老師是靜修女中的同事，後來又在榮星合唱團也相處過，所以實踐的老師就像一家人，當時擔任總務主任的謝敏初先生，會下廚房作中餐給老師們吃，大夥圍成一桌吃飯，蓋校舍的廖先生是我妹夫之兄，何媽媽是我妹夫的堂姊。因為這些緣故，實踐就變成我的家，有切不斷的羈絆在這裡，尤其是林成子主任與我如同姊妹。

　　我的孩子們也在無意中一個個長大成人，老大雅堂在建中念初高中，考上台大醫科；女兒珠如念北一女中，到台大園藝系；老二凱堂從建中到師大工教系；老三景堂也從建中到台大機械系，各自走出自己的路，三個男孩都打橄欖球或是熱愛田徑、登山等戶外活動，孩子有各自的活動，尤其到了大學，他們都是自己當家教自己理財，各有自律的生活。

　　民國 60 年老大與女兒同時畢業，老大當完兵（海軍醫官）之後赴美，女兒也在訂婚之後赴美，與在威斯康辛大學研究所同校的王有德結婚，老大在費城當實習醫生並再進修，民國 62 年結婚（媳婦張園林，台大植病系畢，費城大學碩士）。我在民國 62 年陪母親到美東去看么弟（么弟留下在 F.I.T.進修西裝技術科）。老二畢業後在三重高工就職，老三留校作助教並念研究所，之後到紐約哥大攻博士（材料學），老二在民國 66 年結婚（媳婦金聖子，師大音樂系畢，基隆女中教員），老三於民國 71 年結婚（媳婦李麗珠，台大經濟系畢，中信職員），他則是在日本三菱美國分公司研究製作光纖維。

　　民國 74 年外子退休，民國 76 年聘為名譽教授。外子自從退休後，就支氣管病纏身，原本到美國之後恢復正常，但回台灣之後，病情又逐漸惡化，以敗血症休克過世，永眠在八里。

口述主題：我對日本人的印象	
口述日期：2000/9/15	編號：20
第一次內容確認：2000/9/25 第二次內容確認：2002/6/27	

主要內容的記載：

　　日本德川時代的三百年之間，天下太平，保有日本獨特的文化，在衣服上、生活上有燦爛的歷史，日本中原的衣服變成和服，日本統治台灣時，在同化台灣人的政策之下，將日本和服製作技術教給我們，在三高女我們以手縫學習到嬰兒服、童裝、婦人服、男裝等，一方面也學習中國的裁剪和洋裁刺繡（日本繡與法國繡），因為洋裁是當時較新鮮的，所以我之後再專精學習，沒有想到自己後來走教學洋裁這條路。

　　日本傳統女人在家庭裡，婦女一人要會用手縫方式縫合家人衣服，洗時（浴衣以外）要拆下來，接成本來的一樣長布，而洗後以「伸子針」使之平坦（不燙）風乾，再重新縫合，所以主婦在衣服換季時，除忙於日常三餐之外，還要縫衣服給家人穿，甚至連棉被也都要自己製作。我在宇部，從區長夫人那邊學習，看她的理家，獲益不少，要做傳統的日本婦女，在衣食技術上，有太多要學習的地方，可能也是因此，早期的日本女人老化太快，彎腰的人特別多。

　　日本習俗與台灣習俗相同的地方很少，其中之一就是洗澡的習慣，他們每天要泡澡，水要多，在家庭裡，經濟狀況不好時就到澡堂去，澡堂大概在下午二、三點開始一直到晚上九點，外面寫「湯」一字就知道是澡堂。他們的規矩是在水池外洗好之後，才進入池內泡澡，不可帶毛巾入槽內，要保持水的乾淨，冬天睡前必須洗澡，所以晚上澡堂很多人，台灣留學生不習慣這些方法，有女生穿游泳衣進入槽池而被警告，就鬧出笑話來。

　　有人說日本人「有禮無體」，是指他們比較敢暴露的意思，這可能與洗澡習俗有關係，後來我有一次帶幼稚園老師們到東京 YWCA，碰到美國學生，他們一絲不掛的從房間走到洗澡間，我覺得美國比東方人更暴露，再大驚小怪的話，這也許會變成代溝之一了吧？現代文化之中的服裝秀，也有越來越野的感覺，時代在向前走還是向後退，真是不知道。

　　明治天皇十六歲時登基，在位四十五年，打破三百年的鎖國。德川把三百年的政權交還給天皇，首都由京都遷移到東京江戶城，這位名君開始派出留學生到歐洲，吸收西洋文化，整理憲法，維新治國，留學生都收穫很多回國，提高新文化水準，文理科學藝術人才輩出。

　　明治二十八年，台灣成為日本統治版圖（馬關條約），派北白川親王到台灣，後來親王病死於台南，然後以台灣神社奉祀，這位親王有許多優秀的子孫（他的外孫女曾與我同班）。明治天皇在許多和歌詩中表現得很關懷台灣，派了不少一流人才來統治台灣，乃木希典就是其中之一，他在日俄戰爭時，攻 203 高地犧牲很多兵力，自己的二子也死在這場戰役，他是德高望重的長者，後來乃木希典擔任皇家學校（實習院）校長，也做了台灣總督，本來戰後想自殺對戰死者賠罪，但等到明治天皇崩御時，他們夫妻一同自盡。

　　我六年級時，在三口縣下關參觀他的遺跡，感慨良多，日本人捨命為忠，乃木希典做台灣總督時，沒有給台灣人壓力，所以男生可留長髮辮子、女生纏足也不加禁止。歷任的總督在教育方面，地政戶政都有一貫的建設與整理，算是穩定社會，我們母校也因此在早期就創立，至今已有百年以上的歷史了。

口述主題：我對日本明治維新的看法	
口述日期：2000/10/15	編號：21
第一次內容確認：2000/10/15 第二次內容確認：2002/6/27	

主要內容的記載：

　　山口縣（長州藩）是明治維新時功臣輩出的一個縣，除此之外，露兒島（薩摩藩），在維新前後也出現不少偉人，例如吉田松蔭是漢學者，思想開通激進，培育出不少志士，因為德川（幕）政府怕他鬧事亂國將他關起來，後來被害死。

　　明治是實行洋化的天皇，德川禁止出國（出國者是要被捉去坐牢的）。明治制定洋服做大禮服，皇族階級的各層都制定有各種不同的西式禮服，學校制服也是這時代所制定的，一百多年來很多學校尚維持這種款式，例如伊敦學校，教育制度也是全國性的，台灣也是照其制度來實施。

　　台灣光復之後，經過了一段時期，執政者也發現，台灣本地人才是不少的，現在台灣教育的普遍，就學者達到97%，與大陸的3%比較起來是高出許多，相信日本的治理是功不可沒。

口述主題：日本洋化對台灣生活的影響	
口述日期：2000/11/15	編號：22
第一次內容確認：2000/11/25 第二次內容確認：2002/6/27	

主要內容的記載：

　　日本國內的洋化現象是始於明治時代，也就說是從十九世紀末開始的事，由於漸漸有人到國外旅行，因此就促使洋品的進口成為是一種時尚，日本來台灣之後，對台灣的惡習就有改革之意，像我母親是民國 6 年出生，她就已不纏足。

　　民國 10 年左右就有彰化高女，當時老師還經常下鄉訪問學生家庭，鼓勵同學上學，所以本地人當老師是很受尊敬的。

　　母親小時候上學是要穿白鞋，母親的祖母觀念太老，說白鞋是帶孝、不吉利而禁止她穿白鞋，所以必須在門外換鞋，有時候忘了換鞋踏進門，被曾祖母看到就會挨罵，這是中國習俗固執的一面。

　　父親到台北念書是民國 5 年左右，那時在台北已經可以買到進口的法國貨，記得我看過母親使用法國香水，是從台北買的。小時候父親也會經常從台北帶回巧克力給大家吃，另外還有含酒味的糖果、瓶裝的生奶（要喝才加熱），也有進口的衣服和服飾品，後來到了台北，對於這些進口貨就不再感到稀奇了。

　　到台北時，我讀小學一年級，每天可以聽日本歌唱片，那是用手捲撥條的方式，要換針，我都學會。這些都是洋化的物品，是從日本運來，為的是提高台灣生活水準。我到三高女時就吵著要風琴，還要到鋼琴，想起來父母早期給我的，後來我對小孩卻做不到，心裡深感歉疚。

口述主題：日治時期我對學校及學生服儀的印象	
口述日期：2000/12/15	編號：23
第一次內容確認：2000/12/25 第二次內容確認：2002/6/27	

主要內容的記載：

　　鹿港是好地方，有一些會館之類的民間基金，鼓勵無能力的家庭讓小孩上學，並且有提供獎學金栽培人才，所以鹿港人子弟較有機會上進，子孫們也較少有壞人，從小環境很重要，鹿港小孩坐第一班車到彰化，去念商業學校或是彰化高女，上課的人很多，台中一中、台中商業的學生也很多。

　　很多家庭老人家起得很早，他們一早就做早餐給孫子吃，當時鹿港有了小學也就有幼稚園，所以我在 1927 年就上幼稚園了，到現在還有很深的記憶，遊藝會、遠足等等都還有印象，在幼稚園學唱日本歌、說故事是用台語講、打樂器、玩具、筆、紙、黏土、剪紙等，與台北的幼稚園一樣好。

　　到台北蓬萊公學校也有很多優秀的老師，師生之間關係也很好，老師會帶學生到家裡教手工藝，三年級時老師會留下來，教我們練習寫毛筆的大字，參加書法展，小學音樂老師是請日本音樂專科學校畢業生來教，體育也是體育專科學校來的。每天集會，先讓我們聽古典音樂，之後才開早會，當時五年級就開始有惡性補習，下課後免費加強補習，一直到七點才回家，有牛奶或糙米奶可喝，結果我們那一屆考上第三高女的共有四十多位，新生一百五十名中占超過 1/3 的人數。

　　日本對教育有一套方法，老師也尊重學生的人格，沒有欺侮的行為，以現在的自由教育做比較時，免不了有軍隊教育的影子，譬如女孩子要遠足、爬山都像軍隊排隊以同速度走路，夏天也穿棉襪子，記得小學曾經從校門出發爬七星山、大屯山，又再排隊回來，現在這樣做得到恐怕只有西點軍校吧！

　　在學校的規矩，上學要穿皮鞋，進入學校校舍換白運動鞋，到操場再換黑運動鞋，習題有的不能帶回家做，像刺繡一定在學校做，還有大部分家庭都沒有風琴，要留下來在學校練習，畢業後會有一定的水準，過年過節活動很多，諸多集會，都是全校生（600-800 名之間）集中在禮堂舉行，典禮時老師全部穿正式禮服，隆重舉行。打掃工作全部是學生自己做，相當徹底。台灣本地學生品質相當高，老師們也都肯定，日本打敗回國後，與師生的聯繫不斷，同學會有編印出來，看起來很溫馨，現在我們回憶起，會懷念當時學校的校風。

　　日本對於台灣本地教育政策，開始並沒有太積極的推行，因為怕強行不會有好效果，就順其自然，台灣本來就不是沒有文化的地方，像萬華、台南、鹿港文人很多，也有私塾學堂，所以推行日語教育，是經過一段時間之後才開始的，台北士林是早期開發教育之地。

　　第一次來台的六位教育家被殺害（六氏先生），後來日本以懷柔方法到家庭訪問勸家長讓小孩上學，我父親告訴我們，他小時看到玩伴去上學，回家要父母讓他也去上學校，當時父親已經十歲多，曾經和洪炎秋先生同班（洪炎秋先是教育家，他創刊《國語日報》），又是最好的朋友，鹿港是上學率很高的地方，繼續升學或是出國的人不少，可能因為如此，所以台中一中成立得相當早，彰化高女也比台中高女早設立。父親怕見血，所以不敢讀醫，而去讀工業學校（台北工專，即現在的台北科技大學），化學科畢業。至於我母親，她說彰化高女的老師到家裡勸她讀彰女（她小學是第二名畢業），可是家裡的老祖母不肯，只好放棄。後來她一輩子

與四書五經結緣，主動到私塾終身學習，後來還會講課給人聽。

　　日本的教育很有原則，從我母親一些少女時代的照片，我看她都是結髮的，可是到了我這一個年代，孩童則是剪髮的，清湯掛麵的，到了高女時一、二年級可以剪髮，而三年級以上是兩支掃帚在耳邊，怎麼看都不覺得好看的，但不得已只能留這種樣式的髮型，所以一畢業就馬上去燙髮，覺得比較時髦，心裡很過癮，可是現在又流行起直髮，甚至有些女孩或設計師不分男女還都剪成平頭，這就是時代的潮流。日本的大學生，女高師要結髮，可能是明治時代的遺風，看照片就想笑，我小時候有同學留長髮而被老師禁止，耳環也被禁止，男生到高中畢業之前都要剃光頭，高中生上課時一定要綁腿才算服裝整齊，男女生都要穿制服和戴帽子上學，幼稚園沒有制服，但一定要穿圍裙，式樣有些一定規定，不過較為自由。

口述主題：夫家成員的穿著（一）	
口述日期：2001/1/15	編號：24
第一次內容確認：2001/1/25 第二次內容確認：2002/7/23	

主要內容的記載：

　　公公顏國年在年少時的 1900 年代曾留過辮子，穿著以中式服為主，但從 1910 年代開始不久，就把辮子剪掉，主要是因為該家族開始在煤礦業與日本人有更多的合作（例如，在 1910 年 8 月大伯顏雲年與木村九太郎外等 15 人，擬組基隆輕軌，鋪軌道於基隆與萬芳間），為表對日本的友好，男性成員特別將辮子剪掉，以表示對日本正在台灣推行剪辮的支持。從 1910 年代後期之後，公公已不再穿中式服，而改以西服及日式和服為主，而家族中年輕男性成員也同樣效法之。不過有趣的是，婆婆則是一輩子穿中式服，形成對比，展現出不同價值的審美形象。至於顏家年輕一輩的女孩，則以洋裝及和服為主。在小時就到日本念小學，之後考上東京府第一高女的顏梅，也就是先生的大姐，她因為東京大地震返台，改在台北第一高女三年級念書，當時她就是以和服及洋裝為主，甚至平日也都是穿著和服。

　　西化的風潮從男裝先開始。日治初期，男生辮髮剃掉之後開始穿的是西裝，戴黑色毛質山高帽（日語）、穿皮鞋、穿絲綢的中長袍、褲子是軟質的中式大褲管褲，早年公公顏國年就曾如此裝扮。

　　在日本文化推動下，有推薦鼓勵上流社會的人穿和服的情形，顏家成員尤其在日本友人來訪時，會特別穿上和服表達一種歡迎與尊重，讓日本人覺得和他們是同一國的。這種情形甚至延續到 1940 年代的戰爭時期，顏家媳婦與女兒輩，都還會穿上做工精緻的和服，與日本友人聚會，而這種情形直到光復之後才告結束。在日治時期穿著和服，相當程度是一種優越感的表現，象徵一種社會地位，跟今天使用名牌的道理是一樣。

　　日據時代日本人對於台灣纏足的習俗非常不贊同，認為非常殘忍而不人道，把「解放纏足、不纏足」當作是一項重點的施政方針來推行，而顏家為表示對日本政府的友好，很早就率先支持「不纏足」，所以顏家女眷成員不見有纏足的情形。日本人對台灣上流社會的人士是以禮相待，並無欺詐壓制的行為，彼此是相互尊重的關係，台灣上流社會人士的穿著，與日本人的穿著並無差別。

口述主題：夫家成員的穿著（二）	
口述日期：2001/2/15	編號：25
第一次內容確認：2001/2/25 第二次內容確認：2002/7/23	

主要內容的記載：

公公顏國年從 1919 年之後，就不再穿中式服，而改以西服及日式和服為主，自此之後，一直到晚年往生前都不曾再穿過中式服。公公個人相當重視服飾穿著，認為體面的穿著能表徵一個人的社會地位。在顏家的男性中對穿著最考究，還曾到歐洲考察時帶回好幾大箱的西裝禮服、皮鞋、禮帽。

先生的大哥顏滄海，他於就學期間都是以學生制服的穿著為主，學校畢業後開始以西服為主，偶爾會穿和服。髮型都一直維持西式中分造型的款式。對於穿著他認為西服能表現現代精神，並認為穿著中式台灣衫則顯得保守與守舊，會跟不上時代。所以他不喜歡穿中式服。

丈夫顏滄濤，他在就學期間都是以學生制服的穿著為主，對於穿著，他自認自己外貌長相平庸，不如他大哥顏滄海長得體面，身體又較瘦弱，加上個性內向所致，所以對穿著打扮不挑剔，也不在乎，相當隨性，居家時經常汗衫、短褲、拖鞋，為此還經常與他爭執。不過，還好他會在重要場合穿西裝打領帶，否則就太失禮了。

大嫂顏張女英，雖然她來自中部的傳統家庭，但個性相當時髦，對於中式衫裙、日式和服、西式洋裝各種款式，樣樣都能接受。值得一提的是，在 1930 年代她已穿起在當時相當稀有、昂貴的貂皮大衣。在髮型上，也於 1930 年代中期開始燙髮，這在當時是相當時髦的表現，甚至她為凸顯個人形象上的特色，還會在右邊額頭處燙出瀏海的造型。她不僅個人重視穿著，對於家中小孩的穿著打扮也相當費心，是相當在乎全家人的穿著與儀態。另外，她也相當重視化妝，即便只是到庭院也要打扮一番。

大姑顏梅，她在少女時就赴日本留學，深受日本文化的影響。她穿著打扮相當時髦，是顏家女性中最優雅的一位，她的形象猶如日本上流社會貴族小姐的風範，例如在她小時的 1910 年代，顏梅就曾戴過歐洲製造的少女帽子，這在當時台灣是相當罕見的。顏梅在她 1929 年時結婚，也穿著來自歐洲的全套白紗禮服，同樣這在當時台灣社會也是少見的。顏梅的穿著打扮可說都是走在時代流行的尖端。如果以今天的術語來說，就是「時尚名媛」。

二姑顏碧霞，她於基隆女中畢業之後便赴日求學，1934 年自日本東京女子大學日文系畢業。她在日本念書時，學習到嚴謹的生活規範與自治訓練，而這也是她自認獲益最深的地方，學成返國之後，她在穿著上就比較樸素，而她穿著最大的轉變，是在夫婿任職台大醫院院長時，她開始在醫院擔任志工，而且是長達五十年，從摺紗布到疊衣服再到做手術包等，五十年如一日。經過這歷程，讓她人生價值有了大轉變，而這種轉變也反映在她服飾的審美價值，變成低調不奢華，樸實不施胭脂，如鄰家婦人一般，所以她雖貴為台灣名門子女，但轉變之後就常被稱呼「魏媽媽」，改變之後的她，認為人最美的時刻，不是高級名牌的穿著或是濃妝豔抹，而是在與別人相處時，所呈現的自然笑容。

口述主題：小時候生活點滴的回憶	
口述日期：2001/3/15	編號：26
第一次內容確認：2001/3/25 第二次內容確認：2002/7/23	

主要內容的記載：

　　台灣的社會就是中國人的社會，從大陸過台灣的開祖說起，一定是從苦鬥開始，到台灣這塊有福的土地來，辛苦經營、老天慈悲、普照善民，漸得小康。日本來時，其實台灣這塊地，四百年來被各種人管理過，怎料大陸放棄我們，日本人在馬關條約中正式接手來管的，再反抗也是多流血的，這想法，使得此地良民都乖乖聽日本人的話做事，剛開始日本人除了誤會之外，也沒有帶給台灣人民太大的壓力。初期的總督大都是穩健派，所以社會現象不會太亂，以前有土匪會搶劫，日本會抓壞人，警察能力很強，社會安定沒問題。

　　父親出生在鹿甘泉酒廠，排行老么，這時日本統治已有六年了，據說酒的生意很好常買不到酒（是送到大陸賣）而會吵架，所以日本來以後，煙、酒是國家經營的，祖父不甘心就結束，後來就買地當地主，將地租出去。鹿港人一住就好幾代很少人會搬遷，所以五萬人口的鹿港算是繁榮的港口，從鹿港出去一夜就到大陸，坐的是竹筏之類簡單的交通工具。父親與二兄相差十歲，與大兄相差二十歲，相當受到疼愛，所以從小就像「阿舍」（公子哥兒）般的長大，可能是父母親太溺愛，所以他較軟弱，成人出社會時已經進步不少，父親的工作是在台中酒檢驗處，身為酒廠兒子，又是酒檢驗的技術人，但卻滴酒不沾。

　　當時西洋社會是「DANDY」的時代，這是什麼樣的時代呢？「DANDY」就是一身漂亮的打扮，不做事，且肯用錢救人布施的人，歐洲很流行這種風氣，父親很適合這一類的人，鹿港也有這種人的會社，所以有慈善、興學會，許多出資者經常開會，看照片他們都穿白麻長衫在開會，後來變成穿西裝，也會打麻雀、聽南管。

　　我小時候常聽那些優雅慢調的音樂，覺得很親切，母親還會和外婆去辜家看京戲，家裡有丫嬛（以前有人賣身），後來到台北就不用丫嬛了，在鹿港的日本人不多。

　　鹿港的大家族，禮節很多，有時候會感覺很煩，經常一個月會遇到好幾次祖先的忌日，每次祭拜的祭品很多，又必須從後棟搬到前棟，女人都忙不完。小孩過年過節就樂了，家族中我排行女生第五，堂哥的太太叫我五姑仔時，我特別高興，大家族就是很規矩地稱呼，後來到台北去，偶爾回故鄉就變成客人了。

　　小時候在鹿港每天下午三點都有點心可以吃，經常吃到鴨燉當歸的點心。很悠哉的看魚池、養魚，也經常到海邊看堆成山的鹽田。大伯家前面有草原，如同運動場，有羊在吃草，我們也學下圍棋。

　　鹿港家族的後代，現在大部分都住在台北或出國，只有六弟（大伯的三男），一家二老人還住在鹿港，他的四男一女偶而回來探視他們。外國回來的孫輩，住不習慣這樣的大房屋，空空洞洞，現在添加藍球架，院子也修成美式庭院，鹿港社會也一直在變，將來要與孫兒聯絡，可能還要透過網路的方式了！

口述主題：我的自述	
口述日期：2001/4/15	編號：27
第一次內容確認：2001/4/25 第二次內容確認：2002/7/23	

主要內容的記載：

　　我參加三高女的招生考試，結果順利考上。三高女是混合現在國中及高中學制，為四年制。在三女高就讀時每一個人都有自己專用的置物箱，有不同的專業教室。三高女非常重視生活教育，每個細節都規定得很仔細，比方說，每個人有三雙鞋子：一雙皮鞋是上學途中穿用，一雙白色鞋子是上課時候在教室穿用，一雙黑色鞋子為外出的工作鞋。每年都會在四或五月的時候舉辦一次遠足活動，秋天時會舉辦登山活動。參加這些戶外活動時，穿著制服、穿寬鬆的燈籠褲、白色棉長襪、戴帽子。學校還會選擇適合學生觀看的電影讓學生欣賞。

　　在三高女畢業前夕，我考取日本東京女子高等師範學校，赴日為期一年的時間。在東京女子高等師範學校，就讀幼兒教育方面的課程。當時的課程是聲樂、器樂、美術、心理、教育、倫理等學科，至於醫學、法律、工理等學科則限男生就讀。

　　一年後自日本返國，到台大附近的台北洋裁研究所（後來改名為「登麗美安」）入學，學習洋裁。登麗美安洋裁，源自於英國體系由日本人所創辦，每班約有四十至五十人，每星期上課六個整天，每天七小時的密集課程。課程一開始就以縫紉機製作絲質等布料的內衣，循序漸進、按部就班，從部分縫到完整的一件。另外，製圖打版、帽子飾品、刺繡手工藝等，都有一套嚴格有系統的教學方式。為期四個月的初級課程之後，有研究科或師範科的課程設計，再加上獲得政府承認，而吸引許多遠從南部慕名而來的學生。可見登麗美安對台灣服裝基礎教育的貢獻，有不可抹滅的重要性。

　　我的母親及阿姨曾於我初二時，也到登麗美安學習洋裁，因為這樣，我母親受到流行趨勢的影響，觀念比較歐化而且開明，因此她也會穿洋裝洋服。

　　1942 年 9 月 21 日，當時我二十歲，與二十七歲的顏滄濤先生結為連理。先生自基隆高中進入台大農專再考取台灣大學理農科。與先生結婚後赴日住在九州宇部山口縣。在日本期間，生有一子顏雅堂。1946 年 2 月 28 日台灣光復後回國，先在工業試驗所工作；1948 年到台大教學。我於 1947 年到靜修女中以日文或台語教授家事、生理衛生等，並且擔任女童子軍 47 團團長。於 1953 年自靜修女中辭職。

　　與曾在日本都麗美學院，學洋裁學習的陳碧棠老師，在鄭州路 29 巷開設瑪莉美拉洋裁補習班，為期六年，培育了許多人才。1959 年（民國 48 年）秋天，我到實踐家專教授家政。當時實踐家專邁入第三個年度，原本是二年制，在創立服裝科後才改為三年制。

　　我出生於 1923 年 9 月 15 日的鹿港大有口 663 號。有六名兄弟姊妹，在家排行老大，下有二個妹妹三個弟弟。父親施安在家排行老三，有二位哥哥，當時家族成員有二十多人，是鹿港顯貴的大戶人家。

　　祖父在鹿港開設鹿甘泉酒廠，所出產的酒品廣受歡迎甚至銷售到大陸。到了日據時代，酒品事業收歸為國營事業而成為當時的大地主。父親施安於二十四歲時娶了當時十八歲的陳月嬌為妻，翌年產下我。

　　我在四歲時就讀鹿港第一公學校附屬幼稚園，滿六歲時進入女子公學校就讀，只讀了一個學期，因為父親北上，到辜顯榮的二兒子所創立的大和製冰株式會社任職總經理，舉家搬遷到

台北的後火車站附近，於是便轉學到台北蓬萊公學校就讀。1935 年在蓬萊公學校以第一名成績畢業，接著考取了三高女（即是現在的中山女高）。

我的外祖父在十六歲時考上秀才，家裡是一個家學淵源的書香門第，對於子女的教育非常重視，外祖父很能接受新的觀念、新的想法，沒有男女性別歧視，所以不論男女都可以接受良好的教育。我的祖父出身大戶人家，也是位秀才，對子女的教育重視程度也自然不在言下，所以我從小就接受完善良好的教育。

我就讀的幼稚園，當時所用的課程與教材，都和後來就讀日本國立女高師時，所附屬幼稚園的教材是相同的。可見當時台灣和日本的幼教教育制度相同，而且已經建立起非常完善的制度。當時幼稚園沒有制服，上課時大多穿著中式便服，有時候會穿著父親自台北帶回來的洋裝或洋服。

日據時代日本人對於台灣纏足的習俗非常不贊同，認為非常殘忍而不人道，到了 1920 年代中後期，纏足的陋習已經廣泛的被廢除。在幼稚園時期，我就穿著母親親手用胚布做成的鞋船。

後來搬家到台北，就轉學到蓬萊公學校。當時的公學校是專門提供給本島子弟就讀，所使用的教材和專門給日本人就讀的小學校大部分是一樣的，只有文科方面有一點不同。公學校一、二年級的老師大都是台灣人，三年級以上到六年級的老師，則大多是日本人。1920 年代以後，本島人開始可以和日本人同一班一起念小學。

在我讀二年級的時候開始有了制服，蓬萊公學校是第一所穿著制服的學校。制服可以自己製作，也可在特約店訂製，「行成行號」是當時最具規模的制服特約店。每一所學校的制服都不同，蓬萊公學校女生的制服是白襯衫、中腰位置有剪接線的藏青色背心裙，配上白色長襪、戴著白色帽子，鞋子為娃娃鞋造型，河童髮型。在課程方面重視說聽讀寫，學習日本的地理歷史，也學習中國的地理，但是不教中國歷史。四年級開始學刺繡，用鉤針製作便當袋等成品，五年級時學習烹調、自己手縫做圍裙。

口述主題：我對小時候流行的記憶（之一）	
口述日期：2001/5/15	編號：28
第一次內容確認：2001/5/25 第二次內容確認：2002/7/23	
主要內容的記載： 　　我自從三、四歲看大人在縫繡東西就很有興趣，甚至還模仿，有時候自己要穿針線，穿不過就不高興，哭了之後就睡著，還記得母親和伯母都說我脾氣大又好強，穿不過針就生氣。 　　當時大人穿的衣服都是自己在家裡做或拿去裁縫店做。我記得伯母穿的是軟料材質的長褲和大袍衫，裡面是用瑪瑙珠串吊圍兜樣的東西，夏天上衣是麻質的白衣。伯母、姑媽她們都纏腳，有時候看到她們在天井（中庭），二、三個人在換纏腳的布（腳白），我看到的腳趾都變形，好奇就問這問那，母親會講給我聽，母親沒有纏足就上學校，所以穿的是較年輕的服裝，穿旗袍、裙子、上衣之類的服飾。 　　看了當時的照片會想起很多生活上的回憶，在家裡穿的布鞋，大人都會做，當時有很多人打赤腳，我們赤腳會挨罵，一定要穿鞋，當時已經有帆布的運動鞋，牌子是「華盛頓」，大家以「華盛頓」當做運動鞋的代名詞，說要穿「華盛頓」去學校。父親從台北買回母親的長衫布料，當時算是很時髦的，我記得也有長背心，和長衫一樣長，也有開叉，聽說是從上海流行進來的。當時流行尖頭的皮鞋，偶爾母親外出也會穿高跟鞋，她個子瘦小才 36 公斤，幾十年都一樣，到五十歲吃素才胖起來。母親頭髮都是束在後頭結髮，弄頭髮、梳頭髮就花了不少時間，上午都花在打扮一身就快中午了。 　　在鹿港的大家族，買菜是大房大哥的專職，每天一大堆在八、九點就買回來。三個媳婦每人輪一個月負責掌廚。母親個子小煮大鍋飯，是相當吃力，有查某嫻仔（每房一個）會幫忙帶小孩、打掃等，偶而也會發生吵架等事。我小時候祖母已經六十幾歲，看起來很有威嚴的樣子，我會去撒嬌向阿媽要一錢或五分（半錢），知道去買糖果。我穿的是母親做的寬袖（當時流行的）長衫，或父親買的洋服。有時候也穿褲子和短衫之類，當時沒有成衣可以買，過年過節，都會穿母親做的新衣服。	

口述主題：我對小時候流行的記憶（之二）	
口述日期：2001/6/15	編號：29
第一次內容確認：2001/6/25 第二次內容確認：2002/7/23	

主要內容的記載：

　　後來到台北，母親也是照樣做衣服，我小時候乖乖穿，長大就會要求自己喜歡的，後來覺得不夠時髦叫母親去學習洋裁（在我十二、三歲時），台北的風紀不同於鄉下，對流行接受度很高。我經常看到對面家的日本人的女孩，穿著很講究的衣服，這位女孩的母親，後來成為登麗美安的主任，光復後他們家回日本，而那位名字叫陽子的女孩，後來還當選「MISS 靜岡」。

　　我們較早到台北，所以日常生活全部穿洋服，母親則一輩子大都穿旗袍，式樣一律不變，我一直想我們民族的智慧可能是凝集在這簡單的款式裡，分析之下，發現有五個理由：

1. 保護人體最脆弱的脖子（以立領），以最小面積的造型包住頸部，「立領」（stand collar）是最省布。
2. 以一塊布前後摺半包住身體，腋下挖掉，補袖下不夠的長度，手橫舉包住直立的身體與手，自然包住得沒有遺漏，恰到好處，動作方便實用又省布。
3. 開口處的智慧。領口和腋下之線是最短距離的線，開在此有合理的功能，簡化美之極致。
4. 下半旗袍從腋下是 Tent Line，合乎步行時的動態，布幅之下襬寬，不開叉也可以步行。而有開叉時可應付更大的下肢動作，也使得走動時有動態美，有自然的流線美。
5. 腋下處是 Arm Hole 所在，以人體工學來說，這裡寬分不太多時，手（上肢）運動較自由向 360 度都可以動。這與大袖（比較時）機能好，具有舒適又有實用價值。

口述主題：我對小時候流行的記憶（之三）	
口述日期：2001/7/15	編號：30
第一次內容確認：2001/7/25 第二次內容確認：2002/7/23	
主要內容的記載： 　　話又說回來，西化的風潮從男裝先開始。台灣日治初期，男生辮髮剃掉之後開始穿的是西裝，戴黑色毛質山高帽（日語），穿皮鞋，我父親偶而穿絲綢的中式服，相當講究，連內衣也是絲製（白色），褲子的式樣是軟質的大褲管中式褲，也有看過父親穿長袍馬掛，可惜沒有特別去照相。 　　當時西方款式帽子的流行也影響到台灣的服飾。民國初年，阿伯（伯父）他們雖然穿中式服，但帽子不戴中式碗型帽，而戴西式的山高帽，好像西化是從頭部開始。西裝一穿，日本人、本島（省）人都一樣沒有分別，當時日本的官服是詰襟（日語）（立領），不用釦子，而是用鉤子的。民間也有立領的西裝。男學生從小學到大學上衣，一律是單排五顆釦，小學的是翻領，中大學是立領，立領內層有白色護領可換洗。大學有的釦子是以校徽做成的金色釦子。制服是由各校自行規定，很多學校制服，是以緄紗織的叫做霜降下（日語）之棉布製作，如今穿牛仔布那麼普遍。有特色的小學是樺山小學（日人學校），制服如同童子軍服。女生制服各校有各校的特色。 　　制定學生制服是在昭和初期，之前沒有規定，所以穿中式西式都有，女孩多穿上衣和七分褲（中式）或洋裝。 　　有上過學的台灣女性較洋化，家庭婦女常服是衫、裙或衫、褲襠較多，後來穿旗袍的人增加，母親因為髮型改不過來，所以穿洋裝不適合，自己知道，所以一輩子穿旗袍為主，後來我帶她去美國時，她就穿套裝，往後是內穿旗袍外罩西式外套。 　　流行透過電影或雜誌，從上海、香港、日本傳來台灣，民國 40 年以後，美國人進來，穿衣思想更趨西化，中式服自然就消失了。	

口述主題：我對始政博覽會的回憶與感慨	
口述日期：2001/8/15	編號：31
第一次內容確認：2001/8/25 第二次內容確認：2002/7/23	

主要內容的記載：

　　昭和 11 年，是台灣始政四十年博覽會的開幕，會期有幾個月之長。台北市的公會堂落成，做為大會的中心（現在的中山堂），當時的博覽會算是空前的大規模展覽會，從全省各地來台北的人非常多，幾乎人人都想辦法抽空一定要來看。當時台灣的產業中農業相當有成就，糖是第一號出口產品，樟腦也是世界數一數二的，林業檜木也夠供應內外需要，蓬萊米的品質與日本產的一樣好，一年有兩次收成，煤產金礦也都夠幫助本土的需求。台灣人民被教育成日本的忠民，日語到處會通，與日本本土沒有兩樣，食品更是豐富，所以日本各縣市也來展示，日本的來賓也很多，我們學校很早就帶我們去看過，當時印象最深的是電話，電話打過來時，可以和對方講話。

　　在展覽會看到了不少日本本土文化面的東西，也有原住民的生活和他們的食品，如栗餅等。記得台陽公司在會場展示金磚，看是一小塊金磚，卻沒有人拿得起來，小偷徒手是偷不走的，一次看不完，分做幾次才能夠仔細看。也有日本的採真珠人（海女）做演出，在大玻璃箱水中像魚游來游去，看得很驚奇。我家剛好住在離台北後火車站一百多公尺的地方。南部親戚朋友帶他們的朋友們，住在位於工廠空室的簡易宿舍，父親與母親免費招待中南部來的客人，來訪住在家裡的客人，父母還招待早餐，後來不認識的人也會來了。

　　日據時代台灣社會很少出現小偷，所以大門不關，晚上也沒有人會來，想起當時滿有人情味的。

　　沒有想到二次世界大戰日本戰敗，日本人只能帶著自己提的行李回去了。軍閥害到一個國家。其實日本國民也有很多不愛戰的善良人，被軍人害得大家也過了一段慘兮兮的生活，現在一切都回復了，有不少人紛紛來訪台灣，找找自己曾經在台灣住過的房子，以及看看過去曾熟悉的環境，相當感慨。

口述主題：我的個性	
口述日期：2001/9/15	編號：32
第一次內容確認：2001/9/25 第二次內容確認：2002/7/23	

主要內容的記載：

　　要我或我家人講話，聊天是可以，但說理就沒有那種口才。所以不能說服人，或表達精彩，我一生就不是在前方帶動人的，都是默默地在實務上做事，偶而開個口而已的。這樣較實在，所以謀事或企劃等對我來說是不拿手的。我小時候在學校做過班長，不是自願也不是被選，是被指名的，後來參加不少團體，我也不要帶隊，乖乖做會員，幼稚園長也是被指名而做的，剛好我外子也不愛出風頭，所以我不做××長，這樣比較放心。小孩讓他們自由發展，不勉強，也不逼他們拿第一名。我以前拿第一名時父親說「女孩子念得那麼好，做什麼？」我沒失望，也不在乎一定要第一名的。有一次考試拿 80 分，我想可能會挨罵，考卷上要家長寫評語，父親寫「這樣就好。」我也就放心了。母親到了 70 多歲，我才知道她在念書時是第二名畢業，彰化高女要她去念。所以在我小時候對於學業一點兒都沒有壓力。我對小孩也沒有給他們太大的壓力，不過希望他們能考上公立學校，這樣才能省學費。

　　最幸福的是每天在感謝之中過日子，學生們更是好，常有人來看我、幫忙我、關懷、照顧等。

口述主題：兒時點滴回憶	
口述日期：2001/10/15	編號：33
第一次內容確認：2001/10/25 第二次內容確認：2002/7/23	

主要內容的記載：

　　在我幼稚園時，每天從九曲巷走到外婆家，帶著表弟（小我幾個月的陳哲）到鹿港第一公學校附屬鹿港幼稚園。過了一條長長的街頭，沿路兩邊是店舖，地上鋪的石頭路，鹿港人很會打招呼，所以我遇到長輩就要稱呼。普渡時，每一天都有人在拜拜，拜拜會有很多的祭品，當時有乞丐會來要飯。幼稚園老師有一位是大腳、一位是小腳（纏腳的意思），記得講了許多故事，例如阿里巴巴、桃太郎、小紅帽，幼稚園唱遊是日本歌曲（例如，月亮、餅乾火車、肥皂泡、春天、娃娃等等……）。

　　外公過世時我剛好三歲，看大人在哭喪我也學「我苦啊，我苦啊！」大家笑我很會哭。外婆一輩子不罵人，腳是小得有名，內媽年紀比外婆大，我經常去外婆家和她一起睡，外祖很會做肉脯，都做很多很好吃。

　　搬到台北轉入蓬萊公學校，父親買日本唱片給我們，每天我們會自己聽唱片，父親都聽國劇也會唱清唱，家裡有院子有小池塘，有一次六歲的妹妹要背四歲的弟弟，兩個人一起掉進池塘，我大聲去叫人來，才把弟妹抱起來，其實水不太深，裡面有鯉魚，庭園也飼養黑色會講話的鳥。有一次大弟在玩黑豆，把黑豆放在鼻子中，越挖越進去，哭了又哭，父親知道嚇得帶大弟去醫院，才拿出來，大家笑翻了，從此大弟就變得很膽小，大弟上幼稚園時，母親每天都要站在窗口看他，如此才能安心。

　　小學五年級時，父親有一天帶回我和妹妹的新和服給我們，和服很漂亮，可惜沒有留下照片。住在台北之後，暑假都會回鹿港玩，堂兄相當迷古典音樂，所以我們很有耳福，小時就聽了不少洋樂，後來我在東京也找機會去日比谷聽交響樂的演奏（白俄人指揮）。

　　祖母八十歲時，全家夜半就要起來，一家人全體到齊，依照順序叩頭拜壽。現在要把子孫全部集合起來，則還真不容易。

口述主題：我的獨特裁剪	
口述日期：2001/11/15	編號：34
第一次內容確認：2001/11/25 第二次內容確認：2002/7/23	
主要內容的記載： 　　我先後在美國以及大陸申請裁剪法的專利，我的獨特裁剪主要的精神是一種單接縫立體結構的剪裁，是一種服裝紙型，在圓桶狀的針織布上裁剪出一件襯衫裁片，而紙型本身分為左右對稱，前後中心都使用雙摺的一整塊裁片，包括前後身連袖的款式。製作時將前袖下對其縫合到角處。轉角繼續縫合於前身腋下部。在延伸縫合前身斜的剪接線至領口，即成一件具有立體效果的襯衫，再以同質料或羅紋料在領口、袖口處理後就完成一件襯衫。這種結構合乎人因工學，適合任何體型，好動作又方便，沒有壓力。縫製工程極少，材料耗損低，機能強又經濟，從基本款又可以變化出各種不同款式的服飾。	

口述主題：1960 年代台灣服飾在穿著上的一些改變（一）	
口述日期：2001/12/15	編號：35
第一次內容確認：2001/12/25 第二次內容確認：2002/7/23	
主要內容的記載： 　　愛美是人的天性，人們在經濟條件狀況改善之下，都會重視外觀與穿著。台灣在 1950 年代民眾生活求的僅是安飽、簡樸，根本無餘力將心思放在穿著打扮，但是到了 1960 年代，由於經濟逐漸穩定，國民所得的提高，生活條件的改善，因此大家才開始對美感有了重視與要求。就在這樣的情況之下，在 1960 年，國內首度舉辦台灣第一屆中國小姐的選拔，這次的活動在當時造成相當大的轟動，大家都很好奇。在這次選拔的每位選美佳麗，走在伸展台時，還會展示時裝、禮服、旗袍，這也成了最佳的服裝表演。由於這次選美活動引起國內社會相當大的震撼，效果相當好，所以緊接而來，民間就開始舉辦許多相關的選美活動。可以肯定的，選美活動為台灣社會追求時髦審美的提昇有絕對的影響。 　　受到選美風的影響，許多廠商也開始注意到，找尋外型貌美、穿著時髦的妙齡女郎，邀請她們在產品發表會的活動上擔任模特兒，以為商品進行宣傳、促銷，這也造就了國內商品展示會，出現模特兒搭配演出的情形。除了以展示方式的宣傳代言外，在當時也會邀請模特兒以時裝走秀的方式，作為推廣產品的一項噱頭。甚至國產衣料時裝發表會，也會安排模特兒走秀。不論是展示小姐的代言、選美活動或是模特兒的走秀，都使得台灣社會對流行、對美感產生一股熱切的渴望。	

口述主題：1960 年代台灣服飾在穿著上的一些改變（二）	
口述日期：2002/1/15	編號：36
第一次內容確認：2002/1/25 第二次內容確認：2002/7/23	
主要內容的記載：	

　　在 1961 年由當時的實踐家專（自 1997 年 8 月改制為實踐大學）成立服裝設計科。這是國內在大專院校首創的科系。這個科系的設立，是因為學校有鑑於國內紡織、成衣業的蓬勃，體認到應該在大專院校設立服裝設計科系，以培育服裝成衣高級專業的人才；並且期望透過設計理念的融注，來提高服裝產品的附加價值。

　　實踐家專服裝設計科的成立，對國內衣飾文化的重視以及服飾產業的提昇，確實帶來極大的貢獻，其貢獻至少有兩項重點：其一是，它將流行文化概念帶入到服裝養成教育並影響服飾產業，例如所培育出來的學生，進入到就業市場，將其所學到的服裝設計概念影響業界，提昇國內業界對服裝設計的水準，奠定國內服裝重視設計，有助於服飾品質的提昇；其二是，它帶動國人對服飾美感的重視，讓國人對時尚服飾與形象美，有可依循的指標，例如不僅每年該科系所舉辦的服裝動態展都造成轟動，該科系對時尚美的評價、看法與呈現，均成為社會大眾的一項重要指標。

　　「台灣電視公司」於 1961 年正式成立，並且在 1962 年 10 月 10 日雙十國慶正式開播。在台視首開國內電視公司之後，「中國電視公司」也於 1969 年正式開播，成為我國第二家電視公司。由於這種將影像、畫面快速傳送到每一戶家庭，讓觀眾在家裡就能及時看到資訊，改變了國人在視覺上的習慣。其中在服飾形象穿著方面，觀眾經由螢幕上人物的穿著打扮，除了更普遍、更快速獲得服飾流行的訊息，甚至還能帶動模仿與學習。對於電視具有帶動流行時尚文化的這項功能，電視公司也懂得加以運用，尤其是借重服裝表演來提高收視率。

口述主題：1960 年代台灣學生制服的發展	
口述日期：2002/2/15	編號：37
第一次內容確認：2002/2/25 第二次內容確認：2002/7/23	

主要內容的記載：

　　在 1960 年代，小學生的髮型並無嚴格規定，男女學生以棉質便帽為主，不過各校的帽子款式與顏色，為了表現該校特色而有顯著的差異。在九年國教實施之後，小學生制服其款式更趨一致性的模式，小學女生夏天穿白色上衣、藍色吊帶裙；冬天則為全身卡其服、藍色外套。小學男生夏天穿白色短袖上衣、藍短褲；冬天則為全身卡其。不過各校為了表現該校的特色，仍顯示出其之間的差異。

　　國中生的髮型有嚴格規定（男生以「三分頭」；女生以俗稱「西瓜皮」為標準）。男女學生以藍色「船型帽」帽子為準。國中生制服可以說相當的統一，男學生夏天衣服樣式為白色上衣、藍短褲；冬天上身改為卡其衣為主。女學生夏天為白色短袖上衣、下為百褶裙；冬天則上為卡其服、下為百褶裙或黑色長褲。

　　高中生髮型有嚴格規定（男生以「五分頭」；女生以俗稱「西瓜皮」為標準）。男學生以卡其色「大盤帽」為準，而女學生為著軍訓服、戴卡其色「船型帽」帽子。高中生男生夏天為短袖卡其上衣、卡其褲；冬天男生為全身著軍訓服即卡其衣褲，外套以藍色夾克為標準（但各校款式略有差異）。女生夏天制服的款式基本是一致的，均為短袖上衣搭配裙子，不過各校會以顏色來作為區隔形成校服的不同（例如，代表北一女的綠色、代表北二女的白色、代表景美女中的黃色，都是極具特色的）；冬天分為二式（平日著校服，軍訓課時則規定一律穿卡其衣裙，外套以黑色西裝型款式為準）。鞋子以皮鞋與布鞋為主。另特別值得一提的是，在高中生制服中，嚴格規定女生必須著白色襪子，男生必須著黑色襪子。這些以嚴格的規定來規範學生，似乎說明服飾美在學生制服系統中並不重要，學生制服的目的只是為了服務政治而存在。

附錄二

1910 年代至 1960 年代 302 張傳世老照片的影像及說明

年代：1910

圖片編號：圖 001	
檢索編號：10-809	
時間背景：1910	
內容說明：顏國年（右一）。	
服飾特色：顏國年穿著中式服；旁邊友人則穿日式西服，兩人皆穿西式皮鞋，成為中西合璧。	

圖片編號：圖 002	
檢索編號：10-008	
時間背景：1910	
內容說明：魏火曜（小嬰兒）與母親。魏火曜的父親是台灣新民報的創辦人，這份刊物是當時唯一的漢文報。	
服飾特色：魏火曜穿著雙色紗線織成的日本和服。	

圖片編號：圖 003	
檢索編號：11-791	
時間背景：1911	
內容說明：顏國年（坐在第二排）在基隆的礦場。	
服飾特色：顏國年頭戴西式帽，身穿素色西裝，襯衫上打領結。	

年代：1910

	圖片編號：圖004
	檢索編號：12-587
	時間背景：1912
	內容說明：顏國年和長女顏梅及長男顏滄海。
	服飾特色：顏國年和長女顏梅及長男顏滄海皆穿著中式服。
	圖片編號：圖005
	檢索編號：15-094
	時間背景：1915
	內容說明：施素筠老師舅舅就讀鹿港公學校的畢業合照。該學校是施家家族成員就讀的學校。
	服飾特色：學生都穿著中式服裝。
	圖片編號：圖006
	檢索編號：16-007
	時間背景：1916
	內容說明：顏張女英（顏滄海夫人）。
	服飾特色：頭髮留如男孩樣。穿了洋裝，當時在南部，小孩穿洋裝很稀有，衣服設計複雜，質地是絹絲，容易起縐。

年代：1910

圖片編號：圖 007	
檢索編號：18-807	
時間背景：1918	
內容說明：顏國年（左三）與族親在瑞芳。	
服飾特色：穿著中式、西式服裝，戴西帽。	

圖片編號：圖 008	
檢索編號：18-807	
時間背景：1918	
內容說明：顏國年（右四）與族親在基隆合影。	
服飾特色：服裝有中式、西式、中西混穿相當多樣。	

圖片編號：圖 009	
檢索編號：19-803	
時間背景：1919	
內容說明：顏國年（中間坐者）。	
服飾特色：顏國年穿和服戴西式帽，周邊人物穿著也以日式和服為主，腳上穿日式木屐。年輕學生頭戴學生帽。	

年代：1910

	**圖片編號：圖 010**
	檢索編號：19-802
	時間背景：1919
	內容說明：顏國年（左一）與友人。
	服飾特色：著和式浴衣。

	**圖片編號：圖 011**
	檢索編號：19-097
	時間背景：1919
	內容說明：施素筠老師父親施安的同學。
	服飾特色：著台北工業學校的冬季制服。

	**圖片編號：圖 012**
	檢索編號：19-101
	時間背景：1919
	內容說明：施素筠老師父親施安，就讀台北工專時與同學合照。
	服飾特色：台北工業學校的制服。制服夏季為白色，冬季為黑色；黑衣白褲是春秋季時的款式。

年代：1910

	圖片編號：圖 013
	檢索編號：19-770
	時間背景：1919
	內容說明：右為施素筠老師的母親施陳月嬌女士，與舅媽陳李順治女士。
	服飾特色：身穿中式服，但鞋子款式為西式皮鞋。
	圖片編號：圖 014
	檢索編號：19-806
	時間背景：1919
	內容說明：顏國年。
	服飾特色：顏國年穿和服戴西式帽，腳上穿日式木屐。
	圖片編號：圖 015
	檢索編號：19-301
	時間背景：1919
	內容說明：顏國年全家福。長女顏梅（右二）、次女顏碧霞（右一）。
	服飾特色：長女顏梅自東京回來，穿洋裝、戴西式帽、穿皮鞋。次女顏碧霞則穿中式（母親作的）。長子顏滄海（左一），以及父親顏國年和其左次子（顏滄波）、右三子（顏滄濤）則穿和服。顏國年夫人穿中式服。

年代：1920

	圖片編號：圖 016
	檢索編號：20-015
	時間背景：1920
	內容說明：女畫家張李德和女士（施素筠老師大嫂的母親），為畫家林玉山的女弟子。
	服飾特色：張李德和女士穿中式服裝。
	圖片編號：圖 017
	檢索編號：20-019
	時間背景：1920
	內容說明：張元榮貢生（張李德和女士的公公）與他的學生。
	服飾特色：服裝穿著都以中式服為主，但帽子則為西式帽。
	圖片編號：圖 018
	檢索編號：20-106
	時間背景：1920
	內容說明：施素筠老師父親施安在鹿港。
	服飾特色：穿著和服。

年代：1920

圖片編號：圖 019	
檢索編號：20-210	
時間背景：1920	
內容說明：施素筠老師父親施安的好友辜皆得先生，他是辜振甫的哥哥。	
服飾特色：全身為西式禮服的穿著。	

圖片編號：圖 020	
檢索編號：20-176	
時間背景：1920	
內容說明：施素筠老師父親施安。	
服飾特色：全身穿著西式服。	

圖片編號：圖 021	
檢索編號：20-102	
時間背景：1920	
內容說明：施老師的父親施安（右一）與同學。	
服飾特色：穿著西式服。	

年代：1920

圖片編號：	圖 022
檢索編號：	20-103
時間背景：	1920
內容說明：	「台灣公立台北工業學校」的團體畢業照。施安（站在前排一二之間的後方）。
服飾特色：	台北工業學校的制服。

圖片編號：	圖 023
檢索編號：	22-715
時間背景：	1922
內容說明：	前左一為顏德修，前左二為顏欽賢先生，前左三為顏真，前左四為顏國年先生，前左五為丁顏梅女士，小嬰孩為顏德馨，前左六為管家。
服飾特色：	顏德修、顏德潤著學生制服，顏欽賢著和服，顏國年、顏真與顏梅穿西式服。

圖片編號：	圖 024
檢索編號：	22-063
時間背景：	1922
內容說明：	顏家來訪的日本友人。男士為宮城道雄一（是盲人，是日本國寶級的人物）在顏家基隆陋園。
服飾特色：	大人穿著和服；小女孩穿著西式洋裝。

年代：1920

圖片編號：圖 025	
檢索編號：22-801	
時間背景：1922	
內容說明：顏國年（坐右二）與日本官員一起合影。	
服飾特色：顏國年穿著整套白色西式服，手拿西式帽。	

圖片編號：圖 026	
檢索編號：22-110	
時間背景：1922	
內容說明：台中就職酒專賣局（國營）職員送迎會。施素筠老師父親施安（左前排左一）的送迎會合照。	
服飾特色：施素筠老師父親施安穿西式服。周邊男士穿著相當分歧，有中式、西式及中西合璧。	

圖片編號：圖 027	
檢索編號：22-113	
時間背景：1922	
內容說明：鹿港祖厝全家照。後右一施安（父），右二施富（二伯），右三施時（大伯）。後排左二位（大姑之子女）。中排右一施陳月嬌（母），右二施黃過（二伯母），右三施陳賢（大伯母），中祖母施林引，左一四姑，左二三姑，左三大姑。前排左起大姐施連治、梁素月（大姑的女兒）、三姊施水定。前右一大兄施心田，右二二兄施秋山，右三三兄施焜山。	
服飾特色：除施素筠老師父親穿著西式服之外，其餘都是穿中式服。	

年代：1920

	圖片編號：圖 028
	檢索編號：22-114
	時間背景：1922
	內容說明：施素筠老師的曾祖母。
	服飾特色：穿著中式服。
	圖片編號：圖 029
	檢索編號：22-115
	時間背景：1922
	內容說明：施素筠老師的大姑母（梁太太）。
	服飾特色：穿著中式服。
	圖片編號：圖 030
	檢索編號：22-1150
	時間背景：1922
	內容說明：顏雲年家人照。右一為謝顏善，小女孩為謝顏善之長女謝巧。後站者為顏欽賢。中顏柯（顏雲年夫人）。左一顏雲年四姨太（阿火）。左二為顏緹。
	服飾特色：顏雲年家人穿著有中式傳統服、西式服、學生制服等不同的款式。

年代：1920

<table>
<tr>
<td rowspan="5"></td>
<td>圖片編號：圖 031</td>
</tr>
<tr>
<td>檢索編號：22-116</td>
</tr>
<tr>
<td>時間背景：1922</td>
</tr>
<tr>
<td>內容說明：施素筠老師的大伯父施時與大伯母施陳賢。</td>
</tr>
<tr>
<td>服飾特色：施時著中服戴西帽（當時風俗）；施陳賢則為中式穿
著打扮，纏小腳。</td>
</tr>
<tr>
<td rowspan="5"></td>
<td>圖片編號：圖 032</td>
</tr>
<tr>
<td>檢索編號：22-117</td>
</tr>
<tr>
<td>時間背景：1922</td>
</tr>
<tr>
<td>內容說明：施素筠老師的祖母施林引。</td>
</tr>
<tr>
<td>服飾特色：中式穿著打扮。</td>
</tr>
<tr>
<td rowspan="5"></td>
<td>圖片編號：圖 033</td>
</tr>
<tr>
<td>檢索編號：22-118</td>
</tr>
<tr>
<td>時間背景：1922</td>
</tr>
<tr>
<td>內容說明：施素筠老師的父親施安與母親施陳月嬌。</td>
</tr>
<tr>
<td>服飾特色：施素筠老師的父親施安著西式服與母親施陳月嬌著中
式服。</td>
</tr>
</table>

年代：1920

	**圖片編號：**圖 034
	檢索編號：22-119
	時間背景：1922
	內容說明：施素筠老師的二伯父施富與二伯母施黃過。
	服飾特色：施富著中服戴西帽（當時風俗）；施黃過則為中式穿著打扮，纏小腳。
	**圖片編號：**圖 035
	檢索編號：23-069
	時間背景：1923
	內容說明：左一是顏雲年四姨太阿火，左二是顏雲年夫人，右二顏國年夫人，右一顏雲年的三姨太跑仔（德馨母親，曾經是名藝旦）。
	服飾特色：顏家女眷有中式與西式，不同的穿著打扮。
	**圖片編號：**圖 036
	檢索編號：23-080
	時間背景：1923
	內容說明：顏雲年四姨太阿火。
	服飾特色：中西合璧的穿著打扮。

年代：1920

	圖片編號：圖 037
	檢索編號：23-084
	時間背景：1923
	內容說明：顏國年（右一）。
	服飾特色：西式的穿著打扮。
	圖片編號：圖 038
	檢索編號：23-066
	時間背景：1923
	內容說明：右一是顏國年夫人顏謝滿，嬰兒為顏滄江。左一是顏扁（為顏東年的長女也是周碧夫人，其大兒子為周英才，他的太太汪懿範是曾文惠的表姊）。右三是顏雲年四太太（阿火）。左二是顏雲年夫人。前男孩為顏滄濤。後男孩為顏滄浪。
	服飾特色：中式與西式不同款式的穿著。
	圖片編號：圖 039
	檢索編號：23-083
	時間背景：1923
	內容說明：顏國年（右二）與基隆炭礦所所長及所長孩子。
	服飾特色：顏國年西式的穿著打扮。

年代：1920

	圖片編號：圖 040
	檢索編號：23-456
	時間背景：1923
	內容說明：基隆雙葉公學校畢業旅行，照片中打「X」者為顏滄濤。
	服飾特色：公學校學生制服的穿著。

	圖片編號：圖 041
	檢索編號：23-484
	時間背景：1923
	內容說明：顏國年先生的全家福。左二為施素筠老師的先生顏滄濤。著西裝者為顏國年（右三）。
	服飾特色：孩童著學生制服，大人則分別穿著中式與西式服。

	圖片編號：圖 042
	檢索編號：23-711
	時間背景：1923
	內容說明：大姐顏梅（站者右一）念東京女高師時。前站立右一為顏滄濤。
	服飾特色：女生以和服配西式裙；男童穿學生制服。

年代：1920

圖片編號：	圖 043
檢索編號：	23-713
時間背景：	1923
內容說明：	顏滄濤先生的大姐顏梅在東京女高師時。
服飾特色：	穿著時髦的西式服。

圖片編號：	圖 044
檢索編號：	24-107
時間背景：	1924
內容說明：	施老師的父親施安（坐右一）。
服飾特色：	上下不同材質的套裝。

圖片編號：	圖 045
檢索編號：	24-034
時間背景：	1924
內容說明：	顏滄海（台北一中，為現今的建中）。
服飾特色：	台北一中穿制服。

年代：1920

圖片編號：圖 045	
檢索編號：24-121	
時間背景：1924	
內容說明：大和行懇親會。施安（三排右三）。	
服飾特色：有中式、西式及日式學生服等不同的款式。	

圖片編號：圖 047	
檢索編號：24-122	
時間背景：1924	
內容說明：後左一為施安。	
服飾特色：施安穿著西式服。	

圖片編號：圖 048	
檢索編號：24-805	
時間背景：1924	
內容說明：顏國年與日本礦業界友人。	
服飾特色：顏國年西式的穿著打扮。	

年代：1920

圖片編號：圖 049	
檢索編號：24-120	
時間背景：1924	
內容說明：前排右二黃炎秋（國語日報創辦人）。前左一王永宗（台陽礦業文書主任）。最後排左一丁瑞圖。最後排中為牙醫。最後排右施安。	
服飾特色：施安穿著平日相當少見的中式服。	

圖片編號：圖 050	
檢索編號：24-129	
時間背景：1924	
內容說明：施安與好友許金木。	
服飾特色：施安西式的穿著打扮。	

圖片編號：圖 051	
檢索編號：25-781	
時間背景：1925	
內容說明：顏國年。	
服飾特色：顏國年西式的穿著打扮。	

年代：1920

	**圖片編號：圖 052**
	檢索編號：25-768
	時間背景：1925
	內容說明： 顏欽賢的婚禮。新娘為郭美錦是三高女優等生。前排右四為顏國年先生。第二排左二為陳逸松的夫人。前排左一為顏國年先生的二太太。右一、二為新娘的弟弟。
	服飾特色： 新娘穿中式衫裙戴面紗；新郎則穿西式服。
	**圖片編號：圖 053**
	檢索編號：26-011
	時間背景：1926
	內容說明： 中央為張元榮（父為進士）號少六貢生。老伯母為當時諸羅小姐第一名（美、賢、小腳）。後排右三為張女英（張女英父為張錦燦是醫生）。母為張李德和是女畫家。張女英後來嫁給顏國年的長子顏滄海。中排左一為張李德和。中排左三為田野夫人。中排右一為張錦燦，右二為張鼎驅校長，右三為田野先生。前排左一為張敏英（霧峰林家林正雄的夫人）。
	服飾特色： 日人穿和服，野田是張女英二伯，娶日人太太。穿文官服，戴肩章或禮服。小孩穿洋服、和服。前排右三穿台灣服。
	**圖片編號：圖 054**
	檢索編號：26-804
	時間背景：1926
	內容說明： 評議委員於總督府內合影。辜顯榮（左二）；顏國年（三排右二）。
	服飾特色： 日本大正天皇大葬時，所以日人戴孝。顏國年則穿西式服。

年代：1920

	圖片編號：圖 055
	檢索編號：27-549
	時間背景：1927
	內容說明：顏國年。
	服飾特色：顏國年穿西式服。
	圖片編號：圖 056
	檢索編號：27-736
	時間背景：1927
	內容說明：顏國年。
	服飾特色：顏國年穿西式服。
	圖片編號：圖 057
	檢索編號：27-817
	時間背景：1927
	內容說明：顏國年（前右二）在陋園與日本客人。
	服飾特色：有中式、西式、日式不同款式的服裝穿著。

年代：1920

圖片編號：圖058	
檢索編號：27-162	
時間背景：1927	
內容說明：施家親戚。有大舅父子、五姨（左一）、四舅（左二）。	
服飾特色：施素筠老師大舅穿西式服，五姨穿旗袍，四舅穿學生制服。	

圖片編號：圖059	
檢索編號：27-412	
時間背景：1927	
內容說明：施素筠老師四歲時。	
服飾特色：穿著皮鞋、旗袍。	

圖片編號：圖060	
檢索編號：27-131	
時間背景：1927	
內容說明：施安。	
服飾特色：相當時髦的穿著。	

年代：1920

圖片編號：	圖 061
檢索編號：	27-132
時間背景：	1927
內容說明：	施安與友人。前右一為王永宗。
服飾特色：	穿著時髦的施安。

圖片編號：	圖 062
檢索編號：	28-479
時間背景：	1928
內容說明：	顏國年（左二）、顏欽賢（右二）與日本皇族合照。
服飾特色：	顏家男性西式穿著；女性則為中式穿著。

圖片編號：	圖 063
檢索編號：	28-130
時間背景：	1928
內容說明：	施素筠老師全家福照。父母、素芬（三歲）、子琛（四個月），在鹿港老家。
服飾特色：	施素筠老師父親穿著西式服；施素筠老師及母親穿著中式服。

年代：1920

圖片編號：圖 064	
檢索編號：28-478	
時間背景：1928	
內容說明：顏國年（左一）、顏欽賢（左二）與日本皇族（坐者）伏見宮殿下。	
服飾特色：顏家男性西式穿著；女性則為中式穿著。	

圖片編號：圖 065	
檢索編號：28-307	
時間背景：1928	
內容說明：顏家家人合影。	
服飾特色：男性皆穿學生制服；女性穿著西式服。	

圖片編號：圖 066	
檢索編號：28-485	
時間背景：1928	
內容說明：顏國年全家福。	
服飾特色：顏國年穿西式服，顏國年夫人則穿中式服。就學階段的男性都穿學生制服；年輕女性穿著西式服。	

年代：1920

圖片編號：圖 067	
檢索編號：29-769	
時間背景：1929	
內容說明：丁瑞鈇與顏梅的結婚照。前排右二為高商（現中興大學）的校長桐田先生。後排左二為顏國年先生。前排左一為施素筠老師的婆婆。	
服飾特色：男士全穿西式服裝，台灣女士則穿中式的服裝。日人女性穿和服。顏梅穿時髦全套西式白紗。	

圖片編號：圖 068	
檢索編號：29-005	
時間背景：1929	
內容說明：顏雲年三女顏緹（律師陳逸松夫人）。	
服飾特色：麻紗，直型線條，剪短之前留長髮，肩有裝飾蝴蝶結，連袖時髦的年輕款式，相當具有設計感。	

圖片編號：圖 069	
檢索編號：29-135	
時間背景：1929	
內容說明：施素筠老師的父親施安。	
服飾特色：穿著相當體面的西服。	

年代：1920

	圖片編號：圖 070
	檢索編號：29-136
	時間背景：1929
	內容說明：施素筠老師的母親與大弟子琛，子琛生病住台大醫院病後出院。
	服飾特色：當時女裝短衫衣長到中腰，寬袖與短衫下襬齊長。
	圖片編號：圖 071
	檢索編號：29-305
	時間背景：1929
	內容說明：顏國年全家福。
	服飾特色：顏國年穿相當正式的西式服，顏國年夫人則穿中式服。就學階段的男性都穿學生制服；年輕女性穿著洋裝。
	圖片編號：圖 072
	檢索編號：29-314
	時間背景：1929
	內容說明：顏滄海太太顏張女英的妹妹。右為張敏英（張女英二妹）。左為張女英三妹。中為張瓊英（張女英四妹）。
	服飾特色：顏張女英的妹妹們穿西式童裝。

年代：1920

圖片編號：	圖 073
檢索編號：	29-828
時間背景：	1929
內容說明：	顏滄浪國小學校的畢業典禮。
服飾特色：	學生穿日式學生制服。

年代：1930

	圖片編號：圖 074
	檢索編號：30-003
	時間背景：1930
	內容說明：顏碧霞十九歲時。
	服飾特色：當時她很摩登，服裝頭髮都在名店做，在1930年代初期燙髮的人很少，當時燙髮方式是以慢烤熱來燙出造型。服飾是低腰直筒式，白花邊領，絲質蝴蝶領帶，袖口有寬袖口布。
	圖片編號：圖 075
	檢索編號：30-004
	時間背景：1930
	內容說明：顏雲年的女兒顏緹在京都讀高女時。
	服飾特色：服飾白領，白卡夫，絲蝴蝶領帶，直髮束在後，樸素的髮型。
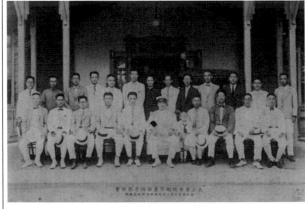	圖片編號：圖 076
	檢索編號：30-177
	時間背景：1930
	內容說明：施素筠老師父親施安（前右一）台北工專的同學會。
	服飾特色：施安著西式服。

年代：1930

圖片編號：圖 077	
檢索編號：30-306	
時間背景：1930	
內容說明：顏國年夫婦。	
服飾特色：顏國年穿相當正式的西式服，顏國年夫人則穿中式服旗袍。	

圖片編號：圖 078	
檢索編號：30-329	
時間背景：1930	
內容說明：張女英的日本同學。	
服飾特色：穿著時髦的洋服。	

圖片編號：圖 079	
檢索編號：30-331	
時間背景：1930	
內容說明：顏滄海夫妻。	
服飾特色：穿著西式服，其中外套款式相當時髦。	

年代：1930

圖片編號：圖 080	
檢索編號：30-170	
時間背景：1930	
內容說明：施素筠老師父親施安（前右一）。	
服飾特色：施安與友人穿著相當體面講究。	

圖片編號：圖 081	
檢索編號：30-174	
時間背景：1930	
內容說明：母親朋友美玉女士。	
服飾特色：穿著時髦的旗袍。	

圖片編號：圖 082	
檢索編號：30-175	
時間背景：1930	
內容說明：施素筠老師的母親。	
服飾特色：穿著洋服時，仍保有中式髮型。	

年代：1930

圖片編號：圖 083	
檢索編號：30-481	
時間背景：1930	
內容說明：顏國年日本友人來訪。坐右一為顏欽賢，坐右二為顏國年，後排站左五為顏梅。	
服飾特色：顏國年、顏欽賢穿西式服，顏國年夫人穿中式服，顏梅穿西式服。日本女性友人穿和服。坐右一為顏欽賢，坐右二為顏國年。	

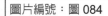

圖片編號：圖 084	
檢索編號：30-780	
時間背景：1930	
內容說明：楊漢龍長女（瑞珠）和盧慶祥（台陽礦業）結婚典禮合影。	
服飾特色：顏國年（坐右一）、顏欽賢（坐左一）均穿西式服，手拿白色帽子。	

圖片編號：圖 085	
檢索編號：31-156	
時間背景：1931	
內容說明：施素筠老師的大弟子琛，讀台北愛育幼稚園。愛育幼稚園是日本人佐竹先生開設的。	
服飾特色：幼稚園小朋友穿平日外出服。	

年代：1930

圖片編號：圖 086	
檢索編號：31-293	
時間背景：1931	
內容說明：顏滄海在基隆祖厝的婚禮。	
服飾特色：顏滄海穿正式西式服，施素筠老師三位堂嫂（站二排中央）穿著和服。顏國年先生穿西式服，顏國年夫人穿中式服。	

圖片編號：圖 087	
檢索編號：31-825	
時間背景：1931	
內容說明：顏國年（坐右四）與台陽公司員工合照。	
服飾特色：顏國年先生穿西式服。	

圖片編號：圖 088	
檢索編號：31-008	
時間背景：1931	
內容說明：施素筠老師與父母弟妹合影。	
服飾特色：除母親之外皆穿西式服。	

年代：1930

	圖片編號：圖 089
	檢索編號：31-023
	時間背景：1931
	內容說明：張女英與友人（立者）。
	服飾特色：穿中式款式的服裝。
	圖片編號：圖 090
	檢索編號：31-304
	時間背景：1931
	內容說明：顏國年家人合照。
	服飾特色：除顏國年夫人外皆穿西式服及學生制服。
	圖片編號：圖 091
	檢索編號：31-312
	時間背景：1931
	內容說明：顏滄海夫妻。
	服飾特色：顏滄海著西式服，張女英則穿中式款式的服裝。

年代：1930

	圖片編號：圖092
	檢索編號：31-332
	時間背景：1931
	內容說明：丁瑞鈇、顏梅夫妻與長男丁逸民。
	服飾特色：丁瑞鈇著和服、顏梅穿時髦的洋裝。
	圖片編號：圖093
	檢索編號：32-355
	時間背景：1932
	內容說明：右起林熊徵、許丙、三好德三郎、辜顯榮、顏國年。
	服飾特色：顏國年著西式服。
	圖片編號：圖094
	檢索編號：32-525
	時間背景：1932
	內容說明：顏國年。
	服飾特色：顏國年穿著正式大禮服。該服飾是顏國年1925年到西歐及美國參觀旅行，在英國所量身訂製的。

年代：1930

圖片編號：圖 095	
檢索編號：32-526	
時間背景：1932	
內容說明：顏國年的夫人。	
服飾特色：施素筠老師的婆婆一輩子穿傳統黑色中式服裝，因此施素筠老師的兒女叫她「穿黑衣的祖母」，而稱施素筠老師的母親叫「穿白衣的祖母」，以分別兩位祖母。	

圖片編號：圖 096	
檢索編號：32-822	
時間背景：1932	
內容說明：顏國年（二排右四）、辜顯榮（前排右三）、林熊徵（左二）等人於總督府內與總督合影。	
服飾特色：顏國年著西式服。	

圖片編號：圖 097	
檢索編號：32-299	
時間背景：1932	
內容說明：顏碧仙（前排第六位，顏國年四女）基隆幼稚園畢業典禮。	
服飾特色：顏碧仙穿白色背心。	

年代：1930

圖片編號：圖 098
檢索編號：32-302
時間背景：1932
內容說明：顏國年與夫人合照。
服飾特色：顏國年穿著正式大禮服，顏國年夫人則穿傳統黑色中式服。

圖片編號：圖 099
檢索編號：32-317
時間背景：1932
內容說明：顏欽賢兩位兒子。右為顏惠民五歲（台大地質畢業，五十三歲卒）。左為顏惠忠三歲（現台陽礦業及光榮商職董事長）。
服飾特色：穿著非常精緻的童裝。

圖片編號：圖 100
檢索編號：32-336
時間背景：1932
內容說明：顏滄海夫妻與嬰兒顏椒暉等人。左一為張兒雄（張女英之弟，台大醫學院），左二魏顏碧霞。
服飾特色：女性穿著時髦的洋裝。

年代：1930

圖片編號：圖 101	
檢索編號：32-413	
時間背景：1932	
內容說明：施素筠老師九歲小學三年級時。	
服飾特色：穿不對稱的領形洋裝，服裝式樣是來自日本服裝雜誌。	

圖片編號：圖 102	
檢索編號：32-820	
時間背景：1932	
內容說明：顏國年（前坐右三）與友人生日會聚會。	
服飾特色：顏國年著西式服。	

圖片編號：圖 103	
檢索編號：32-779	
時間背景：1932	
內容說明：北投周碧兒子周英才與汪懿範結婚合影（汪懿範是李曾文惠之表姊）。新娘之左為蓬萊公學校老師日人井口先生。右二為周碧先生。右一為周碧夫人顏扁（顏扁是顏滄濤的堂姐）。右三為顏國年。第二排右九為顏欽賢。前左三四為新娘之父母親汪明燦夫婦。	
服飾特色：顏國年與顏欽賢穿西式服。	

年代：1930

圖片編號：圖104	
檢索編號：33-536	
時間背景：1933	
內容說明：張李德和與台展得獎作品合影。	
服飾特色：張李德和穿著中式服。	

圖片編號：圖105	
檢索編號：33-157	
時間背景：1933	
內容說明：施素筠老師讀公學校時北投遠足。	
服飾特色：施素筠老師穿著學生制服。	

圖片編號：圖106	
檢索編號：33-296	
時間背景：1933	
內容說明：顏家祭祖合影。	
服飾特色：顏欽賢（左一）穿著西式服；顏滄濤（右二）穿學生制服。	

年代：1930

圖片編號：圖107	
檢索編號：33-345	
時間背景：1933	
內容說明：張女英父母家人和親戚於嘉義合影。	
服飾特色：有中式及西式服不同款式的穿著。	

圖片編號：圖108	
檢索編號：30-334	
時間背景：1934	
內容說明：北投周碧與顏扁夫妻，與長男周英才及其妻汪懿範，嬰兒周宗文（宗文的太太是李遠哲的姊姊）。顏扁是顏雲年大哥的女兒。	
服飾特色：男性穿中式服，女性則穿旗袍。	

圖片編號：圖109	
檢索編號：34-341	
時間背景：1934	
內容說明：周英才（藏前高工畢業）夫妻和周文宗。	
服飾特色：周英才著西式服，周英才夫人燙時髦髮型及穿新潮的洋裝。	

年代：1930

	圖片編號：圖 110
	檢索編號：33-628
	時間背景：1934
	內容說明：左一是周碧夫人顏扁（顏東年長女）。左後排站是汪懿範（曾文惠之舅父汪明燦之長女），為周英才夫人。右一是李燦星夫人。右二是周碧的女兒純（李兄愛夫人）。中立之小孩為周宗文。顏媽抱著周宗武。李媽抱李長孫。
	服飾特色：年輕婦女穿旗袍，年長女性則穿兩件式中式服西式服裝，孩童穿西式服。
	圖片編號：圖 111
	檢索編號：34-036
	時間背景：1934
	內容說明：顏滄海、顏張女英、顏椒暉於東京。
	服飾特色：顏張女英穿著相當豪華的狐狸毛大衣。
	圖片編號：圖 112
	檢索編號：34-138
	時間背景：1934
	內容說明：鹿港大舅之長男陳哲、次男陳德、長女玉惠。
	服飾特色：男童穿學生制服。

年代：1930

| 圖片編號：圖 113 |
| 檢索編號：34-462 |
| 時間背景：1934 |
| 內容說明：基隆中學畢業同學合照。顏滄濤（後排右三站立者）。 |
| 服飾特色：顏滄濤穿基隆中學制服。 |

| 圖片編號：圖 114 |
| 檢索編號：34-464 |
| 時間背景：1934 |
| 內容說明：台大入學歡迎會。顏滄濤（後排右二站立者）。 |
| 服飾特色：顏滄濤穿台大學生制服。 |

| 圖片編號：圖 115 |
| 檢索編號：34-488 |
| 時間背景：1934 |
| 內容說明：慶應大學三田會歡迎會在蓬萊閣（圓環附近）。顏滄海（最後一排右二）。 |
| 服飾特色：顏滄海穿西式服。 |

年代：1930

圖片編號：圖 116	
檢索編號：34-541	
時間背景：1934	
內容說明：前左一顏碧仙、中顏椒暉、右一顏碧秋。	
服飾特色：女童著西式服。	

圖片編號：圖 117	
檢索編號：34-624	
時間背景：1934	
內容說明：顏滄海（前左二）與慶應大學同學及學弟合影。	
服飾特色：顏滄海穿西式服。	

圖片編號：圖 118	
檢索編號：34-771	
時間背景：1934	
內容說明：魏火曜先生與顏碧霞的結婚照。前排右四為台灣日日新報社的大澤社長。第二排左四為顏德潤先生。第二排左五為顏欽賢先生。第三排左三為顏滄濤先生。第三排左四為顏德修先生。	
服飾特色：新娘穿全套白紗禮服。	

年代：1930

圖片編號：	圖 119
檢索編號：	35-040
時間背景：	1935
內容說明：	施素筠老師讀公學校時參加旅遊，在台灣神社（台北圓山）前與其他同學合影。台北市公立學校每年聯合舉辦內地旅行，每校都有一位老師，所以五十多個學校共有十位老師。
服飾特色：	施素筠老師穿學生制服。

圖片編號：	圖 120
檢索編號：	35-557
時間背景：	1935
內容說明：	顏滄海全家福。小孩左起：顏椒暉、顏椒香、顏椒媚。
服飾特色：	全家體面的穿著。

圖片編號：	圖 121
檢索編號：	35-776
時間背景：	1935
內容說明：	顏德修的婚禮。新娘的右邊為辜顯榮先生，新郎左為許丙先生，前排右七為顏國年先生。
服飾特色：	新娘穿著全套白紗禮服。

年代：1930

圖片編號：圖 122	
檢索編號：35-778	
時間背景：1935	
內容說明：前排右五為顏麗珠（施素筠老師先生的同父異母姊姊）與新郎高雲霖先生的婚禮。	
服飾特色：新娘穿著全套白紗禮服。	

圖片編號：圖 123	
檢索編號：35-528	
時間背景：1935	
內容說明：顏國年先生的全家福。左一及左二為魏火曜夫婦。	
服飾特色：除顏國年夫人外其他人皆著西式服。	

圖片編號：圖 124	
檢索編號：36-494	
時間背景：1936	
內容說明：顏家友人來訪於基隆顏家庭園合影。	
服飾特色：顏碧霞（中間）戴帽子穿洋裝，張女英（二排左六）穿和服。	

年代：1930

| 圖片編號：圖 125 |
| 檢索編號：36-690 |
| 時間背景：1936 |
| 內容說明：右一顏欽賢、右二丁瑞鈌、右三楊漢龍、右五陳逸松、左三顏德修、左四顏德潤、左五顏滄海等人合影。 |
| 服飾特色：顏德修穿和服。 |

| 圖片編號：圖 126 |
| 檢索編號：36-143 |
| 時間背景：1936 |
| 內容說明：施素筠老師的二堂姊。 |
| 服飾特色：穿旗袍。 |

| 圖片編號：圖 127 |
| 檢索編號：36-144 |
| 時間背景：1936 |
| 內容說明：施素筠老師的五姨（母親的妹妹）。她在台北登麗美安學服裝。 |
| 服飾特色：穿時髦的洋裝。 |

年代：1930

圖片編號：圖 128	
檢索編號：36-163	
時間背景：1936	
內容說明：愛育幼稚園遠足。後排右五為施子玨。	
服飾特色：孩童穿一般外出服，頭戴統一的白色帽子。	

圖片編號：圖 129	
檢索編號：36-196	
時間背景：1936	
內容說明：外婆（父親是蔡進士）與家人於鹿港的合照。	
服飾特色：外婆小腳有名。她所穿的三寸金蓮繡花鞋典藏在鹿港文物館。	

圖片編號：圖 130	
檢索編號：36-198	
時間背景：1936	
內容說明：四舅陳炳麟（後來在台陽礦業擔任總經理）於基隆神社結婚。媒人顏國年夫妻。前排由左為施安、施子琛、陳繼志、施子玨、外婆（陳蔡家）、新娘黃素子、新郎陳炳麟。右起新娘家人、右二顏國年太太（顏謝滿）、右三顏國年。後排左起為新娘黃家人、母親（施陳月嬌）、五姨（陳細英）、神職宮司、丁瑞鈇、丁顏梅。	
服飾特色：顏國年太太（顏謝滿）著中式服、顏國年穿西式服。	

年代：1930

圖片編號：圖 131	
檢索編號：36-208	
時間背景：1936	
內容說明：施素筠老師母親的朋友。	
服飾特色：穿著旗袍。	

圖片編號：圖 132	
檢索編號：36-223	
時間背景：1936	
內容說明：施素筠老師二堂姊與美玉女士。	
服飾特色：穿著旗袍但搭配洋裝的外衣。	

圖片編號：圖 133	
檢索編號：36-224	
時間背景：1936	
內容說明：施素筠老師母親友人鄰居蔡如川太太。	
服飾特色：穿著旗袍。	

年代：1930

圖片編號：圖 134
檢索編號：36-552
時間背景：1936
內容說明：魏火曜先生、魏炳炎（皆東京帝大醫科）與顏碧霞（東京日本女子大學文科），及嬰兒魏如圭（台大藥系副教授）。
服飾特色：西式及學生制服的穿著。

圖片編號：圖 135
檢索編號：36-560
時間背景：1936
內容說明：顏滄海長男顏宏遠。
服飾特色：相當少見昂貴的童裝。

圖片編號：圖 136
檢索編號：36-565
時間背景：1936
內容說明：顏德潤（右一）、顏德潤夫人（居中穿和服者）、顏張女英、顏藍錦綿。
服飾特色：顏德潤夫人穿和服。

年代：1930

圖片編號：	圖 137
檢索編號：	36-736
時間背景：	1936
內容說明：	施素筠老師就讀台北州立第三高等女子學校高等科的合照。右上角二位為當時不克參加的同學。
服飾特色：	施素筠老師穿學生制服。

圖片編號：	圖 138
檢索編號：	37-496
時間背景：	1937
內容說明：	顏滄海（後排站左五）與瑞三礦業公司礦界名人合影。
服飾特色：	顏滄海穿著國民服。

圖片編號：	圖 139
檢索編號：	37-498
時間背景：	1937
內容說明：	婦女會幹部。後站四位顏家媳婦。
服飾特色：	顏家媳婦皆穿和服。

年代：1930

圖片編號：圖 140	
檢索編號：37-510	
時間背景：1937	
內容說明：顏滄海（坐左一）與顏欽賢（坐右二），在基隆自宅的院子會見日本來賓。	
服飾特色：顏家媳婦皆穿和服。	

圖片編號：圖 141	
檢索編號：37-630	
時間背景：1937	
內容說明：左五為顏滄海。	
服飾特色：顏滄海穿著西式服。	

圖片編號：圖 142	
檢索編號：37-209	
時間背景：1937	
內容說明：施素筠老師（後中間）與家人及母親朋友。坐左二為施老師的母親，右為施老師母親的朋友與兩個小孩。	
服飾特色：婦女穿旗袍。	

年代：1930

圖片編號：圖 143	
檢索編號：37-185	
時間背景：1937	
內容說明：施素筠老師的四舅、舅媽與小孩。	
服飾特色：西式穿著。	

圖片編號：圖 144	
檢索編號：37-213	
時間背景：1937	
內容說明：施素筠老師的母親。	
服飾特色：穿著旗袍。	

圖片編號：圖 145	
檢索編號：37-1093	
時間背景：1937	
內容說明：登麗美安初期學員於神社前合照。後四排左一為施老師的母親。後四排左二為四姨（穿洋裝）。前二排右一為登麗美安的老師。	
服飾特色：施老師母親著登麗美安的制服。	

年代：1930

	圖片編號：圖 146
	檢索編號：37-145
	時間背景：1937
	內容說明：施素筠老師的五姨。
	服飾特色：穿著旗袍。

	圖片編號：圖 147
	檢索編號：37-146
	時間背景：1937
	內容說明：施素筠老師的堂姊。
	服飾特色：穿著時髦的洋裝。

	圖片編號：圖 148
	檢索編號：37-148
	時間背景：1937
	內容說明：施素筠老師的四姨在鹿港。
	服飾特色：穿著時髦的洋裝配戴珍珠。

年代：1930

圖片編號：圖 149	
檢索編號：37-149	
時間背景：1937	
內容說明：施素筠老師的表姊（大姑的女兒）梁素月。	
服飾特色：穿著時髦的洋裝。	

圖片編號：圖 150	
檢索編號：37-150	
時間背景：1937	
內容說明：左一施素筠老師、右一施萱姬（大堂哥小孩）、右二大堂嫂、右三母親、左三施子玨、後排二妹素芬、左二施萱姬（為黃克明夫人，味全黃烈火大媳婦）。	
服飾特色：婦人穿著旗袍。	

圖片編號：圖 151	
檢索編號：37-151	
時間背景：1937	
內容說明：陳秀夫（四舅兒子，台大電機畢業，美國加大博士）。	
服飾特色：穿時髦的童裝。	

年代：1930

圖片編號：圖 152	
檢索編號：37-152	
時間背景：1937	
內容說明：施素筠老師的舅公（祖母的弟弟）於鹿港。	
服飾特色：穿著中式服。	

圖片編號：圖 153	
檢索編號：37-155	
時間背景：1937	
內容說明：鹿港大伯母施陳賢女士。	
服飾特色：大伯母穿真絲黑色杭州綢的中式服，腳上纏足。	

圖片編號：圖 154	
檢索編號：37-200	
時間背景：1937	
內容說明：前右二施素芬、右三施素筠母親、左二景璋太太。	
服飾特色：施素筠母親穿著中式旗袍服。	

年代：1930

圖片編號：圖 155
檢索編號：37-233
時間背景：1937
內容說明：第二排左一為施素筠老師。
服飾特色：施素筠老師穿三高女的制服，上衣領片上有三高女的徽章。

圖片編號：圖 156
檢索編號：37-235
時間背景：1937
內容說明：遠親越哥。
服飾特色：著西式服。

圖片編號：圖 157
檢索編號：37-245
時間背景：1937
內容說明：施素筠老師的父親施安（右前）。
服飾特色：施安穿著西裝。

年代：1930

圖片編號：	圖 158
檢索編號：	37-534
時間背景：	1937
內容說明：	嘉義大嫂（顏張女英）與娘家家人合照。顏張女英之母為女畫家張李德和（第二排左一）、顏張女英之父為嘉義醫生張錦燦（最後一排左一）。前坐為阿公與阿媽。
服飾特色：	顏張女英著洋裝。

圖片編號：	圖 159
檢索編號：	37-567
時間背景：	1937
內容說明：	後排左一為魏炳炎先生、前左一二為顏欽賢夫婦、中間郭欽禮先生、右為顏滄海夫妻。
服飾特色：	顏欽賢夫婦與顏滄海夫妻皆穿西式服。

圖片編號：	圖 160
檢索編號：	37-571
時間背景：	1937
內容說明：	顏欽賢的兒子顏惠民與顏滄海女兒顏椒暉。
服飾特色：	孩童皆穿著體面的童裝。

年代：1930

圖片編號：圖 161	
檢索編號：37-229	
時間背景：1937	
內容說明：四舅獨子陳秀夫（後來台大電機，加州大學博士，現在美國）。	
服飾特色：孩童穿著體面的童裝。	

圖片編號：圖 162	
檢索編號：37-480	
時間背景：1937	
內容說明：愛國婦女會。坐右一顏張女英、坐右二顏藍錦綿。	
服飾特色：顏張女英與顏藍錦綿皆穿和服。	

圖片編號：圖 163	
檢索編號：38-540	
時間背景：1938	
內容說明：顏滄海。	
服飾特色：穿著正式的西服。	

年代：1930

	**圖片編號：圖 164**
	檢索編號：36-244
	時間背景：1938
	內容說明： 施素筠老師母親與親友合照。左一為施素筠老師母親，右一為五姨，她們就讀「台北洋裁研究所」（光復以後「台北洋裁研究所」才改為「登麗美安」）。
	服飾特色： 施素筠老師母親穿著登麗美安制服。
	**圖片編號：圖 165**
	檢索編號：38-032
	時間背景：1938
	內容說明： 魏火曜與魏碧霞的長女魏如圭及長男魏達成（台大外科教授）。
	服飾特色： 兩位孩童皆穿西式服。
	**圖片編號：圖 166**
	檢索編號：38-147
	時間背景：1938
	內容說明： 施素筠老師的五姨在台北。
	服飾特色： 穿著西式套裝。

年代：1930

圖片編號：圖 167	
檢索編號：38-153	
時間背景：1938	
內容說明：施素筠老師大舅陳繼志一家人合照。	
服飾特色：除施素筠老師大舅媽穿中式旗袍，其餘皆穿西式服。	

圖片編號：圖 168	
檢索編號：38-181	
時間背景：1938	
內容說明：施素筠老師母親（左四）與親朋好友合照。後排戴帽者蔡景璋先生（台灣山岳會長）。	
服飾特色：施素筠老師母親穿旗袍。	

圖片編號：圖 169	
檢索編號：38-183	
時間背景：1938	
內容說明：五姨與五姨丈。	
服飾特色：穿著西式服。	

年代：1930

圖片編號：圖170	
檢索編號：38-187	
時間背景：1938	
內容說明：中排左十三為施素筠老師二弟（子玨）在台北動物園。	
服飾特色：施素筠老師二弟穿著學生制服。	

圖片編號：圖171	
檢索編號：38-225	
時間背景：1938	
內容說明：施素筠老師的母親（坐左一）與老師同學合照。	
服飾特色：施素筠老師的母親穿著相當華麗外衣。	

圖片編號：圖172	
檢索編號：38-251	
時間背景：1938	
內容說明：五姨於鹿港的結婚照。	
服飾特色：新娘穿著白紗禮服。	

年代：1930

圖片編號：圖 173
檢索編號：38-497
時間背景：1938
內容說明：台陽礦業二十週年在顏氏宗祠前合影。坐正中央為顏欽賢。
服飾特色：顏欽賢穿西式服。

圖片編號：圖 174
檢索編號：38-661
時間背景：1938
內容說明：顏德潤與友人聚會。前排中為林熊徵先生，後排右一為辜振甫先生。
服飾特色：顏德潤（後右九）著和服。

圖片編號：圖 175
檢索編號：38-909
時間背景：1938
內容說明：左起為施素筠老師的大弟、二弟以及弟弟的同學。
服飾特色：施素筠老師的大弟著制服、二弟穿著時髦童裝。

年代：1930

圖片編號：圖176
檢索編號：38-1120
時間背景：1938
內容說明：愛國婦人會於中山堂門口合照。前二排右六為施素筠老師的母親。
服飾特色：施素筠老師的母親穿西式毛大衣。

圖片編號：圖177
檢索編號：38-243
時間背景：1938
內容說明：左二為施素筠老師父親施安。
服飾特色：施安穿西裝。

圖片編號：圖178
檢索編號：38-1152
時間背景：1938
內容說明：張錦燦、張李德和之全家福合照。
服飾特色：顏滄海夫妻穿西式服。

年代：1930

圖片編號：	圖 179
檢索編號：	38-446
時間背景：	1938
內容說明：	施素筠老師與母親，母親晚上去學漢文（私塾）。
服飾特色：	施素筠老師穿三高女的制服。

圖片編號：	圖 180
檢索編號：	39-590
時間背景：	1939
內容說明：	丁瑞鈇全家福。小孩分別為逸民、純兒、逸龍、玲兒、逸郎。
服飾特色：	三位女孩穿和服，男孩穿洋服。

圖片編號：	圖 181
檢索編號：	39-030
時間背景：	1939
內容說明：	左起顏椒媚、顏椒暉、顏椒香、張婉英。
服飾特色：	顏椒媚穿幼稚園圍兜，顏椒暉、顏椒香、張婉英三人穿和服。

年代：1930

	圖片編號：圖 182
	檢索編號：39-650
	時間背景：1939
	內容說明：顏德修夫妻及一家人。襁褓中的小孩為顏德修的大女兒顏雅美。
	服飾特色：顏德修一家人著時髦的西式服。
	圖片編號：圖 183
	檢索編號：39-1095
	時間背景：1939
	內容說明：中間坐者為施素筠老師大舅陳繼宗先生。
	服飾特色：施素筠老師大舅陳繼宗先生穿和服。
	圖片編號：圖 184
	檢索編號：39-371
	時間背景：1939
	內容說明：施素筠老師於日本東京（伊勢丹攝）。
	服飾特色：施素筠老師穿著時髦的西式服。

年代：1930

圖片編號：圖 185
檢索編號：39-197
時間背景：1939
內容說明：郭施珍是外婆的義女（右一）家人合照。郭施珍三高女畢業，生五男一女，子女學醫者多（當時只有台大）。郭施珍的先生在迪化街開郭小兒科診所。
服飾特色：除郭施珍穿著中式旗袍之外，其餘小孩皆穿西式服。

圖片編號：圖 186
檢索編號：39-363
時間背景：1939
內容說明：施素筠老師（前左五）就讀東京女高師保育科同學（班上二十六人）。
服飾特色：施素筠老師穿著東京女高師保育科學生制服。

圖片編號：圖 187
檢索編號：39-370
時間背景：1939
內容說明：施素筠老師（前左一）訪問德川宗孝（伯爵）邸。德川先生拍照（德川伊津子的父親）。
服飾特色：施素筠老師穿著洋裝。

年代：1930

	圖片編號：圖 188
	檢索編號：39-507
	時間背景：1939
	內容說明：施老師先生的二哥顏滄波先生與簡淡月女士在基隆神社前結婚合影。後排右為施老師的先生顏滄濤。右三新娘母親（王腰治，活了一○五歲）。這一家在顏家家族裡學者最多，四男二女全保送台大，六位都留美得博士，長男（狀元）回清華大學擔任教授，五十二歲胃癌歿，太太清大核能教授，長女瑤君為美國博士。
	服飾特色：新郎顏滄波與新娘簡淡月穿西式結婚禮服。
	圖片編號：圖 189
	檢索編號：39-555
	時間背景：1939
	內容說明：顏張女英與顏宏遠（長男）。
	服飾特色：顏張女英著和服，顏宏遠穿時髦的童裝。
	圖片編號：圖 190
	檢索編號：39-675
	時間背景：1939
	內容說明：顏滄海（後右三）台北一中同窗會基隆支部聚會合照。
	服飾特色：顏滄海穿西裝。

年代：1930

	圖片編號：圖 191
	檢索編號：39-797
	時間背景：1939
	內容說明：後排右二為施素筠老師的婆婆，右三為顏雲年的夫人。後排左一為顏滄海，左四為顏欽賢，右二為顏德修，右三為顏德潤。
	服飾特色：顏滄海和顏欽賢著和服；顏雲年夫人著中式服；顏德修與顏德潤穿西裝。
	圖片編號：圖 192
	檢索編號：39-924
	時間背景：1939
	內容說明：吳秀卿姊妹與母親（迪化街老春成布行老闆娘）。
	服飾特色：中式與西式不同的穿著。

年代：1940

圖片編號：圖 193	
檢索編號：40-512	
時間背景：1940	
內容說明：慶應會塾長（校長）歡迎會。在台北鐵道旅館，聯合三田會小泉塾長來台歡迎紀念。後排左九為顏滄海。	
服飾特色：顏滄海穿西裝。	

圖片編號：圖 194	
檢索編號：40-1092	
時間背景：1940	
內容說明：施素筠老師鹿港親人。後排右四為二舅、前排左二為二舅媽、後排右一為四舅。	
服飾特色：除長者穿中式服，其餘著西式服。	

圖片編號：圖 195	
檢索編號：40-1130	
時間背景：1940	
內容說明：施素筠老師母親與三弟子耕。	
服飾特色：施老師的母親穿旗袍，且以珍珠當裝飾釦。	

年代：1940

圖片編號：圖196	
檢索編號：40-236	
時間背景：1940	
內容說明：愛國婦女會。二排左四施素筠老師的母親施陳月嬌。二排右五大塚初野（登麗美安第二任所長）。	
服飾特色：施老師的母親穿著和服。	

圖片編號：圖197	
檢索編號：40-246	
時間背景：1940	
內容說明：左二為施素筠老師的父親施安。	
服飾特色：施素筠老師的父親施安，頭戴日本軍帽，腳打綁腿。	

圖片編號：圖198	
檢索編號：40-250	
時間背景：1940	
內容說明：台灣製冰技術講習紀念會，製冰公會人員合影。前左一為施素筠老師的父親施安、前右三是張園先生。	
服飾特色：施素筠老師的父親施安著西式服。	

年代：1940

	圖片編號：圖199
	檢索編號：40-379
	時間背景：1940
	內容說明：青年愛國團體桔梗俱樂部會員於台灣總督官邸前與長谷川總督伉儷合照。總督（坐左六）、總督夫人穿和服（坐左五）。貴族院議員許丙（坐左五）。民意代表林呈錄（坐左三）。施素筠老師（站在第四排）。
	服飾特色：施素筠老師著洋裝。
	圖片編號：圖200
	檢索編號：40-423
	時間背景：1940
	內容說明：施素筠老師與妹妹素芬在鋼琴老師赤尾先生的家裡合照。
	服飾特色：施素筠老師著時髦的洋裝。
	圖片編號：圖201
	檢索編號：40-427
	時間背景：1940
	內容說明：台北州立第三高等女子學校同期同學與荒波忠夫導師於台灣神社前合影。左起蘇秀、陳彩雲、戴秀、辜秀治、張月英、邱好、張香花等七人。七人加上施素筠老師有優等生八人組之稱（施素筠老師當時在東京考女高師故缺席）。
	服飾特色：施素筠老師同學著和服（全是自製）。

年代：1940

圖片編號：圖 202	
檢索編號：40-428	
時間背景：1940	
內容說明：同期同學在台北州立第三高等女子學校校內。前左起：蘇秀蓮、淺野恭子、蘇秀、范團妹。後左起：劉近、張月英、吳淑真。	
服飾特色：施素筠老師同學著和服（全是自製）。	

圖片編號：圖 203	
檢索編號：40-433	
時間背景：1940	
內容說明：三高女同期同學回母校蓬萊公學與師長於校內合影。同學：蘇秀蓮、淺野恭子、蘇秀、范團妹、劉近、張月英、吳淑真。	
服飾特色：有穿和服者為施素筠老師三高女同期同學。穿水手領制服是靜修的學生。	

圖片編號：圖 204	
檢索編號：40-515	
時間背景：1940	
內容說明：林正雄與張敏英於台中霧峰林家結婚合照。	
服飾特色：張女英（站在第二排右柱旁）著洋裝。	

年代：1940

圖片編號：圖 205	
檢索編號：40-579	
時間背景：1940	
內容說明：顏滄海（站右一）與友人聚會。有多位藝妓穿和服。後排左三為辜振甫先生。	
服飾特色：顏滄海著西式服。	

圖片編號：圖 206	
檢索編號：40-670	
時間背景：1940	
內容說明：顏滄海（後排左七）參加台北一中同窗會。	
服飾特色：顏滄海著西式服。	

圖片編號：圖 207	
檢索編號：40-684	
時間背景：1940	
內容說明：顏滄海家人合影。	
服飾特色：顏滄海家人全家體面的穿著。	

年代：1940

圖片編號：圖 208	
檢索編號：40-906	
時間背景：1940	
內容說明：魏火曜夫人顏碧霞與四名小孩。	
服飾特色：顏碧霞與四名小孩著西式服。	

圖片編號：圖 209	
檢索編號：40-963	
時間背景：1940	
內容說明：施素筠老師。	
服飾特色：施素筠老師穿著和服。	

圖片編號：圖 210	
檢索編號：40-966	
時間背景：1940	
內容說明：施素筠老師參加保育講習，地點在台北幼稚園。	
服飾特色：施素筠老師穿著洋裝。	

年代：1940

圖片編號：圖 211	
檢索編號：40-1143	
時間背景：1940	
內容說明：基隆婦人會。後左五顏張女英。	
服飾特色：顏張女英穿著和服。	

圖片編號：圖 212	
檢索編號：40-499	
時間背景：1940	
內容說明：顏德修（坐左六）主持戰時員工訓練，於基隆神社前合影。	
服飾特色：顏德修穿著西式服。	

圖片編號：圖 213	
檢索編號：40-500	
時間背景：1940	
內容說明：顏滄海（二排右五）與基隆書道會合影。	
服飾特色：顏滄海穿著西式服。	

年代：1940

圖片編號：	圖 214
檢索編號：	40-503
時間背景：	1940
內容說明：	顏張女英（站右一）與日本來賓合影。
服飾特色：	顏張女英穿著和服。

圖片編號：	圖 215
檢索編號：	40-583
時間背景：	1940
內容說明：	前排左為顏張女英。第二排右一為丁顏梅、第二排左一為顏藍錦綿。
服飾特色：	顏張女英、丁顏梅、顏藍錦綿皆穿和服。

圖片編號：	圖 216
檢索編號：	40-1032
時間背景：	1940
內容說明：	施素筠老師（右一）與同學。
服飾特色：	施素筠老師穿著登麗美安的制服。

年代：1940

	圖片編號：圖 217
	檢索編號：41-402
	時間背景：1941
	內容說明：施素筠老師在登麗美安時期。
	服飾特色：穿著自己做的制服。
	圖片編號：圖 218
	檢索編號：41-521
	時間背景：1941
	內容說明：顏家與日本來賓合影。顏欽賢（前左三）、顏德潤（右一）、顏滄海（前左一）。
	服飾特色：顏欽賢、顏德潤、顏滄海皆穿西裝。
	圖片編號：圖 219
	檢索編號：41-593
	時間背景：1941
	內容說明：顏滄海（前左四）與基隆書道會合影。
	服飾特色：顏滄海穿西裝。

年代：1940

圖片編號：圖 220	
檢索編號：41-1158	
時間背景：1941	
內容說明：顏滄濤（左前一）、德岡教授（前中）、徐水泉（後左一）等人合影。	
服飾特色：顏滄濤穿著西式服。	

圖片編號：圖 221	
檢索編號：41-1159	
時間背景：1941	
內容說明：顏滄濤（第二排左二）台大畢業時與老師同學合照。台籍學生只有三人，其餘皆為日人。	
服飾特色：顏滄濤穿著台大制服。	

圖片編號：圖 222	
檢索編號：41-204	
時間背景：1941	
內容說明：施素筠老師大弟施子琛，就讀台北二中。	
服飾特色：穿著台北二中制服。	

年代：1940

	圖片編號：圖 223
	檢索編號：41-380
	時間背景：1941
	內容說明：施素筠老師（最後一排右四）參加桔梗俱樂部練成會合照。
	服飾特色：施素筠老師穿著洋裝。
	圖片編號：圖 224
	檢索編號：41-440
	時間背景：1941
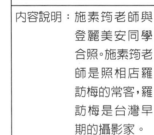	內容說明：施素筠老師與登麗美安同學合照。施素筠老師是照相店羅訪梅的常客，羅訪梅是台灣早期的攝影家。
	服飾特色：施素筠老師穿著時髦的洋裝。
	圖片編號：圖 225
	檢索編號：41-443
	時間背景：1941
	內容說明：施素筠老師與妹妹（素芬）及母親。
	服飾特色：施素筠老師與母親穿著旗袍。

年代：1940

圖片編號：圖 226	
檢索編號：41-445	
時間背景：1941	
內容說明：施素筠老師與母親。	
服飾特色：施素筠老師穿著洋裝，母親穿著旗袍（衣料都是絲質）。	

圖片編號：圖 227	
檢索編號：41-454	
時間背景：1941	
內容說明：施素筠老師在台北。	
服飾特色：施素筠老師穿著旗袍。	

圖片編號：圖 228	
檢索編號：41-520	
時間背景：1941	
內容說明：施素筠老師先生顏滄濤（最後一排右一）參加基隆市會。	
服飾特色：顏滄濤穿著西式服。	

年代：1940

圖片編號：圖229	
檢索編號：41-916	
時間背景：1941	
內容說明：施素筠老師與父親。	
服飾特色：施素筠老師與父親都穿著西式服。	

圖片編號：圖230	
檢索編號：41-840	
時間背景：1941	
內容說明：施素筠老師（中排右七）的登麗美安時期。	
服飾特色：施素筠老師穿著登麗美安制服。	

圖片編號：圖231	
檢索編號：41-421	
時間背景：1941	
內容說明：施素筠老師（前排右三）三高女畢業後與同學合影。	
服飾特色：施素筠老師穿著時髦的洋裝。	

年代：1940

圖片編號：圖 232	
檢索編號：41-253	
時間背景：1941	
內容說明：施家家族於鹿港合照。	
服飾特色：有中式也有西式服。	

圖片編號：圖 233	
檢索編號：42-505	
時間背景：1942	
內容說明：顏欽賢（坐右三）、顏德潤（坐右二）、顏德修（坐右一）、顏滄海（站右一）與司令官等軍人的合影。	
服飾特色：顏欽賢、顏德潤、顏德修、顏滄海皆穿著西裝。	

圖片編號：圖 234	
檢索編號：42-519	
時間背景：1942	
內容說明：顏滄海（坐右二）、顏德潤（坐中央）與友人合影。	
服飾特色：顏滄海、顏德潤皆穿西裝。	

年代：1940

圖片編號：圖 235	
檢索編號：42-938	
時間背景：1942	
內容說明：施素筠老師。	
服飾特色：著時髦洋裝。	

圖片編號：圖 236	
檢索編號：42-842	
時間背景：1942	
內容說明：施素筠老師（第二排右六）參加桔梗俱樂部會。	
服飾特色：施素筠老師著洋裝。	

圖片編號：圖 237	
檢索編號：42-254	
時間背景：1942	
內容說明：施素筠老師與先生顏滄濤於台北圓山神社前合照。前右一至右四為二伯、母親、父親、大姑。前左一為魏火曜夫人、左二為婆婆、左三為顏滄海。	
服飾特色：施素筠老師著華麗的新娘禮服。	

年代：1940

圖片編號：圖 238	
檢索編號：42-451	
時間背景：1942	
內容說明：施素筠老師（前左一）宋邱好同學（志願護士）。辜秀治（後左一）、戴秀（後右一）、劉簡英（前右一）。	
服飾特色：施素筠老師著時髦的洋裝。	

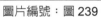

圖片編號：圖 239	
檢索編號：42-452	
時間背景：1942	
內容說明：施素筠老師（第四排左四）參加桔梗俱樂部訓練營（大直訓練所）。	
服飾特色：施素筠老師著洋裝。	

圖片編號：圖 240	
檢索編號：42-455	
時間背景：1942	
內容說明：施素筠老師（蹲左一）同學會（中山堂）。	
服飾特色：施素筠老師著西式套裝。	

年代：1940

圖片編號：圖 241	
檢索編號：42-947	
時間背景：1942	
內容說明：施素筠老師結婚時與父母親的留影。	
服飾特色：施素筠老師著華麗的新娘禮服。	

圖片編號：圖 242	
檢索編號：43-159	
時間背景：1943	
內容說明：施素筠老師父親施安（後排右五）參加榮升聚會。	
服飾特色：施素筠老師父親施安穿著西裝。	

圖片編號：圖 243	
檢索編號：43-216	
時間背景：1943	
內容說明：施素筠老師大舅陳繼志全家福。舅父母慈祥家風良好，孩子皆有出息。長子醫師（陳哲）、三子服務於台電、四子服務於台視、五子服務於台塑、女婿服務銀行界。	
服飾特色：施素筠老師大舅陳繼志全家穿著西式服，有平日服及學生制服。	

年代：1940

圖片編號：圖 244	
檢索編號：43-257	
時間背景：1943	
內容說明：施素筠老師的父親參加台北工專老師濱岡扇太郎先生的謝恩懇親會。	
服飾特色：施素筠老師的父親穿著西裝。	

圖片編號：圖 245	
檢索編號：43-591	
時間背景：1943	
內容說明：張慧英與林仲琛（醫生）在北斗神社前結婚合照。	
服飾特色：穿白和服者為神官。前右一、二孩童穿和服裙者為陪祭者，有老人也已穿和服。顏滄海（第三排左三）穿西裝。	

圖片編號：圖 246	
檢索編號：43-592	
時間背景：1943	
內容說明：基隆幼稚園畢業照。顏家孫子輩就讀的幼稚園。	
服飾特色：小朋友穿白色的圍兜，家長穿和服者多。	

年代：1940

圖片編號：圖 247
檢索編號：43-926
時間背景：1943
內容說明：前左一為施素筠老師、前右一為施老師的小姑、後排站立者為顏滄濤先生，於日本山口縣，當時正值戰爭時期物資缺乏，生活靠配給。
服飾特色：施素筠老師穿著西式服。

圖片編號：圖 248
檢索編號：44-1104
時間背景：1944
內容說明：施素筠老師的母親與妹妹、弟弟合影。
服飾特色：孩童戴日式軍人帽的款式。

圖片編號：圖 249
檢索編號：44-686
時間背景：1944
內容說明：魏火曜夫人顏碧霞與五個小孩。右起：康成（次男）、達成（長男）、顏碧霞、拙夫（三男）、如圭（長女）、如林（次女）。
服飾特色：顏碧霞與小孩穿西式服。

年代：1940

圖片編號：圖 250	
檢索編號：44-222	
時間背景：1944	
內容說明：施老師的小弟施子耕。	
服飾特色：穿著絨布服裝加圍兜、木屐。	

圖片編號：圖 251	
檢索編號：44-911	
時間背景：1944	
內容說明：施素筠老師最小的弟弟施子耕（成大機械系畢業，美國核能研究學位）。	
服飾特色：穿著童裝加圍兜。	

圖片編號：圖 252	
檢索編號：44-695	
時間背景：1944	
內容說明：丁家家族合影。前左起丁逸龍（次男）、丁逸民（長男）、丁瑞魚（醫生）、丁逸郎（三男）、丁玲兒（次女，吳三連二媳婦）。後右一丁顏梅、右二丁淳兒（長女），後左丁瑞魚夫人，後中丁瑞鉄。小孩全是丁瑞鉄之子女。	
服飾特色：丁顏梅著和服。	

年代：1940

圖片編號：圖 253	
檢索編號：46-934	
時間背景：1946	
內容說明：顏滄濤（前排右一）於工業研究所與同事合影。	
服飾特色：顏滄濤穿著實驗室服裝。	

圖片編號：圖 254	
檢索編號：47-466	
時間背景：1947	
內容說明：施素筠老師於靜修教書時。	
服飾特色：當時經常穿旗袍到學校教課。	

圖片編號：圖 255	
檢索編號：47-1070	
時間背景：1947	
內容說明：靜修女中河島老師（前排中穿夾克者）回國前與學校師生合影。河島老師是最後一批遣送的日人。修女老師為西班牙人但都講日語。施素筠老師（前排右二）。	
服飾特色：施素筠老師穿著西式服。	

年代：1940

圖片編號：圖 256	
檢索編號：47-1174	
時間背景：1947	
內容說明：顏滄濤（前排右三）於工業研究所與同事合影。右一為高靜雅（三高女畢）。	
服飾特色：顏滄濤穿著汗衫。	

圖片編號：圖 257	
檢索編號：47-932	
時間背景：1947	
內容說明：施素筠老師與長子雅堂（三歲）。	
服飾特色：施素筠老師穿旗袍。	

圖片編號：圖 258	
檢索編號：48-1181	
時間背景：1948	
內容說明：台大農化系於台大正門前合影。前左五為顏滄濤。	
服飾特色：顏滄濤穿襯衫打領帶。	

年代：1940

	圖片編號：圖 259
	檢索編號：48-902
	時間背景：1948
	內容說明：顏滄濤三妹的結婚照。施素筠老師（第二排右三）。新郎劉青和是柏林大學理學博士，家族為台南望族新郎。劉家八兄弟早期就到各國留學。
	服飾特色：施素筠老師穿中式旗袍。
	圖片編號：圖 260
	檢索編號：48-474
	時間背景：1948
	內容說明：三妹施素馨在西螺虎尾的結婚照。新郎父親為虎尾鎮鎮長，家世相當不錯。
	服飾特色：施素筠老師（中排左五）穿著時髦的洋裝。
	圖片編號：圖 261
	檢索編號：48-1145
	時間背景：1948
	內容說明：前左一顏欽賢太太（郭美錦）、右一顏滄海太太（張女英）、後右一顏欽賢、右二顏德馨太太（蘇春江）。
	服飾特色：男性為西服；女性有洋裝、旗袍不同款式的穿著。

年代：1950

| 圖片編號：圖 262 |
| 檢索編號：50-1204 |
| 時間背景：1950 |
| 內容說明：顏家嫁女兒。 |
| 服飾特色：施素筠老師（第二排右四）穿著時髦的洋裝。 |

| 圖片編號：圖 263 |
| 檢索編號：50-972 |
| 時間背景：1950 |
| 內容說明：施素筠老師全家福。 |
| 服飾特色：施素筠老師全家福穿著相當樸實。 |

| 圖片編號：圖 264 |
| 檢索編號：51-903 |
| 時間背景：1951 |
| 內容說明：施素筠老師的大弟施子琛結婚。施老師（第三排右四）。前一排右五與右七為施老師的父母親。（大弟台大經濟系畢，在農復會及新加坡航空服務）。 |
| 服飾特色：施老師穿著時髦的洋裝。 |

年代：1950

圖片編號：圖 265	
檢索編號：51-935	
時間背景：1951	
內容說明：施素筠老師全家福。	
服飾特色：施素筠老師穿中式旗袍。	

圖片編號：圖 266	
檢索編號：52-1161	
時間背景：1952	
內容說明：台大農化系第五屆歡送畢業照。顏滄濤（前右四）。校長錢思亮。	
服飾特色：顏滄濤穿襯衫。	

圖片編號：圖 267	
檢索編號：53-928	
時間背景：1953	
內容說明：施老師的次女顏珠如。	
服飾特色：顏珠如穿著水手領外出服。	

年代：1950

圖片編號：圖 268	
檢索編號：53-467	
時間背景：1953	
內容說明：顏滄濤被農復會派到美國深造出發前。	
服飾特色：施素筠老師穿褲裝。	

圖片編號：圖 269	
檢索編號：53-1024	
時間背景：1953	
內容說明：施素筠老師的全家福。	
服飾特色：施素筠老師穿中式旗袍。	

圖片編號：圖 270	
檢索編號：53-1098	
時間背景：1953	
內容說明：施素筠老師妹妹的兒子。	
服飾特色：穿輕便的童裝。	

年代：1950

圖片編號：圖271	
檢索編號：53-1155	
時間背景：1953	
內容說明：顏滄濤（前排右五）赴美深造歡送會。	
服飾特色：顏滄濤穿正式的西裝。	

圖片編號：圖272	
檢索編號：53-1163	
時間背景：1953	
內容說明：台大農化系第六屆畢業歡送照（顏滄濤出國期間）。	
服飾特色：穿著整體而言相當樸素。	

圖片編號：圖273	
檢索編號：53-1193	
時間背景：1953	
內容說明：顏滄濤（第二排左二）與旅美深造同學合影。	
服飾特色：顏滄濤輕便的穿著。	

年代：1950

圖片編號：	圖 274
檢索編號：	53-931
時間背景：	1953
內容說明：	施素筠老師次女顏珠如。
服飾特色：	顏珠如穿著水手領外出服。

圖片編號：	圖 275
檢索編號：	54-1002
時間背景：	1954
內容說明：	施素筠老師（左一）、陳碧棠（左三）與台北市工商的王主任（前排坐者）等人合影。
服飾特色：	施素筠老師穿著非常時髦的套裝。

圖片編號：	圖 276
檢索編號：	54-964
時間背景：	1954
內容說明：	台北市工商業振興委員會主辦手工藝講習會開學典禮紀念。二排左二為施素筠老師。前排左四為吳伯雄的伯母楊主任。前排左八為顏水龍老師。
服飾特色：	施素筠老師穿著洋裝。

年代：1950

圖片編號：	圖 277
檢索編號：	54-1012
時間背景：	1954
內容說明：	施素筠老師（右一）。
服飾特色：	施素筠老師穿著時髦的洋裝。

圖片編號：	圖 278
檢索編號：	54-1162
時間背景：	1954
內容說明：	台大第七屆農化系歡送會。前右四顏滄濤。
服飾特色：	顏滄濤穿著輕便的短袖上衣。

圖片編號：	圖 279
檢索編號：	54-907
時間背景：	1954
內容說明：	魏火曜夫婦的全家福。
服飾特色：	魏火曜夫人穿著旗袍。

年代：1950

圖片編號：	圖 280
檢索編號：	54-965
時間背景：	1954
內容說明：	施素筠老師二男顏凱堂的幼稚園畢業典禮，全體師生留念合影。
服飾特色：	幼稚園畢業生穿著圍兜。

圖片編號：	圖 281
檢索編號：	55-1065
時間背景：	1955
內容說明：	施素筠老師全家福。
服飾特色：	施素筠老師穿著洋裝。

圖片編號：	圖 282
檢索編號：	55-1160
時間背景：	1955
內容說明：	台大農化系歡送會。顏滄濤（前左六）。校長錢思亮。
服飾特色：	顏滄濤穿著輕便的短袖上衣。

年代：1950

圖片編號：圖283	
檢索編號：55-813	
時間背景：1955	
內容說明：林純如女士的結婚照。前排左一為施素筠老師的女兒顏珠如。	
服飾特色：施素筠老師女兒顏珠如穿著洋裝。	

圖片編號：圖284	
檢索編號：56-1166	
時間背景：1956	
內容說明：台大農化系歡送會。顏滄濤（前左五）。	
服飾特色：顏滄濤穿著輕便的短袖上衣。	

圖片編號：圖285	
檢索編號：57-473	
時間背景：1957	
內容說明：榮星合唱團在辜偉甫家合影。施素筠老師因帶靜修女中的壘球隊到香港去參加比賽，所以缺席。	
服飾特色：小朋友穿著體面的童裝。	

年代：1950

	圖片編號：圖 286
	檢索編號：57-1165
	時間背景：1957
	內容說明：台大農化系學生畢業謝師會。前左五顏滄濤。
	服飾特色：顏滄濤穿襯衫打領帶。
	圖片編號：圖 287
	檢索編號：57-1000
	時間背景：1957
	內容說明：施素筠老師（右四）任教靜修女中時，帶球隊到香港比賽時的留影。
	服飾特色：施素筠老師穿著套裝。
	圖片編號：圖 288
	檢索編號：57-1027
	時間背景：1957
	內容說明：施素筠老師全家福。
	服飾特色：施素筠老師穿著體面的套裝。

年代：1950

圖片編號：圖 289	
檢索編號：59-1026	
時間背景：1959	
內容說明：施素筠老師全家福。	
服飾特色：施素筠老師穿著時髦的洋裝。	

圖片編號：圖 290	
檢索編號：59-1186	
時間背景：1959	
內容說明：顏滄濤帶台大農化系學生畢業旅行。	
服飾特色：顏滄濤穿著西裝。	

年代：1960

圖片編號：	圖 291
檢索編號：	61-1021
時間背景：	1961
內容說明：	施素筠老師全家福。
服飾特色：	施素筠老師子女穿著學生制服。

圖片編號：	圖 292
檢索編號：	62-1167
時間背景：	1962
內容說明：	榮星幼稚園畢業典禮。辜偉甫董事長（中間）。前右四為董事長二姊。施素筠老師擔任榮星幼稚園園長。
服飾特色：	禮服式樣自由，但以白色為統一色彩，中老年一般是以旗袍為主。

圖片編號：	圖 293
檢索編號：	64-1085
時間背景：	1964
內容說明：	施素筠老師與榮星幼稚園老師合影。
服飾特色：	老師以白色為統一色彩。

年代：1960

圖片編號：圖 294	
檢索編號：64-432	
時間背景：1964	
內容說明：施素筠老師全家福。大兒子雅堂（台大醫科）、次女珠如（北一女）、二男凱堂（建中）、三男景堂（再興初中）。	
服飾特色：施素筠老師穿著洋裝。	

圖片編號：圖 295	
檢索編號：64-1006	
時間背景：1964	
內容說明：施素筠老師與榮星幼稚園老師合影。	
服飾特色：老師以白色為統一色彩。	

圖片編號：圖 296	
檢索編號：64-1014	
時間背景：1964	
內容說明：施素筠老師（蹲者）參加中部同學會。	
服飾特色：施素筠老師穿著洋裝。	

年代：1960

圖片編號：圖 297	
檢索編號：65-1117	
時間背景：1965	
內容說明：施素筠老師與實踐學生合照。	
服飾特色：施素筠老師穿著洋裝。	

圖片編號：圖 298	
檢索編號：66-1023	
時間背景：1966	
內容說明：施素筠老師全家福。	
服飾特色：施素筠老師穿著洋裝。	

圖片編號：圖 299	
檢索編號：67-1125	
時間背景：1967	
內容說明：施素筠老師與家人合影。	
服飾特色：施素筠老師穿著旗袍。	

年代：1960

圖片編號：圖 300	
檢索編號：681116	
時間背景：1968	
內容說明：施素筠老師攝於實踐家專（現改制為實踐大學）校門前。	
服飾特色：施素筠老師穿著洋裝。	

圖片編號：圖 301	
檢索編號：681083	
時間背景：1968	
內容說明：施素筠老師與在榮星幼稚園老師合影。後左一為李遠哲的妹妹。	
服飾特色：施素筠老師穿著洋裝。	

圖片編號：圖 302	
檢索編號：69-1080	
時間背景：1969	
內容說明：左起為施素筠老師的母親、施老師的五姨、施老師的二姨、施老師的四姨、施老師的三姨。	
服飾特色：施素筠老師的母親與阿姨們皆穿旗袍。	

附錄三
台灣鹿港與施素筠老師本家之簡述

　　鹿港自清乾隆年間正式開港後即成為台灣要口，商務發達，乾、嘉、道年間盛極一時，在當時與台南、艋舺（萬華）同為本省三大都市，因此有「一府二鹿三艋舺」之俗諺。鹿港雖然繁榮但卻一直保留著傳統文化的風貌，在當地處處可見歷史悠久的廟宇、民宅、書院、街屋。在鹿港當地有所謂「三步一小廟，五步一大廟」的說法，此不僅顯示鹿港大小廟宇到處林立，也顯示當地對於宗教信仰活動的保存與維繫的堅持，所以從古早到今，鹿港此地更可以說是台灣傳統信仰，最豐富且重要的代表之一。

　　鹿港位於台灣中部海岸，清代中期以前是與大陸沿海交通頻繁的港口。根據日據時期的調查（台灣總督府編，1924），鹿港人的祖籍來源以泉州三邑居多，三邑指晉江、南安和惠安，文化上十分接近。尤其鹿港街內主要的大姓施姓，祖先皆來自晉江同一個地區，這個地區的施姓如同前面所述的惠安東村李姓，具有強烈的宗支意識，同時也普遍有房頭神的祭祀組織。

　　鹿港幾個大姓不但集中聚居，而且宗支分明，儼然如閩南的單姓村。其中若干角頭或聚落名稱，甚至沿用祖籍地的村名或宗支名（施振民，1992）。在這種大姓聚居，各據地盤的情況下，鹿港街內幾乎由施、黃、許、郭等四姓劃分範圍，其餘各姓，除了少數富商或仕紳家族外，在傳統的鹿港街內皆難以形成聚居的勢

力，無怪乎鹿港有俗諺云：「施黃許，赤查某」，形容鹿港大姓勢力龐大，連女人都頗為兇悍。

鹿港街內主要姓氏的分布概況如下：

1. 前港（錢江）施姓大房：石廈、后宅、車埕、板店街、杉行街。屬於鹿港街南部分。

2. 前港（錢江）施姓二房：瑤林、埔頭、九間厝、車圍、寺口。這些區域都在後溝側，最具價值的碼頭區幾乎全是他們的領域。

3. 後港（潯海）施姓：打棕埕、宮後、後寮仔、菜市頭街。屬鹿港街北區。

很顯然，清代鹿港最具有價值的碼頭區全為施姓的地盤，分為錢江、潯海兩大派，他們聚居的地方大半用晉江施姓故里的宗支名為角頭名。

鹿港的宗族分支性質和閩南祖籍地十分不同，以鹿港施姓為例，各宗支的聚居並非家族世代繁衍自然擴大的結果，而是同宗移民在異鄉互相照顧、結合力量保護地盤利益而形成的，他們雖屬同一祖籍村里或宗支，卻各有許多不同的渡台祖，必須上溯故里的歷代祖先才能找出彼此的系譜關係。然而移民拓墾時期的變動波折，很難維繫這種過於早遠的系譜紀錄，因此雖然錢江和潯海施姓原居地的族譜資料十分豐富，鹿港這邊的系譜記載卻很少能夠銜接上去。在這種情況下，鹿港宗支的存在其實是一種宗支意識統合的結果，各宗支之間的系譜關係並不明確。

根據施姓族譜記載，錢江施姓的始祖在唐末南渡，擇居牙水之右錢江鄉，即今晉江縣前港村。二世起分為兩房，錢江長房之下又有分居後宅村、西岑村、石廈村的宗支，錢江二房則有分居蘇坑村、埔頭村、瑤林村的分支。潯海施姓的始祖則於南宋時，先居福清縣高樓鄉，其子再遷南潯為潯江始祖，即今晉江縣衙口村，其下也有許多分支，分居晉南石獅和金井一帶，即當地俗稱的「南施」、「北施」各村。前港和衙口兩村僅一水之隔，兩大派在清代中葉形成對立，直到本世

紀初仍經常發生械鬥而壁壘分明，這種區隔也帶到台灣鹿港等海外移住地（施振民，1977：191）。

　　而施素筠老師家族的本家，就是位在鹿港最具價值的碼頭區。施素筠老師提到，在當時祖父過世之後，祖母仍健在時，父親兄弟三家是住在一起，一家二十二口為一家人，成員有：大伯父施時、大伯母施陳賢加子女三男三女，但扣掉大姐出嫁，共七人；二伯家中有二伯施富、二伯母施黃過，以及子女五男二女共九人；施素筠老師家，則有父親施安、母親施陳月嬌加小孩一男二女共五人；再加上祖母一人共計二十二人，這二十二人所組成的基本家族成員。除了家人之外還有佣人，各一房都有一個女佣。

　　施素筠老師對幼年時在鹿港的生活記憶非常深刻，讓她記憶最深的就是當地的宗教信仰與生活是緊密結合在一起，所以施素筠老師特別提到小時的印象，就是經常拜拜，這與她後來小學時與父母離開鹿港，到台北大稻埕居住，所感受的環境與氣氛完全不同，是傳統保守與現代時髦的差異。

（資料來源：《鹿港鎮誌》；以及施素筠老師口述整理）

附錄四
基隆顏家家族之概述

　　基隆顏家在台灣史上具有重要地位，以開採金礦、煤礦起家，被稱為「炭王金霸」，更成為台灣的富商巨賈，是台灣早期五大家族之一。

　　顏姓有著顯赫的家世，在台灣被列為第四十五大姓。顏氏遷台，始於明天啟年間，以顏思齊最為有名。顏思齊，字振泉，福建海澄人，因遭宦家之辱，憤殺其仆，逃亡日本。不料，在日逐漸發跡，仗義疏財。天啟四年（1624 年），與楊天生、陳衷紀、鄭芝龍等密謀起事占領日本，消息走漏，航行八晝夜逃至台灣，在台開墾經營，成為台灣顏姓一大家。據傳，在今台灣嘉義市水上區南鄉里尖山尚存思齊墓。

　　今日台灣顏姓，以台南縣為最多，次為澎湖、台北與嘉義，基隆顏家可能是繼顏思齊之後在台灣最具影響的顏氏家族。

　　顏家在台的開祖是清乾隆四十年間從福建安溪縣金田鄉遷台的顏浩妥，在大肚溪從事石材開採，後因大饑荒又回福建。嘉慶年間，顏浩妥又帶兒子玉蘭、玉賜再度來台，在台中港以漁業為生。

　　顏玉蘭之子顏鬥猛與父輩及兄弟輩從事開墾事業，積累了一定產業，便在八堵購地，於 1847 年開墾田園，成為顏家的發祥地。

顏鬥猛生有正選、尋芳、正春三子，尤其以尋芳發展最為突出，長大後率領族人開採四腳亭煤礦。1895 年日本統治台灣，顏家煤礦被徵收，台灣煤礦業被日本人藤田所掌握。

藤田後來將煤田向台灣本地人出租，結果顏尋芳次子顏雲年（1874 年生）於 1897 年籌資向其承租採礦權，1899 年設立「金裕豐號」承租瑞芳鎮金礦，從此揭開了礦業世家的序幕。

1904 年，顏國年就籌劃採煤，隨後相繼設立六十多處煤礦。後來顏雲年投入鉅資，興建了平溪鐵路，全長約 13 公里，成為台灣礦業運輸史上重要的一頁，該鐵路至今仍在運行（即平溪支線）。1918 年，顏氏先後設立了「台北炭礦株式會社」與「基隆炭礦株式會社」（與日合資），成為顏家兩大支柱產業。其中「基隆礦」（光復後成為公營工礦公司下的永基煤礦）占當時台灣產煤量的二分之一，加上台北煤礦產煤量，則占台灣全省產量的三分之二。

1918 年 3 月，顏雲年將雲泉商號改為株式會社雲泉商號，次年與日人合資開辦「台北炭礦株式會社」，1920 年 9 月更名為「台陽礦業株式會社」，是當今顏家台陽公司的前身。

不料，顏雲年患上傷寒，醫治無效，於 1923 年 2 月 9 日去世，享年四十九歲。弟弟顏國年繼承事業，任台陽社長，繼續開發礦產，先後新開多個現代化新礦區。可惜，他又步哥哥英年早逝的後塵，於 1937 年 4 月去世，享年五十二歲。顏家事業由顏雲年長子顏欽賢繼任。

顏欽賢接管後，解散雲泉商號，建立正式的總管理機構，設立總務部、調查部、商事部、金礦部及祕書室，同時成立瑞芳、石底、海山三個礦業所，顏家事業得到進一步發展，台陽產煤量很快達到 39 萬噸，占全省產煤量的 17.7%。

到 40 年代初，金礦開採達到高潮，最高年產量達 1 萬 7 千兩，到 1943 年底，總計生產黃金 21 萬 5 千兩。

　　台灣光復後，顏欽賢於 1947 年 7 月將台陽會社改為台陽礦業公司，自任董事長。但由於當局對金礦與黃金交易採取限制政策，金礦開採開始萎縮，但煤礦仍在發展。1947 年，台陽公司煤產量達 130 萬噸，次年達 160 萬噸，不僅供應島內，還向上海、廣州供應。1949 年以後，台灣礦產不再供應大陸，而主要供應島內，且私營礦的發展受到限制，不過顏家仍繼續經營礦業。到 1961 年，台陽公司的煤產量仍有 28 萬噸，高出第二位「瑞三煤礦公司」的一倍。

　　由於顏家經營礦業而成為富甲一方的大戶人家，也因此建立了廣泛的政商關係。顏國年在日據時代就被日本人聘為台灣總督府評議員。顏欽賢在台灣光復初就加入國民黨，1946 年當選參議員（省議員前身），同年又當選為制憲「國民大會代表」，前往南京開會，受到蔣介石的接見。1949 年，國民黨退台後，顏家繼續受到重用，顏欽賢與高雄陳家的陳啟清等擔任「省政府委員」，1969 年顏欽賢又當選「國大代表」。

　　顏國年女兒顏梅曾留學日本，後嫁商界名流丁瑞鈌。丁曾任「中國生產力中心」副總統領、大同公司董事，後被王永慶聘為台塑集團顧問。顏家也與板橋林家既有事業往來，也有婚姻關係。林熊徵的兒子林明成娶了顏雲年孫女顏絢美為妻，林明成曾任永琦百貨公司董事長。顏雲年的長孫顏惠霖的連襟曾是「行政院衛生署署長」許子秋。顏雲年的三女婿陳逸松也曾是一位政經名人。陳逸松曾留學日本，後來開設律師事務所，並任台「考試院委員」，還曾任厚生橡膠公司（今日著名公司）董事長，於 1964 年競選台北「市長」失敗。後來，他從日本回到大陸，曾任全國人大法制委員會委員與政協委員。陳逸松的女婿黃維幸是辜振甫妻子嚴倬雲的表弟，1973 年曾從海外回國，受到周恩來總理的接見。

　　顏家在基隆的公館名為「陋園」。連戰祖父連橫到顏家作客時，賦有「陋園即事贈主人顏雲年詩長」一首：「我時問主人，此園何陋有？豈如陋鄉居，自與麋鹿皮，又可陋池中，不聞蛟龍吼，主人載拜辭，祖德未敢負，簞瓢樂家風，敬哉子孫守。」顯見連戰家族與顏氏家族也是世交。

　　顏家與連家的關係也可能因詩結緣。顏雲年也頗有文采，早期常參加詩社活動，曾擔任瀛桃竹聯合吟會會長，有不少詩作。

　　進入 70 年代後，石油開採迅速發展，成為最重要的能源，而台灣的煤礦與金礦卻日益枯竭，走向衰落，顏家的事業也開始走下坡路。到 1971 年，顏家正式結束金礦的開採，顏家的事業大受影響。

　　不過，顏家在戰後並未因礦業的衰落而消失，顏家將事業領域拓寬，所以仍在發展。到 1978 年，台陽公司創立六十週年時，關係企業達 36 家，包括蘇澳造船廠、三陽工業公司、台北汽車客運公司、海山汽車客運公司、三陽船務代理公司、三陽金屬工業公司、台灣新東機械公司、台陽合金工業公司、瑞芳工業公司、台陽工業公司、新美煤礦公司、盛弘化工公司、瑞芳砂礦公司、三陽貿易株式會社（日本）等，資產總額超過 10 億元。其中顏欽賢任董事長、親自經營的公司有十多家。其弟顏德潤於 1958 年創辦隆德工業、1963 年成立大德建設、1966 年成立龍德貿易等公司。顏德潤於 1978 年去世。

　　1983 年底，顏欽賢去世，也標誌著顏家一個時代的結束。

　　顏家早期還建立了不少公益事業。1903 年，顏雲年設立瑞芳公學校，1921 年建成基隆公學校。為感謝顏雲年的功德，地方人士還曾立一紀念碑，今仍留在基隆市信義小學。顏雲年還捐款給日本京都玄命館大學，後來顏家子女多來此讀書。光復後，顏家仍致力於教育事業。顏欽賢於 1969 年捐獻大片土地興建中學，即今日的欽賢中學。

　　顏德潤的長子顏惠霖在事業上發展較快。他畢業於成功大學，是位土木專家，早年從父手中接下台中礦業公司。1975 年 5 月，他接任台灣省礦業研究會，並改組為台灣礦業協進會。1981 年，他與諸弟成立「錦綿助學基金會」，以紀念母親。

　　顏國年一系的後代多在學術界發展。長子顏滄海，1934 年畢業於日本慶應大學，後到台灣銀行就職，父親過世後繼承父親的事業，經營基隆炭礦、台陽礦

業等企業，同時身兼台灣省礦業研究會與台灣區礦業公會的常務理事。次子顏滄波畢業於台北帝國大學理學部，曾在北京大學擔任教授一職，光復後回台灣大學任教，曾被聘為中央大學地球物理研究所所長與中央大學圖書館館長等。三子顏滄濤畢業於台北帝國大學化學部，先後任職工業研究所與台灣大學，1984 年退休。四子顏滄浪，1941 年畢業於東京帝國大學法科，1943 年從日本返台時因病去世，年僅二十五歲。五子顏滄溟於 1943 年畢業於日本明治大學商學部。六子顏滄江曾在日本明治大學就讀，期間，因病早逝，年僅二十歲。

顏惠霖的長子顏世宗是一位頗有經營能力的顏家後代。1981 年，顏惠霖一系因分家事業更加分散，二十八歲的顏世宗從父親手中接管隆德工業公司，擔任董事長。同時，顏世宗創立了台陽建設公司，投入房地產事業，隨後成立台陽財務顧問公司、台陽電器公司、德聯建設公司、美國王聯地產公司、台陽房屋仲介、陽利開發公司及收購的保保旅行社等，一度事業頗有建樹。隨後顏世宗在台北市東區的頂好圈、忠孝東路、敦化南路蓋了好幾棟商業大廈，成為當時最高級的辦公大樓，打響了名聲。

1988 年，顏世宗也隨台商赴美投資房地產熱到美國投資，後因美國經濟不景氣，房地產衰退，顏世宗遭受重挫，損失巨大。後來，台陽建設公司在基隆老家推出「龍邸中國」住宅別墅，卻趕上台灣房地產低迷，銷售不佳，資金壓力沉重。1995 年 5 月，台陽建設公司又投資成立陽利開發公司，又推出「ZOOZOO歡樂百貨」房地產投資案，並以「百年企業台陽機構從來不做沒有把握的事」來宣傳，爭取客戶，結果又無人問津，投資失敗。台陽企業發生財務危機，顏世宗潛逃。據知，在 1988 年時，顏世忠還有 20 多億的資產，到 1995 年已是債務纍纍，超過 22 億元，許多企業倒閉，一個輝煌百年的顏氏家族就此衰落。

顏家屋破偏逢連夜雨。在顏世忠出事不久又傳出家族企業進行利益輸送，台陽集團的掌門人顏惠忠（顏世宗的堂叔）與父親顏惠霖等人涉嫌，顏家聲望再次受挫。

　　目前，顏家除了顏惠霖與顏世忠父子有事業經營外，還有堂叔父輩的顏惠忠在台灣有台北客運、台陽工業及顏甘霖的上市公司中國電器等企業，其他顏家後代不少移民美國與日本，多從事房地產生意。

（資料來源：賀晨曦（2008），《台灣政商家族》；司馬嘯青（2000），《台灣五大家族》；以及施素筠老師口述整理）

附錄五
顏家親人關鍵人物小傳

1.顏雲年

　　諱燦慶，號吟龍，生於同治 13 年（1874 年）2 月 6 日，在家中排行老二。明治 31 年（1898 年），顏雲年向藤田組承租「小粗坑礦坑」，組「金裕豐號」，招來礦工開始採金的事業，同時並在基隆河設立二十多個礦權，深獲近江時五郎的倚重。明治 35 年（1902 年），顏雲年與蘇源泉共創「雲泉商會」，統辦礦山勞務提供予藤田組，經營日常必需品、礦山器材，甚及瑞芳三金山，因此奠下其事業的基礎。大正 2 年（1913 年）再創設「台灣興業信託株式會社」，擔任社長的職位。大正 7 年（1918 年）起，顏雲年先後成立「基隆煤炭礦株式會社」、「台北炭礦株式會社」，並開採「石底煤田」、鋪設平溪鐵路，為後來的「台陽礦業株式會社」奠定基業。而顏雲年成為「瑞芳礦山」主事者後，便改組「雲泉商會」，統籌「瑞芳礦山」事業。在當時歐戰剛歇，煤價暴漲的情況之下，獲得巨富，是日本統治之下最富有的台灣人之一。顏雲年致富之後，他便著手興辦公益事業，不論興學、濟貧、憫恤等，皆慷慨解囊。例如在 1903 年，設立瑞芳公學校，1921 年建成基隆公學校，可說是熱心公益。在大正 12 年（1923 年）2

月 21 日，顏雲年過世，享年四十九歲。（資料摘自《台北縣瑞芳鎮誌》及施素筠
老師口述整理）

2.顏國年

　　號陽三，光緒 12 年（1886 年）5 月 9 日生，為顏雲年之弟。從小飽讀詩文，
為人個性篤實、有長者之風。大正 2 年（1913 年）4 月，顏國年榮膺「四腳亭公
學校」學務委員及「日本赤十字特別社員」，8 月再擔任「台灣興業信託會社取
締役」職位。大正 7 年（1918 年）1 月起，成為台陽礦業公司的董事，主理金融
方面的事務，貢獻頗多。大正 12 年（1923 年），顏雲年去世，顏國年繼承他的
事業，出任「基隆輕鐵取締役」社長、「基隆商工信用組合」理事長、「台灣興業
信託」、「雲泉商會」、「禮和商行取締役」社長等職務。1925 年顏國年更旅遊歐
美、考察礦業，其後更創立「海山炭礦株式會社」。顏國年在日據時代就被日本
人聘為台灣總督府評議員。而他兄長顏雲年經營礦業成為富甲一方的大戶人家，
也因此建立了廣泛的政商關係。昭和 12 年（1937 年）4 月 30 日，顏國年舊病復
發、突然逝世，享年五十三歲。顏國年有十個兒子，由長子顏滄海繼承其業。（資
料摘自《台北縣瑞芳鎮誌》及施素筠老師口述整理）

3.顏欽賢

　　字學淵，生於明治 35 年（1902 年）2 月 5 日，是「台陽礦業」創業人顏雲
年的長子。顏欽賢畢業於日本立命館大學經濟部後，昭和 3 年（1928 年）返回
台灣，投入礦業界、從基本的採礦夫做起，漸熟悉採礦工作之後，才開始學習經

營的工作。昭和 4 年（1929 年）12 月，顏欽賢擔任「台陽礦業株式會社」取締役，也是他繼承家業的開始。昭和 12 年（1937 年）4 月，「台陽礦業」面臨顏國年去世的突來狀況，顏欽賢繼承「台陽礦業取締役」社長，並兼任「台灣興業信託取締役」、「基隆煤炭代表取締役」、「瑞芳營林會社」、「基隆輕鐵會社二取締役」社長，此時，是為當時日本統治之下，擁有最大資產的台灣人。台灣光復之後，顏欽賢開始重整所有旗下的礦山，合組為「台陽礦業股份有限公司」，擔任董事長的職位。於民國 72 年（1983 年）11 月 2 日病逝，享年八十三歲。（資料摘自《台北縣瑞芳鎮誌》及施素筠老師口述整理）

4.顏滄海

為顏國年長子。1934 年畢業於日本慶應大學，後到台灣銀行就職，父親過世後繼承父親的事業，經營基隆炭礦、台陽礦業等企業，同時身兼台灣省礦業研究會與台灣區礦業公會的常務理事。在 228 事件之後被捕，但他也是少數被釋放的知識分子之一。（資料內容由施素筠老師口述整理）

5.顏滄濤

顏國年三子，也是施素筠老師的先生，畢業於台北帝國大學化學部，先後任職工業研究所與台灣大學，1984 年退休。（資料內容由施素筠老師口述整理）

6.顏梅

她是顏國年的長女，顏梅曾留學日本，後嫁商界名流丁瑞鈌。丁曾任「中國生產力中心」副總統領、大同公司董事，後被王永慶聘為台塑集團顧問。（資料內容由施素筠老師口述整理）

7.顏張女英

為顏滄海之妻，亦為張錦燦與張李德和之女。她的母親是台灣藝壇界，享譽盛名的女畫家張李德和，張李德和於 1893 年出生雲林縣西螺望族，是水陸都潹李朝安將軍之後李昭元翁的長女，從小就接受良好教育，有「十全女子」之稱，「詩」、「書」及「畫」三絕之譽，是戰前台灣少數的女性中，唯一具有女教師經驗者；在嫁給嘉義的張錦燦醫師之後，不僅參加各類詩社，她所創設的「琳瑯山閣」，更是嘉義地區最重要的藝文集會之一，戰後曾任台灣省臨時參議員。（資料內容由施素筠老師口述整理）

8.顏碧霞

為顏國年之二女，亦是魏火曜之妻。大正元年（1912）2 月 2 日生，基隆女中畢業後即赴日求學，昭和 9 年（1934）自日本東京女子大學日文系畢業。與魏火曜 1934 年結為連理。（資料內容由施素筠老師口述整理）

9.魏火曜

　　顏碧霞之夫婿，魏火曜生於 1908 年的台北人，在家排行老大，出生於書香門第但家境清寒。在父親魏清德鼓勵下，隻身負笈東瀛，入東京帝國大學苦讀四年畢業，並留任帝大擔任五年無薪助手，直至民國 31 年榮獲醫學博士。之後，曾返台及至廈門服務。民國 35 年任台大小兒科主任，兩年後升任台大醫院院長，至民國 42 年，接掌台大醫學院院長，任期長達十九年。民國 61 年，卸下院長職務，轉任台灣大學教務長七年，其間，民國 65 年當選中央研究院院士，民國 68 年辦理退休。素有「台灣小兒科教父」之稱的魏火曜，退休後任教育部醫學教育委員會主任委員，但仍以社會公正人士，出任許多公益團體理事、監事、委員，並任中華血液基金會董事長、中央選舉委員會委員等。中央研究院曾為這位見證台灣近代發展的國寶級人物出過口述歷史，所有醫學教育的擘劃，都會尊重他的意見；而社會公正人士、公益活動的代言，也少不了他。他為人謙沖，卻四處活躍，一生友朋、弟子無數，獲得的尊崇、名位也無數。最後因罹患大腸癌，於民國 84 年 2 月 6 日病逝，享年八十九歲。（資料摘自厚生基金會網站）

10.陳逸松

　　顏雲年三女顏緹的夫婿。生於 1907 年，出身於宜蘭羅東望族的他，祖父陳輝煌是與吳沙齊名的宜蘭開墾之祖。1920 年陳逸松自羅東公學校畢業，十三歲時留學日本，1925 年日本岡山二中畢業，1928 年岡山第六高等學校畢業，1931 年東京帝國大學法學部政治學科畢業，並獲文官高等試驗司法科合格，成為合格

的辯護士（律師）。求學時期曾響應林獻堂、蔡培火倡導的議會請願運動，組織台灣同學會，並擔任會長。1933 年返台，並於台北大稻埕開設律師事務所。1935年台灣總督府舉行第一屆市會及街莊協議會員選舉，以第四高票當選台北市民選議員，時值日本推展「皇民化運動」，他為維護台灣人的傳統文化，堅拒日本更改名字的要求。後來開設律師事務所，並任台「考試院委員」，還曾任厚生橡膠公司（今日著名公司）董事長，於 1964 年競選台北「市長」失敗。後來，他從日本回到大陸，曾任全國人大法制委員會委員與政協委員。陳逸松的女婿黃維幸是辜振甫妻子嚴倬雲的表弟。（資料摘自王美雪撰《陳逸松回憶錄》）

附錄六
實踐大學教授施素筠　服裝界國寶

投身教育界超過半世紀以上，現在仍任教於實踐大學高雄校區服飾經營學系的施素筠教授，被台灣的服裝界譽為「國寶級人物」。

從民國 36 年進入靜修女中教書後，施素筠便一直在教育界貢獻心力。長達 58 年的教學生涯中，許多名人如：現任國民黨副主席林澄枝、名服裝設計師蔡孟夏、洪麗芬都曾是她的學生。

施素筠對於台灣服裝界的貢獻，始於民國 48 年進入實踐大學任教。當時台灣服裝所使用的樣板，來自於日本登麗美式，但由於登麗美式不符合台灣人體型。因

施素筠教授穿著一刀裁剪法的服裝近照。（施素筠／提供）

此在前實踐大學服裝設計學系主任林成子的建議下，引進翻譯了日本「文化式樣板」。

因此，文化式樣板成為所有台灣服裝教育中的範本，所有人都是學習文化式樣板，影響了台灣近四十年的成衣紡織業，目前國人身上穿的衣服，幾乎都是使用施素筠所翻譯的文化式樣板變化製作而來的。

施素筠後來於 1989 年發明一種服裝剪裁方法，是全世界相當少數能在美國、台灣、大陸都取得服裝專利的發明，名為「單接縫立體結構的剪裁（俗稱一刀裁剪法）」。施素筠表示，其實是在無意間發明出來的，沒想到這個裁剪法因為完全改變衣服的車縫結構，獲得三國專利。

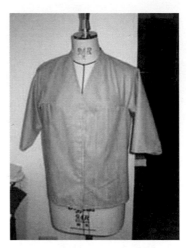

至今高齡八十四的施素筠仍每週往返北、高兩地，繼續教育學子。而且每年夏天都會到日本文化服裝學院，進修最新的縫紉裁剪方法。她在 1988 年翻譯《新文化式樣板》等 13 本不同服裝類型的書，以及國內第一本《服飾辭典》，至今仍有許多成衣廠商奉為圭臬，成就受到服裝業界高度肯定。

基本的一刀裁剪法，就是布料經過堆疊之後，只要剪一刀，車縫一次便可成型為一件衣服。圖中可以看出從袖子下方，直接車縫過胸前便可成型。節省了過去衣服與袖子需分開處理縫合後才能夠接上的功夫。（顏甫珉／攝影）

施素筠　出身世家　嫁入豪門

施素筠全家福（左起長女顏珠如、先生顏滄濤、上方長子顏雅堂、下方三子顏景堂、施素筠、次子顏凱堂）。（施素筠／提供）

出身鹿港名門施家的施素筠，家世相當顯赫。施素筠表示，幼稚園就與辜顯榮（辜振甫父親）的女兒同班，而父親則在辜顯榮的事業體系中，擔任管理「大和製冰廠」的總經理。

後來施素筠因為家族聯姻，嫁入了當時台灣五大家族中的基隆顏家，丈夫為台陽煤礦創始人顏國年三子顏滄濤。婚後，她隨丈夫到日本讀書，直到關東大地震發生後才返回台灣。

　　民國 36 年的 228 事件，是施素筠長年揮之不去的夢魘。當時，顏國年的長子顏滄海被捕，施素筠夫婦為了營救他，花費不少金錢及土地，才換回性命。因此，施素筠一直在顏家備受尊敬，並且保存了不少顏家的相關史料文物，也是後代史家研究顏家歷史的活教材。

　　因為當時台灣政情不穩，施素筠先後將三個兒子、一個女兒送往美國留學，至今都頗有成就。丈夫顏滄濤也於民國 37 年進入台大任教，74 年退休，84 年辭世。至今，基隆顏家僅存施素筠與顏滄海之妻顏丁梅仍在世，成為見證基隆顏家興衰歷史的重要人物。

　　現在，施素筠住在台北市公館的台大宿舍中，周一至周三於高雄授課，沒課的日子則有不少以前的學生來拜訪，學習一刀裁剪法。平日在家中，仍持續研究服裝的立體結構，還創新了一刀裁剪法中不少的變化型。因此像是龍笛服飾的創辦人蔡孟夏，也相當推崇施素筠對服裝界的貢獻。

　　繁華落盡，施素筠表示，過去的日子是個美好的回憶，但是家中的每個人，也都靠著自己的努力而有成就。出身名門世家，施素筠舉手投足仍有大家閨秀的風範，對於教育工作的熱情，依然不減。

【資料來源：2005/11/06　民生報/聯合報系校園特約記者顏甫珉／採訪報導】

國家圖書館出版品預行編目

台灣顏、施兩大家族成員服飾穿著現象與意涵之
　研究：以施素筠老師的生命史為例（1910-1960年
代）/ 葉立誠著. 一版 -- 臺北市：
秀威資訊科技, 2010.05
　　面；　公分. --(實踐大學數位出版合作系列
美學藝術類；AH0030)
　BOD版
　參考書目：面
　ISBN　978-986-221-304-9 (平裝)

1.服飾　2.服飾習俗　3.歷史　4.台灣

538.1833　　　　　　　　　　　　　98017572

實踐大學數位出版合作系列
美學藝術類　AH0030

台灣顏、施兩大家族成員服飾穿著現象與意涵之研究

——以施素筠老師的生命史為例（1910-1960年代）

作　　者　葉立誠
統籌策劃　葉立誠
文字編輯　王雯珊
視覺設計　賴怡勳
執行編輯　黃姣潔
圖文排版　鄭維心
數位轉譯　徐真玉　　沈裕閔
圖書銷售　林怡君
法律顧問　毛國樑　律師
發 行 人　宋政坤
出版印製　秀威資訊科技股份有限公司
　　　　　台北市內湖區瑞光路583巷25號1樓
　　　　　電話：(02) 2657-9211
　　　　　傳真：(02) 2657-9106
　　　　　E-mail：service@showwe.com.tw
經 銷 商　紅螞蟻圖書有限公司
　　　　　台北市內湖區舊宗路二段121巷28、32號4樓
　　　　　電話：(02) 2795-3656
　　　　　傳真：(02) 2795-4100
　　　　　http://www.e-redant.com

2010 年 5 月
BOD一版
定價：520 元

讀者回函卡

感謝您購買本書，為提升服務品質，請填妥以下資料，將讀者回函卡直接寄回或傳真本公司，收到您的寶貴意見後，我們會收藏記錄及檢討，謝謝！如您需要了解本公司最新出版書目、購書優惠或企劃活動，歡迎您上網查詢或下載相關資料：http:// www.showwe.com.tw

您購買的書名：_____

出生日期：_____年_____月_____日

學歷：□高中 (含) 以下　　□大專　　□研究所 (含) 以上

職業：□製造業　□金融業　□資訊業　□軍警　□傳播業　□自由業
　　　□服務業　□公務員　□教職　　□學生　□家管　　□其它_____

購書地點：□網路書店　□實體書店　□書展　□郵購　□贈閱　□其他

您從何得知本書的消息？

　□網路書店　□實體書店　□網路搜尋　□電子報　□書訊　□雜誌
　□傳播媒體　□親友推薦　□網站推薦　□部落格　□其他_____

您對本書的評價：（請填代號　1.非常滿意　2.滿意　3.尚可　4.再改進）

　封面設計____　版面編排____　內容____　文／譯筆____　價格____

讀完書後您覺得：

　□很有收穫　□有收穫　□收穫不多　□沒收穫

對我們的建議：_____

_____

_____

_____

11466
台北市內湖區瑞光路 76 巷 65 號 1 樓

秀威資訊科技股份有限公司 收

BOD 數位出版事業部

....

（請沿線對折寄回，謝謝！）

姓　　名：＿＿＿＿＿＿＿＿　年齡：＿＿＿＿　性別：□女　□男

郵遞區號：□□□□□

地　　址：＿＿＿＿＿＿＿＿＿＿＿＿＿＿＿＿＿＿＿＿＿＿

聯絡電話：(日) ＿＿＿＿＿＿＿＿＿＿＿ (夜) ＿＿＿＿＿＿＿＿＿＿

E-mail：＿＿＿＿＿＿＿＿＿＿＿＿＿＿＿＿＿＿＿＿＿＿＿